하루 15분 국어 독해력의 기틀을 다지는

뿌리깊은 초등국어 독해력

5단계

초판 24쇄 발행일 2024년 8월 28일 **발행처** (주)마더텅 **발행인** 문숙영
책임편집 임경진 **진행** 남희정, 정반석
집필 구주영 선생님(당동초), 김태호 선생님, 신명우 선생님(서울교대부초), 오보람 선생님(은천초),
최성훈 선생님(울산 내황초), 서혜림 선생님, 박지애, 문성준, 김영광, 허주희, 김수진, 김미래, 오은화, 정소현, 신은진,
김하늘, 임일환, 이경은, 박성수, 김진희, 이다경, 김다애, 장지훈, 마더텅 초등국어 편집부
해설집필 · 감수 김태호 선생님, 신명우 선생님(서울교대부초), 김지남 선생님(서울교대부초), 최성훈 선생님(울산 내황초)
교정 백신희, 안예지, 이복기 **베타테스트** 고범서, 김도현, 문소하, 서채원, 오연수, 양지안, 최다인
삽화 김복화, 서희주, 이혜승, 이효인, 장인옥, 지효진, 최준규
디자인 김연실, 양은선 **컷** 이혜승, 박성은, 양은선 **인디자인편집** 조유미
제작 이주영 **주소** 서울시 금천구 가마산로 96, 708호 **등록번호** 제1-2423호(1999년 1월 8일)

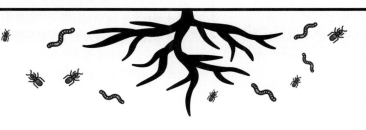

이 책의 구성

구성 1 주간학습계획표

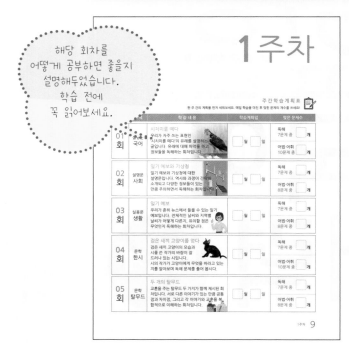

해당 회차를
어떻게 공부하면 좋을지
설명해두었습니다.
학습 전에
꼭 읽어보세요.

〈뿌리깊은 초등국어 독해력〉은 공부할 내용을
주 단위로 묶었습니다.
'주간학습계획표'는 한 주 동안 공부할 내용을
미리 살펴보고, 학생 스스로 계획을 세울 수 있도록
도와줄 것입니다.

구성 2 독해 지문

글의 내용과 관련된
사진이나 삽화가
수록되어 있어요.
독해가 어려우면
그림을 보고 내용을
미리 짐작해보아요.

지문 아래에
어려운 낱말을 모아서
뜻을 풀이했어요.
사전을 따로
안 찾아도 돼요.

〈뿌리깊은 초등국어 독해력〉에는 다양한 글감과
여러 가지 형식의 글이 실려 있습니다. 글의 길이와
어휘의 난이도를 고려해 1회차부터 40회차까지
점점 어려워지도록 엮었습니다. 그리고 지문마다
글을 독해하는 데 학생들이 거부감을 줄일 수 있도록
글의 내용과 관련된 사진이나 삽화를 수록했습니다.
여기에 따로 사전을 찾아보지 않도록 '어려운 낱말'을
지문의 아래에 두었습니다.

구성 3 독해력을 기르는 7문제

구성 4 배경지식 더하기

해설지를 빠르게 찾아갈 수 있게 '찾아가기' 날개가 달려 있어요.

〈뿌리깊은 초등국어 독해력〉에서 독해 문제는 모두 7문제가 출제됩니다. 중심생각을 묻는 문제부터 세부내용, 그리고 글의 내용을 응용해야 풀 수 있는 추론 문제까지 이어지도록 문제를 배치했습니다. 이러한 구성의 문제를 풀다 보면 먼저 숲을 보고 점차 나무에서 심지어 작은 풀까지 보는 방법으로 자연스레 글을 읽게 될 것입니다.

국어 독해력을 기르는 데 필요한 것은 무엇보다 배경지식입니다. 배경지식을 알고 읽는 글과 그렇지 않은 글에 대한 이해도는 하늘과 땅 차이입니다. 〈뿌리깊은 초등국어 독해력〉에는 해당 회차의 지문과 관련된 내용이면서 학생들의 배경지식을 넓히는 데 도움이 될 만한 글들이 곳곳에 자리하고 있습니다.

구성 5 어법·어휘편

〈뿌리깊은 초등국어 독해력〉에는 어휘·어법만을 따로 복습할 수 있는 별도의 쪽이 회차마다 들어있습니다. 마치 영어 독해 공부를 하듯 해당 회차 지문에서 어렵거나 꼭 알아두어야 할 낱말들만 따로 선정해 확인하는 순서입니다. 총 3단계로 이뤄져 있습니다. 1,2단계는 해당 회차 지문에서 나온 낱말을 공부하고, 3단계에서는 어휘 또는 어법을 확장하여 공부할 수 있습니다.

구성 6 학습결과 점검판

한 회를 마칠 때마다 걸린 시간 및 맞힌 문제의 개수, 그리고 '평가 붙임딱지'를 붙일 수 있는 (자기주도평가)란이 있습니다. 모든 공부를 다 마친 후 스스로 그 결과를 기록함으로써 학생은 그날의 공부를 다시 한 번 되짚어볼 수 있습니다. 그리고 하나하나 성취해가는 기쁨도 느낄 수 있습니다.

구성 7 다양한 주간 부록

독해 어휘력 한자　　　　꼭 알아두어야 할 맞춤법　　　독해에 도움 되는 배경지식　　알아두면 도움 되는 관용 표현

〈뿌리깊은 초등국어 독해력〉에는 주마다 독해에 도움이 될 만한 다양한 부록이 실려 있습니다. 독해에 도움이 될 만한 배경지식부터, 독해력을 길러주는 한자까지 다양한 주제와 이야기로 구성되어 있습니다.

구성 8 정답과 해설

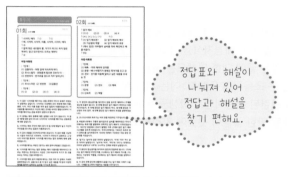

정답표와 해설이
나눠져 있어
정답과 해설을
찾기 편해요.

〈뿌리깊은 초등국어 독해력〉은 정답뿐만 아니라
문제를 이해할 수 있도록 도와주는 해설도
수록되어 있습니다. 빠르게 정답을 확인할 수 있도록 정
답표와 해설을 깔끔하게 분리했습니다.

구성 9 유형별 분석표

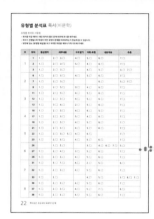

〈뿌리깊은 초등국어 독해력〉은 유형별 분석표와
그에 따른 문제 유형별 해설도 실었습니다.
학생이 해당 회차를 마칠 때마다 틀린
문제의 번호에 표시를 해두면, 나중에 학생이 어
떤 유형의 문제를 어려워하는지 알 수 있게 됩니
다.

계속 표시해
나가면
부족한 부분을
한눈에
알 수 있어요.

구성 10 독해력 나무 기르기

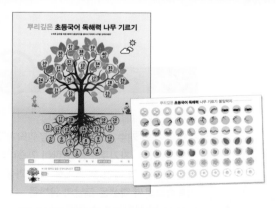

〈뿌리깊은 초등국어 독해력〉은 학생이 공부한
진도를 확인할 수 있도록 '독해력 나무 기르기'를
부록으로 실었습니다. 회차를 마칠 때마다 알맞은 칸에
어울리는 붙임딱지를 붙여서 독해력 나무를 완성해 보세요.

구성 11 낱말풀이 놀이

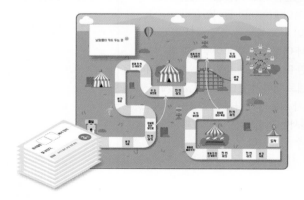

놀이를 하면서 그동안 공부했던 낱말을
재미있게 복습할 수 있도록 교재 뒷부분에 부록으로
'낱말풀이 놀이'를 실었습니다.
카드 수수께끼를 풀면서 말을 움직이는 보드게임입니다.

뿌리깊은 초등국어 독해력에 수록된
전체 글의 종류와 글감

비문학(독서)

	국어	사회/역사		과학	기타
설명문	교과연계 01회_10쪽 시치미를 떼다 초등국어6-2 4.효과적인 관용표현	교과연계 13회_62쪽 화폐의 변화	교과연계 11회_54쪽 기와집의 구조 초등사회5-2 3.유교 문화가 발달한 조선	교과연계 02회_14쪽 일기예보와 기상청 초등과학5-2 1.날씨와 우리 생활	22회_102쪽 발레
	교과연계 06회_32쪽 한글날	교과연계 16회_76쪽 가격은 어떻게 정해질까요? 초등사회5-1 3.우리 경제의 성장과 발전		교과연계 17회_80쪽 꿀벌 초등과학3-2 1.동물의 생활	교과연계 32회_146쪽 신사임당의 그림 초등사회6-1 1.조선 사회의 새로운 움직임
	07회_36쪽 존 로스	교과연계 21회_98쪽 은행이 하는 일			교과연계 33회_150쪽 음정의 두 가지 이름
	37회_168쪽 관포지교	교과연계 31회_142쪽 갯벌 초등과학5-1 2. 환경과 조화를 이루는 우리 국토			교과연계 36회_164쪽 사마천의 사기
		교과연계 38회_172쪽 독도			교과연계 08회_40쪽 중세 미술과 르네상스 미술 중등미술1 7. 미술의 흐름
논설문		교과연계 26회_120쪽 자원의 희소성 중등사회			
실용문		교과연계 03회_18쪽 일기예보 초등과학5-2 1.날씨와 우리 생활	18회_84쪽 경제학교 안내문	교과연계 28회_128쪽 온도에 따른 기체 용해도 비교 초등과학5-1 4.용해와 용액	
기행문/ 전기문/기타		교과연계 12회_58쪽 헬렌 켈러와 영화 〈블랙〉 초등국어6-1 3.마음을 표현하는 글	교과연계 27회_124쪽 기행 대화문 초등사회3-2 1.우리 지역, 다른 지역	교과연계 23회_106쪽 인제뉴어티 중등과학2	

문학

시/시조	04회_22쪽 검은 새끼 고양이를 얻다 (한시)	교과서 09회_44쪽 수도꼭지 초등국어5-1 1.비유적 표현 (2015학년도)	19회_88쪽 원이 아버지께, 버들가지 골라 꺾어 (갈래 복합 - 편지, 시조)	24회_110쪽 경기 아리랑, 천만리 머나먼 길에 (갈래 복합 - 민요, 시조)	34회_154쪽 조개껍데기	교과서 39회_176쪽 훈민가 초등국어5-1 11.여러 가지 독서 방법 (2015학년도)
소설/동화	10회_48쪽 허생전 (고전소설)	14회_66쪽 걸리버 여행기 ①	15회_70쪽 걸리버 여행기 ②	교과서 25회_114쪽 원숭이 꽃신 초등국어6-1 7.이야기의 구성 (2015학년도)	교과서 30회_136쪽 사랑손님과 어머니	
기타	05회_26쪽 두 개의 탈무드 (탈무드)	20회_92쪽 마지막 잎새 (희곡)	29회_132쪽 난중일기	35회_158쪽 사랑하는 젊은이들 에게 (편지)	40회_180쪽 주몽 신화 (신화)	

뿌리깊은 초등국어 독해력 목차

1주차

01회	시치미를 떼다	설명문	국어	교과연계: 초등국어6-2	10쪽
02회	일기예보와 기상청	설명문	과학	교과연계: 초등과학5-2	14쪽
03회	일기예보	실용문	과학	교과연계: 초등과학5-2	18쪽
04회	검은 새끼 고양이를 얻다	문학	한시		22쪽
05회	두 개의 탈무드	문학	탈무드		26쪽
부록	알아두면 낱말 뜻을 짐작하게 해주는 독해 어휘력 한자 - 펼 발, 평평할 평				30쪽

2주차

06회	한글날	설명문	국어	관련교과: 중등국어2-2	32쪽
07회	존 로스	설명문	국어		36쪽
08회	중세 미술과 르네상스 미술	설명문	미술	관련교과: 중등미술1	40쪽
09회	수도꼭지	문학	동시	교과서: 초등국어5-1	44쪽
10회	허생전	문학	고전소설		48쪽
부록	독해에 도움 되는 관용표현 - 손을 빌리다				52쪽

3주차

11회	기와집의 구조	설명문	사회	관련교과: 초등사회5-2	54쪽
12회	헬렌 켈러와 영화 〈블랙〉	감상문	사회	관련교과: 초등국어6-1	58쪽
13회	화폐의 변화	설명문	사회	관련교과: 초등사회5-1	62쪽
14회	걸리버 여행기 ①	문학	소설		66쪽
15회	걸리버 여행기 ②	문학	소설		70쪽
부록	독해에 도움 되는 배경지식 - 〈걸리버 여행기〉 줄거리				74쪽

4주차

16회	가격은 어떻게 정해질까요?	설명문	사회	교과연계: 초등사회5-1	76쪽
17회	꿀벌	설명문	과학	교과연계: 초등과학3-2	80쪽
18회	경제학교 안내문	실용문	사회	관련교과: 중등사회2	84쪽
19회	원이 아버지께, 버들가지 골라 꺾어	문학	편지, 시조		88쪽
20회	마지막 잎새	문학	희곡		92쪽
부록	국어 실력을 올려주는 바른 국어 사용법 - ㄹ걸 / ㄹ껄				96쪽

5주차

21회	은행이 하는 일	설명문 | 사회 | 관련교과: 중등사회2	98쪽
22회	발레	설명문 | 예술 |	102쪽
23회	인제뉴어티	기사문 | 과학 | 관련교과: 중등과학2	106쪽
24회	경기 아리랑, 천만리 머나먼 길에	문학 | 민요, 시조 |	110쪽
25회	원숭이 꽃신	문학 | 동화 | 교과서: 초등국어6-1	114쪽
부록	독해에 도움 되는 관용표현 - 간담이 서늘하다		118쪽

6주차

26회	자원의 희소성	설명문 | 사회 | 관련교과: 중등사회	120쪽
27회	기행 대화문	대화문 | 사회 | 관련교과: 초등사회3-2	124쪽
28회	온도에 따른 기체 용해도 비교	보고서 | 과학 | 관련교과: 초등과학5-1	128쪽
29회	난중일기	문학 | 일기 |	132쪽
30회	사랑손님과 어머니	문학 | 소설 | 관련교과: 중등국어2-1	136쪽
부록	국어 실력을 올려주는 바른 국어 사용법 - 만듬 / 만듦		140쪽

7주차

31회	갯벌	설명문 | 사회 | 관련교과: 초등사회6-2	142쪽
32회	신사임당의 그림	설명문 | 미술 | 관련교과: 초등사회6-1	146쪽
33회	음정의 두 가지 이름	설명문 | 음악 | 관련교과: 중등음악1	150쪽
34회	조개껍데기	문학 | 동시 |	154쪽
35회	사랑하는 젊은이들에게	문학 | 편지 |	158쪽
부록	독해에 도움 되는 배경지식 - 도산 안창호		162쪽

8주차

36회	사마천의 사기	설명문 | 도덕 | 관련교과: 초등도덕5	164쪽
37회	관포지교	설명문 | 국어 |	168쪽
38회	독도	설명문 | 사회 | 관련교과: 중등국어1-2	172쪽
39회	훈민가	문학 | 시조 | 교과서: 초등국어5-1	176쪽
40회	주몽 신화	문학 | 신화 |	180쪽
부록	알아두면 낱말 뜻을 짐작하게 해주는 독해 어휘력 한자 - 근본 본, 중요할 요		184쪽

스스로 붙임딱지 **활용법**

공부를 마치면 아래 보기를 참고해 알맞은 붙임딱지를 '학습결과 점검표'에 붙이세요. ※붙임딱지는 마지막 장에 있습니다.

다 풀고 나서 스스로 대단하다는 생각이 들었을 때	열심히 풀었지만 어려운 문제가 있었을 때	오늘 읽은 글이 재미있었을 때	스스로 공부를 시작하고 끝까지 마쳤을 때
• 정답 수 : 5개 이상 • 걸린 시간 : 10분 이하	• 정답 수 : 4개 이하 • 걸린 시간 : 20분 이상	• 내용이 어려웠지만 점수와 상관없이 학생이 재미있게 학습했다면	• 학생이 스스로 먼저 오늘 할 공부를 시작하고 끝까지 했다면

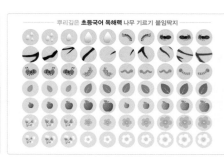

독해력 나무 기르기 **붙임딱지 활용법**

공부를 마치면 아래 설명을 참고해 알맞은 붙임딱지를 '독해력 나무 기르기'에 붙이세요. 나무를 완성해 가면서 끝까지 공부를 했다는 성취감을 느껴 보세요.
※독해력 나무 기르기는 뒤표지 안쪽에 있습니다.

❶ 그날 학습을 마쳤을 때, 학습을 한 회차 칸에 어울리는 붙임딱지를 자유롭게 붙이세요.

❷ 첫째~셋째 줄까지는 뿌리 부분(1~20일차)에 붙이는 붙임딱지입니다. 뿌리 모양 붙임딱지는 뿌리 끝의 모양에 맞춰서 붙여 보세요.

❸ 넷째~일곱째 줄까지는 나무 부분(21~40일차)에 붙이는 붙임딱지입니다.

2025 The 5th Mothertongue Scholarship for TOP Elementary School Students

2025 마더텅 제5기 초등학교 성적 우수 장학생 모집

2025년 저희 교재로 열심히 공부해 주신 분들께 장학금을 드립니다!

대상 30만 원 / 금상 10만 원 / 은상 3만 원

지원 자격 및 장학금 초1 ~ 초6

지원 과목 국어 / 영어 / 한자 중 1과목 이상 지원 가능 ※여러 과목 지원 시 가산점이 부여됩니다.

성적 기준
아래 2가지 항목 중 1개 이상의 조건에 해당하면 지원 가능
① 2024년 2학기 혹은 2025년 1학기 초등학교 생활통지표 등 학교에서 배부한 학업성취도를 확인할 수 있는 서류
② 2024년 7월~2025년 6월 시행 초등학생 대상 국어/영어/한자 해당 인증시험 성적표
책과함께 KBS한국어능력시험, J-ToKL, 전국영어학력경시대회, G-TELP Jr., TOEFL Jr., TOEIC Bridge, TOSEL, 한자능력검정시험(한국어문회, 대한검정회, 한자교육진흥회 주관)

위 조건에 해당한다면 마더텅 초등 교재로 공부하면서 느낀 점과 **공부 방법, 학업 성취, 성적 변화** 등에 관한 자신만의 수기를 작성해서 마더텅으로 보내 주세요. 우수한 글을 보내 주신 분들께 수기 공모 장학금을 드립니다!

응모 대상 마더텅 초등 교재들로 공부한 초1~초6

뿌리깊은 초등국어 독해력, 뿌리깊은 초등국어 독해력 어휘편, 뿌리깊은 초등국어 독해력 한국사, 뿌리깊은 초등국어 한자, 초등영문법 3800제, 초등영문법 777, 초등교과서 영단어 2400, 초등영어 받아쓰기·듣기 10회 모의고사, 비주얼파닉스 Visual Phonics, 중학영문법 3800제 스타터 및 기타 마더텅 초등 교재 중 1권 이상으로 신청 가능

응모 방법

① 마더텅 홈페이지 이벤트 게시판에 접속
② [2025 마더텅 초등학교 장학생 선발] 클릭 후 [2025 마더텅 초등학교 장학생 지원서 양식]을 다운
③ [2025 마더텅 초등학교 장학생 지원서 양식] 작성 후 메일(mothert.marketing@gmail.com)로 발송

접수 기한 2025년 7월 31일   수상자 발표일 2025년 8월 12일   장학금 수여일 2025년 9월 10일

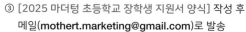

1주차

주간학습계획표
한 주 간의 계획을 먼저 세워보세요. 매일 학습을 마친 후 맞힌 문제의 개수를 쓰세요!

회차	영역	학습 내용	학습계획일	맞은 문제수
01회	설명문 **국어**	### 시치미를 떼다 우리가 자주 쓰는 표현인 '시치미를 떼다'의 유래를 설명하는 글입니다. 유래에 대해 파악을 하고 정보들을 독해하는 회차입니다.	월 일	독해 7문제 중 ___ 개 어법·어휘 10문제 중 ___ 개
02회	설명문 **사회**	### 일기 예보와 기상청 일기 예보와 기상청에 대한 설명문입니다. 역사와 과정이 간략히 소개되고 다양한 정보들이 있는 만큼 주의하면서 독해하는 회차입니다.	월 일	독해 7문제 중 ___ 개 어법·어휘 8문제 중 ___ 개
03회	실용문 **생활**	### 일기 예보 우리가 흔히 뉴스에서 들을 수 있는 일기 예보입니다. 전체적인 날씨와 지역별 날씨가 어떻게 다른지, 유의할 점은 무엇인지 독해하는 회차입니다.	월 일	독해 7문제 중 ___ 개 어법·어휘 8문제 중 ___ 개
04회	문학 **한시**	### 검은 새끼 고양이를 얻다 검은 새끼 고양이의 모습과 시를 쓴 작가의 바람이 잘 드러나 있는 시입니다. 시의 작가가 고양이에게 무엇을 바라고 있는지를 알아보며 독해 문제를 풀어 봅시다.	월 일	독해 7문제 중 ___ 개 어법·어휘 10문제 중 ___ 개
05회	문학 **탈무드**	### 두 개의 탈무드 교훈을 주는 탈무드 두 가지가 함께 제시된 회차입니다. 서로 다른 이야기가 있는 만큼 공통점과 차이점, 그리고 각 이야기와 교훈을 복합적으로 이해하는 회차입니다.	월 일	독해 7문제 중 ___ 개 어법·어휘 8문제 중 ___ 개

↑ 매와 시치미 (사진=문화재청)

예전에는 사냥을 할 때 활과 창뿐만 아니라 **길들인**[①] 개나 매를 이용하기도 하였습니다. 이 가운데 매사냥은 아주 **호사스러운**[②] 사냥 중의 하나였습니다. 매사냥이 유행하면서 사냥매도 많아지기 시작하였는데, 그러다보니 자칫 매가 뒤바뀌거나 매를 훔쳐가는 일도 **빈번해졌습니다**.[③] 그래서 이러한 문제를 해결하기 위해 매의 주인을 표시하는 일종의 이름표를 **꽁지**[④]에 달기 시작하였습니다. 이것을 '시치미'라고 합니다.

시치미는 얇게 깎은 네모꼴의 뿔처럼 생겼습니다. 여기에다가 매의 이름, 종류, 나이, 빛깔, 주인 이름 등을 적은 뒤에 매의 꽁지 위 털 속에 매달았습니다. 시치미를 보면 길들여진 매임을 알 수 있고, 주인이 누구인지도 쉽게 알 수 있습니다. 그래서 매를 잡으러 나가는 사냥꾼이나 매를 데리고 사냥을 다니는 사람이 어쩌다가 이러한 매를 잡으면 시치미를 보고 놓아주었습니다.

그러나 욕심이 생겨 시치미를 달고 있는 매를 잡고도 놓아주지 않는 경우가 **발생**[⑤]하게 되었습니다. 여기서 생긴 말이 '시치미를 떼다'입니다. 이 사람들은 매의 주인이 와서 시치미를 뗀 매를 보려고 하면 시치미를 떼고도 떼지 않은 것처럼 행동했습니다. 그래서 '시치미를 떼다'에 '자기가 하고도 하지 않은 척하다', '알고 있으면서도 모르는 체하다'와 같은 의미가 생겨난 것입니다.

1
중심
생각

이 글의 제목을 지어 보세요.

'[ ][ ][ ] 을(를) [ ][ ]'라는 말의 유래

🧻 어려운 낱말 풀이 : ① **길들인** 어떤 일에 익숙하게 하는 ② **호사스러운** 호화롭게 필요한 것보다 더 많이 돈이나 물건을 쓰는 태도가 있는 豪호걸 호 奢사치할 사- ③ **빈번하다** 번거로울 정도로 자주 일어나다 頻자주 빈 繁번성할 번- ④ **꽁지** 새의 꽁무니에 붙은 깃털 ⑤ **발생** 어떤 일이나 사물이 생겨남 發필 발 生날 생

2 이 글에서 알 수 <u>없는</u> 내용은 무엇인가요? ────────────────────── [   ]

세부
내용

① 매의 종류

② 시치미의 뜻

③ 시치미에 적은 내용

④ '시치미를 떼다'의 뜻

⑤ '시치미를 떼다'가 생긴 유래

3 이 글의 내용과 알맞지 <u>않은</u> 것을 고르세요. ─────────────── [   ]

세부
내용

① 시치미는 매가 자라면서 생기는 꽁지의 털이다.

② 예전에는 길들인 개나 매를 사냥에 이용하기도 했다.

③ 매의 꽁지에는 매의 주인을 표시하는 시치미를 매었다.

④ 사냥꾼들은 시치미를 단 매를 잡으면 보고 놓아주곤 했다.

⑤ 시치미를 보면 길들여진 매임을 알 수 있고, 주인이 누구인지도 알 수 있다.

4 빈칸을 채워 표를 완성하세요.

구조
알기

옛날에 [ ] 사냥이 유행하면서 매에 [ ][ ][ ] 을(를) 달기 시작했습니다.

⬇

[ ][ ][ ] 에 매의 [ ][ ], 종류, 나이, 빛깔, 주인 이름을 적어서 주인이 누구인지 알 수 있었습니다.

⬇

욕심이 생겨 [ ][ ][ ] 을(를) 달고 있는 매를 잡고도 놓아주지 않는 경우가 생겼습니다. 여기서 생긴 말이 '[ ][ ][ ] 을(를) [ ][ ]'입니다.

5 '새의 꽁무니에 붙은 깃털'을 나타내는 낱말을 골라보세요. ────────── [   ]

어휘
표현
① 바지   ② 단지   ③ 꽁지   ④ 가지   ⑤ 둥지

6 '시치미'는 무엇을 의미하는지, 그리고 지금은 '시치미를 떼다'가 어떤 뜻으로 쓰이는지 써 보세요.

내용
적용

'시치미'는 원래 _____ 를 뜻했습니다.

그런데 지금은 _____

_____ (라)는 의미로 쓰입니다.

7 이 글을 읽고 더 알아볼 내용으로 적절하지 <u>않은</u> 것을 고르세요. ────────── [   ]

추론

① 매로 어떻게 사냥을 하는지 찾아봐야겠어.
② 시치미와 관련된 다른 유래가 더 있는지 알아봐야겠어.
③ 시치미를 매의 어느 부분에다가 매달았는지 알아봐야겠어.
④ '시치미를 떼다'와 비슷한 의미를 가진 표현이 있는지 찾아봐야겠어.
⑤ 매사냥 이외에 호사스러운 사냥에는 어떤 것이 있는지 알아봐야겠어.

배경지식 더하기

우리나라의 매사냥

우리나라에서 매사냥은 아주 오래전부터 행해져 왔습니다. 고구려 무덤 벽화에 매사냥꾼을 그린 그림이 그려져 있다고 합니다. 백제와 신라의 역사책에도 매사냥이 기록되어 있다고 합니다. 그래서인지 우리나라의 사냥용 매는 아주 훌륭했다고 전해집니다. 다른 나라와 교역을 할 때, 사냥용 매는 무척 인기가 좋은 상품이었다고 합니다. 몽골이 고려를 지배했던 시기에 몽골은 우리나라의 매를 거둬가기 위한 관청을 별도로 세울 정도였습니다.

01회 어법·어휘편

본문에 나온 어휘들만 따로 모아 복습하는 순서입니다.

[1단계] 아래의 낱말에 알맞은 뜻을 선으로 이어 보세요.

[1] 길들이다 •　　　　　　　　　• ㉠ 번거로울 정도로 자주 일어나다

[2] 호사스럽다 •　　　　　　　　• ㉡ 어떤 일에 익숙하게 하다

[3] 빈번하다 •　　　　　　　　　• ㉢ 호화롭게 필요한 것보다 더 많이 돈이나 물건을 쓰는 태도가 있다

[2단계] 아래 문장의 빈칸에 알맞은 낱말을 [보기]에서 찾아서 써넣으세요.

> [보 기]　　　　　길들인　　　　호사스러운　　　　빈번한

[1] 돈이 많아서 그 집은 아주 　　　　　　　　　 생활을 한다.

[2] 사냥매가 많아지면서 매를 훔쳐가는 일도 　　　　　　　　　 일이 되었다.

[3] 사냥을 하기 위해서는 　　　　　　　　　 사냥매가 필요하다.

[3단계] [보기]를 읽고, 밑줄 친 낱말이 문장에서 쓰인 뜻을 찾아 번호를 쓰세요.

> [보 기]　　　**떼다**　　① 붙어 있거나 잇닿은 것을 떨어지게 하다.
> 　　　　　　　　　　　　② 전체에서 한 부분을 덜어 내다.
> 　　　　　　　　　　　　③ 어떤 것에서 마음이 돌아서다.
> 　　　　　　　　　　　　④ 말문을 열다.

[1] 그녀는 생활비에서 일부를 떼 독거노인을 돕고 있다.　　　　　[　　　]

[2] 아이한테서 정을 떼기가 너무 어렵다.　　　　　　　　　　　[　　　]

[3] 그는 졸음이 와 의자에서 등을 떼고 앉아 수업을 들었다.　　　[　　　]

[4] 그는 좀처럼 입을 떼지 않았다.　　　　　　　　　　　　　　[　　　]

시간 　**끝난 시간**　[　]시 [　]분　　채점 **독해** 7문제 중 [　]개

1회분 푸는 데 걸린 시간 [　]분　　**어법·어휘** 10문제 중 [　]개

◀ 스스로 붙임딱지
문제를 다 풀고
맨 뒷장에 있는
붙임딱지를
붙여보세요.

(가) ⊙일기 예보란 앞으로의 날씨를 **예측**해서 알려주는 것을 말합니다. 다른 말로 ⓒ날씨 예보라고도 합니다. 일기 예보에서 알려주는 날씨는 우리 생활에 매우 도움이 됩니다. 농사를 짓는 사람들은 날씨를 보고 씨를 뿌리거나 **농작물**을 거두어들이는 시기를 결정합니다. 그리고 냉난방 기구나 의류 회사는 날씨에 따라 **생산량**을 조절합니다. 날씨에 따라 비행기나 배의 **운항**이 취소되기도 합니다. 실생활에서도 우리는 날씨에 따라 입을 옷을 결정하고, 주말 야외 활동도 계획합니다. 이처럼 우리의 삶에 일기 예보는 꼭 필요합니다.

(나) 일기 예보의 역사를 살펴보면 기원전 650년 바빌로니아에서 구름의 움직임을 보고 날씨를 예측하였으며, 우리나라에서도 과거 조선 시대에 측우기 등을 사용하여 비의 양을 관측한 기록이 있습니다. 1837년 유럽에서 **전보**가 발명된 이후 근대와 같은 일기 예보 시스템이 갖추어지게 됩니다. 우리나라는 1904년에 최초로 임시 관측소가 설치되었으며 1949년에 국립 중앙 관상대가 지어졌습니다. 그리고 1990년, 국립 중앙 관상대는 현재의 기상청으로 바뀌었습니다.

↑ 자동기상측정장치

(다) 현재 일기 예보를 맡아서 하는 곳은 기상청입니다. 기상청의 가장 중요한 업무는 **일기도**를 만들어 일기 예보를 하는 것입니다. 그리고 지진을 예측하고 신속히 대피할 수 있도록 알려주기도 하며, 화산이 폭발할 위험, 해일이 일어날 확률과 규모를 알려주고, 우주의 날씨를 알아내는 등의 다양한 업무를 수행하고 있습니다. 또한, 우리나라의 우수한 예보 기술을 다른 나라에 알려주는 역할도 하고 있습니다.

(라) 일기 예보의 과정은 다음과 같습니다. 첫 번째, 여러 가지 관측기구를 이용하여 기온, 습도 등의 기상 요소를 관측합니다. 두 번째, 컴퓨터를 이용하여 자료를 수집하고 분석합니다. 세 번째, 여러 사람들과 의논하여 예보할 내용을 정합니다. 네 번째, 신문, 방송, 인터넷을 통해 일기 예보를 전달합니다.

1 제목을 지어 보세요.
중심
생각

.... 에 대하여

2 이 글의 내용과 맞는 것은 O, 틀린 것은 X로 표시하세요.
세부
내용

[1] 기상청의 업무는 일기 예보를 하는 것이다. -- [　　　]

[2] 의류 회사는 날씨에 따라 생산량을 결정한다. -- [　　　]

[3] 조선 시대에는 측우기로 바람의 양을 측정하였다. --- [　　　]

[4] 현재 일기 예보를 담당하는 기관은 국립 중앙 관상대이다. --------------------------------- [　　　]

3 다음은 일기 예보의 변천 과정입니다. 시간 순서대로 기호를 써보세요.
세부
내용

> (ㄱ) 국립 중앙 관상대가 지어졌다.
>
> (ㄴ) 우리나라에 임시 관측소가 설치되었다.
>
> (ㄷ) 측우기가 발명되었다.
>
> (ㄹ) 구름의 움직임으로 날씨를 예측하였다.

□ → □ → □ → □

4 단어들의 관계가 ㉠일기와 ㉡날씨의 관계와 비슷한 것은 무엇인가요? ------------------------ [　　　]
어휘
표현

① 이 – 치아　　　　② 남자 – 여자　　　　③ 빨강 – 노랑

④ 작다 – 크다　　　⑤ 나무 – 소나무

어려운 낱말 풀이 ① **예측** 미리 헤아려 짐작함 豫미리 예 測헤아릴 측 ② **농작물** 논밭에 심어 가꾸는 곡식이나 채소 農농사 농 作지을 작 物물건 물 ③ **생산량** 만들어낸 물건의 양 生날 생 産낳을 산 量헤아릴 량 ④ **운항** 배나 비행기가 정해진 목적지를 오고 감 運옮길 운 航배 항 ⑤ **전보** 전기를 이용해 빠른 시간 안에 알리고 싶은 내용을 보내는 것 電번개 전 報알릴 보 ⑥ **일기도** 날씨를 지도에 표시한 것 日날 일 氣기운 기 圖그림 도

5 각 문단의 기호와 그 내용을 알맞게 정리한 것끼리 선으로 이어보세요.

구조
알기

[1] (가) •   • 일기 예보의 역사

[2] (나) •   • 일기 예보의 과정

[3] (다) •   • 일기 예보란?

[4] (라) •   • 기상청의 역할

6 이 글에서 설명하는 내용 외에 일기 예보가 우리 생활에 도움이 되는 사례는 무엇이 있을까요?

내용
적용

....

....

7 다음 내용은 어느 문단과 관련이 깊을까요?

추론

> 오늘 오전 경북 경주에서 규모 5.1 강도의 지진이 발생하였습니다. 기상청에서는 지진 발생 후 8초
> 이내에 시민들에게 긴급 재난 문자를 보냈습니다. 진도 5 이상의 지진은 나무나 전신주 등의 높은
> 물체가 심하게 흔들리는 강도입니다. 기상청의 빠른 안내로 시민들이 재빨리 대피하여 다행히 인
> 명 피해는 없었습니다.

☐ 문단

배경지식 더하기

날씨와 관련된 속담

우리나라에는 날씨와 관련된 속담들도 많이 있습니다. 그 중
에서 대표적인 것 몇 가지만 알아보도록 하겠습니다. 우선
'거미가 줄을 치면 날씨가 좋다.'라는 속담이 있습니다. 이는
실제로 거미는 저기압(날씨가 흐릴 때)일 때는 줄을 치지 않
다가 고기압(날씨가 맑을 때)일 때 줄을 치기 때문에 생긴 말
입니다. 다음은 '제비가 땅 가까이 날면 비가 온다.'라는 속담
도 있습니다. 사실 이 속담이 생긴 진짜 까닭은 제비가 날씨

를 예감한 것이 아니라, 제비의 먹이가 되는 곤충이 날씨를 예감했기 때문입니다. 습기가 많아지면 곤충들은
곧 비가 내릴 것임을 예감하고 비를 피하기 위하여 숨을 장소를 찾아다니게 되고, 제비는 숨어 있는 곤충들을
찾기 위해 땅 가까이 날게 되기 때문입니다.

02회 어법·어휘편 본문에 나온 어휘들만 따로 모아 복습하는 순서입니다.

해설편 002쪽

[1단계] 아래의 낱말에 알맞은 뜻을 선으로 이어 보세요.

[1] 예측 •   • ㉠ 미리 헤아려 짐작함

[2] 운항 •   • ㉡ 전기를 이용해 알리고 싶은 내용을 보내는 것

[3] 전보 •   • ㉢ 배나 비행기가 정해진 목적지를 오고 감

[2단계] 아래 문장의 빈칸에 알맞은 낱말을 [보기]에서 찾아서 써넣으세요.

[보 기]   예측   운항   전보

[1] 날씨에 따라 비행기나 배의 ☐☐ 이(가) 취소되기도 합니다.

[2] 유럽에서 ☐☐ 이(가) 발명된 이후 일기 예보 시스템이 갖추어졌습니다.

[3] 일기 예보란 앞으로의 날씨를 ☐☐ 해서 알려주는 것을 말합니다.

[3단계] 다음 문장의 빈칸에 알맞은 낱말을 이 글에서 찾아 완성하세요.

[1] 기상청은 지진을 예측하고 ☐☐☐ 대피할 수 있도록 알려 줍니다.
   → 매우 날쌔고 빠르게

[2] 기상청은 우수한 예보 기술을 다른 나라에 알려주는 ☐☐ 도 하고 있습니다.
   → 마땅히 해야 할 일

시간 끝난 시간 ☐시 ☐분   채점 독해 7문제 중 ☐개   ← 스스로 붙임딱지
      1회분 푸는 데 걸린 시간 ☐분   어법·어휘 8문제 중 ☐개   문제를 다 풀고 맨 뒷장에 있는 붙임딱지를 붙여보세요.

'말복'인 11일에 전국은 무더위가 계속되겠습니다. 그리고 대체로 흐리고 가끔 비가 내릴 **전망**입니다. 하지만 중부지방을 중심으로 전날 밤부터 오늘 아침까지 시간당 20㎜ 이상의 많은 비가 오는 곳도 있을 것으로 보입니다. 전날부터 이날 밤까지 강원도·충북 북부에 30~80㎜, 그 밖의 전국에 10~60㎜가 내릴 전망입니다.

특히 강원도의 경우 전날까지 많은 비가 내린데다 밤사이에도 비가 더 내릴 것으로 보입니다. 계곡이나 하천의 물이 불어날 수 있으니 야영객들은 안전사고에 **각별히** 유의해주시기 바랍니다. 주민들은 시설물 관리에 신경을 써야 하겠습니다.

오후에는 비가 대부분 그칠 전망입니다. 전국이 **기압골**에서 차차 벗어나면서 비는 잦아들겠지만 전라도는 계속 대기가 불안정해 오후에도 곳에 따라 소나기가 내리기도 하겠습니다.

그러나 무더위는 전국 대부분 지역에서 계속될 것으로 보입니다. 아침 최저기온은 21~25도, 낮 최고기온은 27~34도로 어제와 비슷하거나 조금 높겠습니다. ㉠당분간 기온이 **평년**보다 조금 높겠고, 폭염 **특보**가 **발효** 중인 일부 남부지방과 제주도는 낮 최고기온이 33도 내외로 매우 더운 날씨가 이어지겠습니다. 밤사이 기온이 25도 이상으로 유지되는 열대야 현상도 예상되니 여름철 건강관리에 주의하셔야 하겠습니다.

동해안에는 **너울**로 인해서 물결이 해안도로나 방파제를 넘는 곳이 있겠습니다. 바다의 물결은 서해 먼바다에서 0.5~2.0m, 남해 먼바다에서 1.0~2.5m, 동해 먼바다에서 1.5~3.0m로 일겠습니다. 12일까지 바닷물 높이가 높으므로 밀물 시 서해안과 남해안 저지대에서는 침수 피해가 없도록 **만반**의 준비가 필요할 것으로 보입니다.

27~34°   20mm

 **어려운 낱말 풀이**

① **전망** 앞날을 헤아려 내다봄 展펼 전 望바랄 망 ② **각별히** 어떤 일에 대하여 특별한 마음가짐이나 자세로 各각각 각 別나눌 별- ③ **기압골** 일기도에서 기압이 낮은 부분 氣기운 기 壓누를 압- ④ **평년** 보통의 해 平평평할 평 年해 년 ⑤ **특보** 특별히 보도함 特특별할 특 報갚을 보 ⑥ **발효** 효력이 나타남 發필 발 效본받을 효 ⑦ **너울** 바다의 크고 사나운 물결 ⑧ **만반** 마련할 수 있는 모든 것 萬일만 만 般가지 반

1 이 글의 목적은 무엇인가요?

중심
생각

이 글은 .... 를 알리는 뉴스나 신문의 글입니다.

2 이 글의 내용과 <u>다른</u> 것은 무엇인가요? ──────────────────── [   ]

세부
내용

① 일부 남부지방은 서늘할 것이다.
② 강원도의 경우 밤사이에도 비가 더 내릴 것이다.
③ '말복'인 11일에 전국은 무더위가 계속될 것이다.
④ 전라도는 오후에도 곳에 따라 소나기가 내릴 수도 있다.
⑤ 12일까지는 밀물 시 서해안에서는 침수 피해가 없도록 주의해야 한다.

3 밤중 기온이 높은 온도로 유지되는 현상을 무엇이라고 하는지 본문에서 찾아 쓰세요.

세부
내용

....

4 밑줄 친 ㉠과 바꿔 쓸 수 <u>없는</u> 낱말은 무엇인가요? ──────────── [   ]

어휘
표현

① 얼마간   ② 한동안   ③ 얼마 동안
④ 며칠 동안   ⑤ 찰나

5

강원도의 야영객들이 각별히 유의해야 하는 까닭을 써 보세요.

서술형

강원도의 경우 전날까지

....

밤 사이에도   것이기 때문입니다.

....

그러므로 계곡이나 하천이

....

6

추론

이 글에 대한 설명으로 알맞은 것을 고르세요. -- [   ]

① 여름철 날씨를 알려주고 있다.

② 날씨를 다른 것에 빗대어 설명하고 있다.

③ 무더위와 폭염의 공통점을 비교하고 있다.

④ 날씨의 성질을 여러 항목으로 나누어 분석하고 있다.

⑤ 더운 날씨와 비가 오는 날씨의 차이점을 대조하고 있다.

7

추론

이 예보를 본 사람들이 날씨에 대비한 모습으로 옳지 <u>않은</u> 것을 고르세요. ------------------ [   ]

① 아침 출근길에 우산을 챙긴 중부지방 주민

② 침수를 막기 위해 문 앞에 모래주머니를 쌓는 강원도 주민

③ 퇴근길에 내릴지도 모를 소나기를 대비해 우산을 챙긴 전라도 주민

④ 밤 동안 떨어질 기온을 대비해 긴팔을 입고 잠을 청하는 제주도 주민

⑤ 너울을 피하기 위해 해안도로에 주차한 차를 이동시킨 동해안 주민

03회 어법·어휘편 본문에 나온 어휘들만 따로 모아 복습하는 순서입니다.

[1단계] 아래의 낱말에 알맞은 뜻을 선으로 이어 보세요.

[1] 전망 •   • ㉠ 어떤 일에 대하여 특별한 마음가짐이나 자세로
[2] 각별히 •   • ㉡ 마련할 수 있는 모든 것
[3] 만반 •   • ㉢ 앞날을 헤아려 내다봄

[2단계] 아래 문장의 빈칸에 알맞은 낱말을 [보기]에서 찾아서 써넣으세요.

[보 기]	전망	각별히	만반

[1] 야영객들은 안전사고에 [   ] 유의해야 합니다.

[2] 오늘 날씨는 대체로 흐리고 가끔 비가 내릴 [   ] 입니다.

[3] 저지대에서는 침수 피해가 없도록 [   ] 의 준비가 필요합니다.

[3단계] 설명을 읽고 밑줄 친 낱말이 문장에서 쓰인 뜻을 찾아 번호를 쓰세요.

일다	① 없던 현상이 생기다.
	② 희미하거나 약하던 것이 왕성하여지다.

[1] 꺼져 가던 불길이 <u>일어</u> 주변이 밝아졌다. --- [   ]

[2] 잔잔했던 바다에 거센 파도가 <u>일어</u> 배가 출렁거렸다. ------------------------------- [   ]

시간 끝난 시간 [   ] 시 [   ] 분   채점 독해 7문제 중 [   ] 개   ← 스스로 붙임딱지
1회분 푸는 데 걸린 시간 [   ] 분   어법·어휘 8문제 중 [   ] 개   문제를 다 풀고
맨 뒷장에 있는
붙임딱지를
붙여보세요.

검은 새끼 고양이를 얻다

이규보

보송보송한 검은 털은 **은은한**^① 푸른색을 띠고

동글동글한 눈은 짙은 녹색이네

생긴 모습은 새끼 호랑이 같아서

울음소리에 벌써 쥐가 겁을 먹네

붉은 실로 줄을 매어 주고

누런 참새고기를 먹여 키웠더니

처음엔 발톱 세워 뛰어올랐지만

점점 **길들여지니**^② 꼬리 치며 따르는구나

예전에는 가난한 집안 **형편**^③ 탓으로

중년^④이 될 때까지 너를 기르지 못했는데

쥐 떼가 제멋대로 날뛰면서

날카로운 이빨로 집 벽에 구멍을 뚫었네

이제 네가 내 집에 있고부터

쥐 떼가 이미 **기를 펴지**^⑤ 못하니

어찌 담장만 멀쩡할 뿐이겠나

모아 둔 **양식**^⑥도 지킬 수 있으리

너에게 말하노니 공짜 밥만 먹지 말고

힘껏 노력하여 쥐 떼들을 다 없애거라

(1241년, 고려 시대 작품)

어려운 낱말 풀이 ① **은은한** 뚜렷하게 드러나지 않고 희미하고 흐릿하게 ② **길들여지니** 짐승이 야생의 성질을 잃어서 사람이 부리게 좋게 되니 ③ **형편** 살림살이나 재산의 상태 ④ **중년** 40살 전후의 나이, 또는 그 나이의 사람 ⑤ **기를 펴지** 억누르는 것이 없어 자신감을 가지고 당당하게 행동하지 ⑥ **양식** 사람이 사는 데 필요한 먹을거리

해설편
0
0
3
쪽

1 이 시의 중심 소재가 무엇인지 적어 보세요.
중심
생각

....

2 다음 중 이 시의 내용과 일치하지 <u>않는</u> 것을 골라 보세요. ---------------------------------- [   ]
세부
내용

① 말하는 이는 자신이 키우는 고양이에게 붉은 실을 매어 줬다.

② 이 시에 나오는 고양이는 말하는 이를 처음 보았을 때부터 잘 따랐다.

③ 말하는 이가 고양이를 키우기 시작하자 쥐들이 기를 펴지 못하고 있다.

④ 말하는 이가 고양이를 키우기 시작하자 쥐들이 담장을 망가트리지 못했다.

⑤ 말하는 이는 고양이가 쥐로부터 양식을 지켜 줄 것이라고 기대하고 있다.

3 이 시의 말하는 이가 고양이를 보고 했을 말로 알맞은 것끼리 묶은 것을 골라 보세요.
세부
내용
-- [   ]

> [보기]　㉠ 검고 푸른 털은 정말 보송보송하고 부드러워.
>
> 　　　　　㉡ 강아지와 다르게, 고양이는 꼬리를 흔들지 않네.
>
> 　　　　　㉢ 날카로운 이빨로 벽을 긁어대니 벽에 구멍이 나지.
>
> 　　　　　㉣ 네 눈은 참 동그랗네. 눈동자의 색은 짙은 초록색이구나.

① ㉠, ㉡　　　　② ㉡, ㉢　　　　③ ㉢, ㉣　　　　④ ㉠, ㉣　　　　⑤ ㉡, ㉣

4 이 시의 말하는 이가 고양이를 길들이고 나서 고양이의 태도가 어떻게 변화했는지 이 시에서 찾아서
세부
내용
써 보세요.

[1] 길들이기 전: ....

[2] 길들이고 난 후: ....

5 이 시에 나온 쥐가 끼친 피해로 알맞은 것을 모두 골라 보세요. (2개) ------------------------ [,   ]

작품 이해

① 말하는 이가 모아 둔 양식들을 갉아 먹었다.

② 말하는 이의 집 벽을 갉아서 구멍을 뚫어 놓았다.

③ 고양이에게 주려고 잡아 놓은 참새를 훔쳐 먹었다.

④ 날카로운 이빨로 이 시의 말하는 이를 물어뜯었다.

⑤ 발톱을 세워 이 시의 말하는 이가 키우는 고양이를 공격했다.

6 이 시의 말하는 이가 고양이에게 바라는 것을 이 시에서 찾아 한 문장으로 써 보세요.

작품 이해

이 시의 말하는 이는 고양이가

바라고 있다.

7 이 시의 작가인 '이규보'는 이 시를 쓰고 얼마 뒤, [보기]의 시를 썼습니다. 이 작가가 [보기]의 시를 쓴 이유로 알맞은 것을 골라 보세요. -- [   ]

추론 적용

> [보 기]   **고양이를 꾸짖는다**
>
> 이규보
>
> 내가 감춰 둔 고기를 훔쳐 먹어 배를 채우고
>
> 사람 이불 들어오기 좋아해 갸르릉거리며 잠자네
>
> 쥐 떼가 날뛰는 것이 누구의 책임이더냐
>
> 밤낮을 가리지 않고 거침없이 다니는구나

① 고양이가 숨겨둔 고기를 찾아낸 것이 신기해서

② 고양이의 잠자는 모습이 사랑스러워 보여서

③ 고양이에게 이불을 빼앗긴 것이 어처구니없어서

④ 자신의 바람과 달리 쥐 떼를 없애지 않는 고양이를 나무라기 위해서

⑤ 밤낮없이 뛰어다녀 자신을 잠 못 들게 하는 고양이에게 부탁을 하기 위해서

04회 어법·어휘편 본문에 나온 어휘들만 따로 모아 복습하는 순서입니다.

[1단계] 아래의 낱말에 알맞은 뜻을 찾아 선으로 이어 보세요.

[1] 양식 •　　　　　　　• ㉠ 살림살이나 재산의 상태

[2] 중년 •　　　　　　　• ㉡ 40살 전후의 나이, 또는 그 나이의 사람

[3] 형편 •　　　　　　　• ㉢ 사람이 사는 데 필요한 먹을거리

[2단계] [보기]를 읽고, 문장의 밑줄 친 낱말이 어떤 뜻으로 쓰였는지 번호를 쓰세요.

> [보기]　　은은하다　　① 뚜렷하게 드러나지 않고 희미하고 흐릿하다
> 　　　　　　　　　　　　② 소리가 작아서 들릴 듯 말 듯 하다
> 　　　　　　　　　　　　③ 냄새나 맛이 진하지 않고 그윽하다

[1] 밤하늘이 달빛으로 <u>은은하게</u> 물들었다. ──────────────── [　　　]

[2] 어디선가 피아노 소리가 <u>은은하게</u> 들려왔다. ──────────── [　　　]

[3] 봄이 되면 거리에 <u>은은한</u> 꽃향기가 가득하다. ──────────── [　　　]

[4] 작은 조명을 켜자, 불빛이 방안을 <u>은은하게</u> 비추었다. ─────── [　　　]

[3단계] '기를 펴다'가 알맞게 쓰인 문장을 골라 ○를 해 보세요.

[1] 그는 시험에 합격하기 위해 <u>기를 펴고</u> 공부했다. ──────────── [　　　]

[2] 계속되는 실패로 인해, 그는 <u>기를 펼 수</u> 없었다. ──────────── [　　　]

[3] 그의 단호한 주장에 아무 말도 하지 못하고 <u>기를 폈다</u>. ──────── [　　　]

시간　끝난 시간 [　　] 시 [　　] 분　　채점　독해 7문제 중 [　　] 개　　← 스스로 붙임딱지
　　　1회분 푸는 데 걸린 시간 [　　] 분　　　　　어법·어휘 10문제 중 [　　] 개　　문제를 다 풀고 맨 뒷장에 있는 붙임딱지를 붙여보세요.

(가) ⓐ한 스승이 제자들에게 물었습니다.

"두 아이가 굴뚝 청소를 했는데, 한 아이는 얼굴에 새카만 검정을 묻히고 나오고, 다른 아이는 얼굴에 **그을음**① 하나 없이 깨끗한 채로 나왔네. 두 아이 중에 누가 얼굴을 씻겠는가?"

"물론 얼굴이 더러워진 아이겠지요."

제자들의 대답에 스승은 고개를 저었습니다.

"열심히 공부한 학생이라면 그렇게 생각해서는 안 되네. 더러운 얼굴로 나온 아이는 깨끗한 아이를 보고 자기 얼굴도 깨끗할 것이라고 생각하여 씻지 않겠지만, 깨끗한 얼굴로 나온 아이는 상대의 더러운 얼굴을 보고 (㉠) 얼굴을 씻을 것일세."

"과연 그렇군요!"

스승이 다시 물었습니다.

"다시 한번 아까와 **동일**②한 질문을 하겠네. 자네들은 어떻게 대답하겠는가?"

그러자 제자들이 웃으면서 대답했습니다.

"물론 깨끗한 아이가 얼굴을 씻을 것입니다."

그러자 스승이 고개를 저으며 말했습니다.

"이 또한 **모범**③ 답안은 아니네. 열심히 공부한 학생이라면 그렇게 생각해서는 안 되네. 만일 두 아이가 함께 굴뚝을 청소했다면 한 아이는 얼굴이 깨끗하고 다른 아이는 까맣게 되는 일은 있을 수 없네."

(나) ⓑ한 사람이 어느 날 심부름꾼 아이에게 심부름을 시켰습니다.

"얘야, 시장에 가서 가장 값지고 맛있는 요리를 사 오너라."

"알았습니다, 선생님!"

심부름꾼 아이는 잠시 후에 동물의 혀로 만든 요리를 사 왔습니다. 며칠 후 그 사람은 또 그 아이에게 심부름을 시켰습니다.

"얘야, 이번에는 가장 값싼 요리를 사 오너라."

"알았습니다, 선생님!"

(ⓒ) 아이는 이번에도 동물의 혀로 만든 요리를 사 왔습니다. ㉠그것을 본 사람이 물었습니다.

"얘야, 너는 며칠 전에 내가 가장 값지고 맛있는 요리를 사 오라고 했을 때도 혀를 사 오더니, 오늘은 값싼 요리를 사 오라고 했는데 또 혀를 사 왔으니 이게 어찌된 **영문**이냐?"
                                                                    ④

그러자 심부름꾼 아이가 웃으면서 대답했습니다.

"㉰좋은 혀라면 그보다 좋은 것이 어디 있겠습니까? 또 나쁜 혀라면 그보다 나쁜 것이 어디 있겠습니까?"

– 「탈무드」

1
중심
생각

(가)와 (나)의 이야기의 공통점은 무엇인가요? ────────────────── [   ]

① 교훈을 준다.

② 등장인물이 같다.

③ 두 이야기의 글감이 같다.

④ 이야기가 일어나는 장소가 같다.

⑤ 두 이야기 모두 미래에 일어날 일을 상상해서 썼다.

2
세부
내용

(가)의 내용으로 알맞지 **않은** 것을 고르세요. ────────────────── [   ]

① 스승은 제자들에게 같은 질문을 두 번 했다.

② 제자들은 스승의 두 질문에 같은 답을 말했다.

③ 스승의 첫 번째 질문과 두 번째 질문은 답이 달랐다.

④ 스승은 굴뚝 청소를 한 두 아이에 대해서 질문을 했다.

⑤ 제자들이 스승에게 말한 두 번의 답은 모두 스승을 만족시키지 못했다.

3
작품
이해

(가)에서 빈칸 ㉠에 들어갈 말로 알맞은 것을 고르세요. ──────────────── [   ]

① 상대가 더럽다고 이야기해서

② 상대만 청소를 했다고 생각해서

③ 자기 얼굴도 더럽다고 생각해서

④ 아침에 씻지 못한 일이 생각나서

⑤ 자기 얼굴은 깨끗하다고 생각해서

🧻 **어려운 낱말 풀이** : ① **그을음** 어떤 물질이 불에 탈 때에 연기에 섞여 나오는 먼지 모양의 검은 가루 ② **동일** 똑같음 同같다 동 –하나 일 ③ **모범** 본받아 배울만한 본보기 模법 모 範법 범 ④ **영문** 일이 돌아가는 형편이나 그 까닭

4 (나)에서 밑줄 친 ㉮의 까닭으로 가장 알맞은 것을 고르세요. ────────────────── [   ]

세부
내용

① 아이가 거짓말을 해서

② 아이가 너무 늦게 도착해서

③ 요리가 맛이 없을 것 같아서

④ 아이가 같은 재료의 요리를 사 와서

⑤ 정말로 혀로 만든 요리인지 확인하기 위해서

5 [보기]의 이야기와 (나)의 밑줄 친 ㉯가 공통적으로 말하고자 하는 바를 고르세요. ────────── [   ]

추론
적용

> [보 기] 어느 **랍비**[①]가 자기 집에 온 제자들에게 소와 양의 혀로 만든 음식을 대접했습니다. 그 중
> 에는 딱딱하게 굳은 혀도 있었고, 아직 굳지 않아서 부드러운 혀도 있었습니다.
>
> 제자들은 저마다 부드러운 혀를 골라서 먹었습니다.
>
> 그때 랍비가 말했습니다.
>
> "사람들은 누구나 부드러운 혀를 좋아한다네. 자네들도 언제나 부드러운 혀를 가지도
> 록 하게. 딱딱한 혀를 가진 사람은 상대를 화나게 하거나 싸움을 일으키기 쉽다네."

① 혀로 만드는 요리를 할 때에는 말을 삼가야 한다.

② 말을 할 때는 조심스럽게 잘 생각해서 말해야 한다.

③ 무엇이든지 요리의 재료를 고를 때에는 조심해야 한다.

④ 혀로 만든 요리를 먹을 때에는 마음가짐을 바로 해야 한다.

⑤ 어떤 재료로 만든 요리이든 가리지 않고 골고루 먹어야 한다.

6 (나)에서 빈칸 ㉡에 들어갈 말로 알맞은 것을 고르세요. ──────────────────── [   ]

어휘
표현

① 한편   ② 그런데   ③ 그래서

④ 따라서   ⑤ 예컨대

7 (가)의 ⓐ와 (나)의 ⓑ가 대화를 나누었습니다. 옳지 <u>않은</u> 것을 고르세요. ──────────────── [   ]

추론
적용

① ⓐ : 당신의 심부름꾼 아이는 정말 영리한 아이인 것 같군요.

② ⓑ : 맞습니다. 저는 그 아이를 통해 배울 점을 알게 되었습니다.

③ ⓐ : 그렇군요. 저는 제자들이 상황에 대해서 깊이 생각해보고 답을 했으면 좋겠습니다.

④ ⓑ : 제자들이 당신의 가르침을 통해 배울 점을 알게 되어서 좋지 않습니까?

⑤ ⓐ : 제자들에게 중요한 것은 직접 알려주고 암기하도록 하는 것이 좋습니다.

🧻 어려운 낱말 풀이 ┃ ① **랍비** 유대교의 율법학자

05회 어법·어휘편 본문에 나온 어휘들만 따로 모아 복습하는 순서입니다.

[1단계] 아래의 낱말에 알맞은 뜻을 선으로 이어 보세요.

[1] 동일 •   • ㉠ 일이 돌아가는 형편이나 그 까닭

[2] 모범 •   • ㉡ 본받아 배울만한 본보기

[3] 영문 •   • ㉢ 똑같음

[2단계] 빈칸에 알맞은 낱말을 [보기]에서 골라 쓰세요.

> [보 기]   동일   모범   영문

[1] 열심히 공부해서 다른 사람들에게 ☐☐ 이 되어야지.

[2] 날씨가 이렇게 오락가락하다니, 도대체 무슨 ☐☐ 인지 궁금하다.

[3] 네가 바뀌지 않는 이상 계속해서 ☐☐ 한 결과만 나올 뿐이야.

[3단계] 밑줄 친 부분을 제대로 읽은 것을 고르세요.

[1] 한 아이는 얼굴에 새카만 검정을 **묻히고** 나오고 ·· [   ]

① [무치고]   ② [묻이고]   ③ [묻시고]

[2] 자네들은 **어떻게** 대답하겠는가? ··· [   ]

① [어떡해]   ② [어떠케]   ③ [어떡게]

시간 **끝난 시간** ☐시 ☐분   채점 **독해** 7문제 중 ☐개   ← 스스로 붙임딱지
1회분 푸는 데 걸린 시간 ☐분   **어법·어휘** 8문제 중 ☐개   문제를 다 풀고 맨 뒷장에 있는 붙임딱지를 붙여보세요.

뜻	음
펼	발

준6급 發(펼 발)은 '**펼치다**', '**생기다**'를 뜻하는 한자입니다.
글자에 붙어서 '~하고 펼침' 또는 '생겨난 것을 ~함'이란 뜻으로 쓰입니다.

발생(發生) : 어떤 일이나 사물이 **생겨** + **남**
└ 날 생

발효(發效) : **효력**이 + **나타남**
└ 효과 효

발견(發見) : **생겨난 것을** + **봄**
└ 볼 견

쓰는 순서 ﾌ ﾌ ﾌﾞ ﾌﾞ ﾌﾞﾞ ﾌﾞﾞ ﾌﾞﾞ ﾌﾞﾞ ﾌﾞﾞ ﾌﾞﾞ 發 發

한자를 칸에 맞춰 써 보세요.

發	發	發	發				

뜻	음
평평할	평

준7급 平(평평할 평)은 **평온함** 또는 **평범함**을 뜻하는 한자입니다.
다른 글자에 붙어서 '**평온한 ~**' 또는 '**평범한 ~**'이란 뜻으로 쓰입니다.

평화(平和) : **평온**하고 + **화목함**
└ 화목할 화(화목: 서로 정답고 뜻이 통함)

평년(平年) : 보통의 **평범한** + **해**
└ 1년 년

평지(平地) : **평평한** + **땅**
└ 땅 지

쓰는 순서 一 ﾗ ﾗ ﾗ 平

한자를 칸에 맞춰 써 보세요.

平	平	平	平				

2주차

한 주 간의 계획을 먼저 세워보세요. 매일 학습을 마친 후 맞힌 문제의 개수를 쓰세요!

회 차	영 역	학 습 내 용	학습계획일	맞은 문제수
06회	독서 국어	**한글날** 우리가 기다리는 공휴일 중 하나인 한글날에 대한 설명문입니다. 한글날이 생긴 까닭과 10월 9일에 지정되기까지의 역사를 간략히 소개하는 글입니다.	월 일	독해 7문제 중 ☐ 개 어법·어휘 8문제 중 ☐ 개
07회	독서 국어	**존 로스** 국어의 띄어쓰기를 처음 도입한 외국인 존 로스에 관한 설명문입니다. 여러 서적과 인물이 등장하는 만큼 잘 구분하면서 독해하는 회차입니다.	월 일	독해 7문제 중 ☐ 개 어법·어휘 9문제 중 ☐ 개
08회	독서 기타	**중세 미술과 르네상스 미술** 서로 다른 두 시대의 미술 작품을 비교하는 설명문입니다. 두 시대의 미술이 어떤 점에서 서로 다른지, 그리고 차이점에 어떤 의미가 담겨 있는지에 대해 독해해내는 회차입니다.	월 일	독해 7문제 중 ☐ 개 어법·어휘 8문제 중 ☐ 개
09회	문학 동시	**수도꼭지** 감각적 표현과 비유가 많이 쓰인 시입니다. 그만큼 그 본질적인 의미를 파악하며 독해하는 회차입니다.	월 일	독해 7문제 중 ☐ 개 어법·어휘 8문제 중 ☐ 개
10회	문학 소설	**허생전** 고전소설입니다. 허생의 행동과 인물의 대사를 통해 이야기를 파악하는 회차입니다.	월 일	독해 7문제 중 ☐ 개 어법·어휘 8문제 중 ☐ 개

우리말 '한글'의 생일이 언제인지 알고 있나요? 한글의 생일을 한글날이라고 한답니다. 한글날은 10월 9일이지요. 그런데 처음 한글날이 정해졌을 때는 날짜가 10월 9일이 아니었습니다. 왜 그랬을까요?

한글은 조선의 세종대왕이 **창제**[①]하였습니다. 한글을 연구하는 학자들은 세종대왕이 한글을 **반포**[②]한 날을 한글날로 정하고자 했습니다. 하지만 한글 창제는 **은밀하게**[③] 진행되었기에 구체적인 날짜를 알 수 없었습니다. 학자들은 열심히 연구한 끝에 〈조선왕조실록〉에서 한글이 반포된 때가 세종 28년(1446년) 음력 9월이라는 사실까지 알아낼 수 있었습니다. 그래서 음력 9월의 마지막 날을 양력으로 다시 센 날짜인 10월 28일을 **임의**[④]로 한글날로 정했습니다.

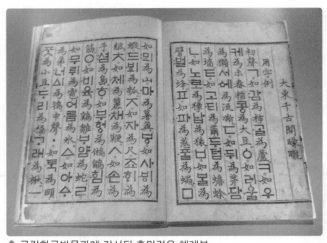

↑ 국립한글박물관에 전시된 훈민정음 해례본

그러다가 1940년에 안동에서 〈훈민정음 해례본〉이 발견되었습니다. 〈훈민정음 해례본〉은 한글 창제 과정과 원리에 대한 해설서입니다. 〈훈민정음 해례본〉에는 세종 28년 9월 **상순**[⑤]에 한글이 반포되었다고 적혀있었습니다. 이를 요즘 날짜로 대략적으로 계산하여 한글날은 10월 9일로 정해지게 되었습니다. 그 후 오늘날까지 한글날은 10월 9일이 된 것입니다.

한글날이 정해지기까지 여러 가지 일들이 많았지만, 지금은 국민들이 한글날을 잘 기념하고 있습니다. 2013년에는 한글날이 **공휴일**[⑥]로 **지정**[⑦]되었습니다. 올해 한글날에는 재미있게 노는 것도 좋지만 한글의 고마움을 느끼는 하루를 가져보는 건 어떨까요?

어려운 낱말 풀이 ① **창제** 전에 없던 것을 처음으로 만듦 創비롯할 창 製지을 제 ② **반포** 세상에 널리 퍼뜨려 모두 알게 함 頒나눌 반 布펼 포 ③ **은밀하게** 숨어 있어서 겉으로 드러나지 않게 隱숨을 은 密빽빽할 밀- ④ **임의** 일정한 기준이나 원칙 없이 하고 싶은 대로 함 任맡길 임 意뜻 의 ⑤ **상순** 한 달 가운데 1일에서 10일까지의 동안 上윗 상 旬열흘 순 ⑥ **공휴일** 국가나 사회에서 정하여 다 함께 쉬는 날 公공평할 공 休쉴 휴 日날 일 ⑦ **지정** 관공서, 학교, 회사, 개인 등이 어떤 것에 특정한 자격을 줌 指가리킬 지 定정할 정

1 이 글을 쓴 까닭은 무엇일까요? ──────────────────── [　　　]

중심
생각

① 한글날이 공휴일임을 알리기 위해

② 한글의 창제와 반포 과정을 알리기 위해

③ 세종대왕이 한글을 창제한 까닭을 알리기 위해

④ 한글의 생일을 왜 한글날이라고 하는지 알리기 위해

⑤ 한글날의 날짜가 정해지기까지의 과정을 알리기 위해

2 다음 중 이 글의 내용과 <u>다른</u> 것을 고르세요. ──────────── [　　　]

세부
내용

① 한글의 생일을 한글날이라고 한다.

② 2013년에 한글날이 공휴일로 지정되었다.

③ 학자들은 한글이 반포된 때가 1446년임을 알아냈다.

④ 처음 한글날이 정해졌을 때는 날짜가 10월 9일이 아니었다.

⑤ 〈훈민정음 해례본〉은 세종 28년 9월 상순에 안동에서 발견되었다.

3 이 글을 읽고 바르게 말한 친구는 누구인가요? ──────────── [　　　]

세부
내용

① 재현 : 한글날에도 학교에 가지 않으면 참 좋겠다.

② 용준 : 세종대왕은 한글을 공개적으로 창제하셨구나.

③ 태민 : 지금 정해진 한글날은 한글이 창제된 정확한 날짜야.

④ 연희 : 〈훈민정음 해례본〉 덕분에 한글날이 10월 9일로 바뀌었구나.

⑤ 지원 : 한글은 세종대왕이 죽고 난 이후에 사람들에게 공개되었나봐.

4 지금의 한글날이 정해지기까지의 과정을 순서대로 정리해보세요.

구조
알기

(가) 〈훈민정음 해례본〉에는 세종 28년 9월 상순에 한글이 반포되었다고 적혀있었습니다.

(나) 한글날의 날짜는 임의로 10월 28일로 정해졌습니다.

(다) 그 후 오늘날까지 한글날은 10월 9일이 되었습니다.

(라) 학자들은 열심히 연구한 끝에 한글이 반포된 때가 세종 28년(1446년)임을 밝혀냈습니다.

☐ → ☐ → ☐ → ☐

5

아래 문장이 뜻하는 낱말을 이 글에서 찾아 쓰세요.

> 일정한 기준이나 원칙 없이 하고 싶은 대로 함

....

6

한글날의 날짜를 정할 수 없었던 까닭은 무엇인지 써 보세요.

한글날의 날짜를 정할 수 없었던 까닭은 ....

.... 때문입니다.

7

이 글과 [보기]를 읽고 옳은 설명을 고르세요. ─────────────────────── [   ]

[보 기] 가갸날은 일제 강점기 때 한글을 지키기 위하여 제정된 날이다. 일본은 당시 아이들에게 조선어 사용을 금지하고 일본어만 배우도록 강요하였다. 이러한 상황에서 국어학자로서 우리말을 정리하고 보급하였던 주시경의 제자들을 중심으로 한글을 지키기 위한 노력이 전개되었다. 이들은 1921년 조선어 연구회를 조직하여 한글 연구와 한글 보급 운동에 힘썼다. 조선어 연구회는 1926년 훈민정음 반포 480년을 기념하면서 가갸날을 세상에 알렸다. 그리고 1928년부터 '한글날'이라고 하였다. 이것이 오늘날 한글날의 시초이다.

① 일본은 1926년에 가갸날을 선포하였을 것입니다.

② 가갸날은 국어학자인 주시경 혼자의 노력으로 만들어진 날입니다.

③ 가갸날이 처음 만들어졌을 당시 날짜는 10월 9일이 아니었을 것입니다.

④ 1921년 조선어 연구회는 일본의 도움을 받아 한글 연구를 했을 것입니다.

⑤ 가갸날은 1928년에 한글날로 바뀌면서 날짜도 10월 9일이 되었을 것입니다.

[1단계] 아래의 낱말에 알맞은 뜻을 선으로 이어 보세요.

[1] 창제 •   • ㉠ 특정한 자격을 주어 정함

[2] 반포 •   • ㉡ 세상에 널리 퍼뜨려 모두 알게 함

[3] 지정 •   • ㉢ 전에 없던 것을 처음으로 만듦

[2단계] 아래 문장의 빈칸에 알맞은 낱말을 [보기]에서 찾아서 써넣으세요.

[보 기]   창제   반포   지정

[1] 한글은 조선의 세종대왕이 ☐☐ 하였습니다.

[2] 한글이 ☐☐ 된 때는 세종 28년(1446년)입니다.

[3] 2013년에는 한글날이 공휴일로 ☐☐ 되었습니다.

[3단계] 밑줄 친 말을 다른 말로 알맞게 바꾸어 쓰세요.

[1] 한글 창제는 숨어서 겉으로 드러나지 않게 진행되었습니다.

　→ 한글 창제는 ☐☐☐☐ 진행되었습니다.

[2] 한글날은 국가에서 정하여 다 함께 쉬는 날입니다.

　→ 한글날은 ☐☐☐ 입니다.

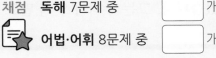

시간　끝난 시간 ☐시 ☐분　　채점　독해 7문제 중 ☐개

1회분 푸는 데 걸린 시간 ☐분　　어법·어휘 8문제 중 ☐개

◀ 스스로 붙임딱지
문제를 다 풀고
맨 뒷장에 있는
붙임딱지를
붙여보세요.

한글에서는 띄어쓰기를 어떻게 하느냐에 따라 그 의미가 달라집니다. 그런데 이 띄어쓰기를 한국에 최초로 **도입**한 사람은 한국인이 아니라 외국인 **선교사**라고 합니다. 19세기 말 한국을 방문해 최초의 한글 성경을 만든 존 로스(John Ross)가 바로 그 주인공입니다.

↑ 존 로스(1842~1915)

존 로스 선교사의 한국 이름은 '라요한'입니다. 그는 스코틀랜드에서 신학을 공부하고 1872년부터 본격적인 선교 활동을 시작했습니다. 그의 첫 선교지는 중국이었는데, 이곳에서 중국어와 한자를 공부했습니다. 중국어 설교에 성공한 존 로스는 1874년 '고려문'이라는 곳으로 향했습니다. 이곳은 중국의 국제 무역 장소로 외국에서 온 수많은 상인들이 몰리던 곳이었습니다. 당시 존 로스는 한국에서의 선교를 계획하고 성경을 조선어로 **번역**해 줄 사람을 찾고 있었습니다. 이때 그를 도운 한국인이 '이응찬'이라는 상인이었습니다. 로스는 그의 도움을 받아 최초의 한글 띄어쓰기가 도입된 한국어 교재 〈조선어 첫걸음(Corean Primer)〉을 만들었습니다.

이 책은 로스가 자신과 같은 선교사나 외국인들이 한글을 배울 수 있도록 만든 책으로, 한글 아래 발음기호를 표기하는 방식으로 기록되었습니다. 여기에 최초의 한글 띄어쓰기가 도입된 것은 로스가 사용하던 영어의 띄어쓰기가 자연스레 **반영**된 것으로 알려져 있습니다. 책에는 "한글은 소리글자로 이루어져 있으며 자음과 모음만 배우면 누구나 읽고 배울 수 있는 글자"라며 한글의 **우수성**이 소개되어 있습니다. 이후 〈독립신문〉과 대한국민교육회가 **발간**한 〈초등소학〉에 띄어쓰기가 도입되기 시작했습니다. 그러다 1933년 조선어학회가 한글 맞춤법 통일안을 만들면서 띄어쓰기 관련 어문 규정이 하나씩 **정립**되기 시작했습니다.

낯선 타지에서 한국어 성경을 완성해 간 존 로스는 한글 최초로 띄어쓰기를 도입한 것은 물론 "한글이 한문보다 훨씬 정확한 번역본을 만들 수 있는 글자"라고 **확신**하며 우리 한글을 더욱 사용하기 편리하게 만들어주었습니다. 그는 우리가 잊지 말고 기억해야 하는 고마운 인물입니다.

1
중심
생각

이 글의 제목을 지어 보세요.

최초의 한글 ☐☐☐☐ 을(를) ☐☐ 한 존 로스

2
세부
내용

글에 나오는 사실과 <u>다른</u> 것을 고르세요. ──────────────────── [   ]

① '조선어 첫걸음'은 발음기호를 표기한 책이다.

② 한국어 띄어쓰기를 최초로 도입한 사람은 외국인이다.

③ 1933년 조선어학회가 한글 맞춤법 통일안을 만들었다.

④ 존 로스는 '초등소학'이라는 책으로 띄어쓰기를 연구했다.

⑤ 존 로스는 중국에서 선교 활동을 하다가 조선으로 오게 되었다.

3
세부
내용

최초의 한글 띄어쓰기가 도입된 한국어 교재는 무엇인가요?

....

4
구조
알기

존 로스가 한글 띄어쓰기를 도입한 과정을 순서대로 나열해보세요.

(가) 조선에서 선교를 결심하고 성경을 번역해 줄 사람을 찾음

(나) 첫 선교지인 중국에서 한자와 중국어를 공부함

(다) 한국인 이응찬의 도움을 받아 최초의 한글 띄어쓰기가 도입된 책을 만듦

(라) 1874년 '고려문'으로 감

☐ → ☐ → ☐ → ☐

어려운 낱말 풀이 ① **도입** 기술, 방법 따위를 끌어 들임 導인도할 도 入들 입 ② **선교사** 종교를 알려 널리 퍼지게 하는 사람 宣베풀 선 敎가르칠 교 師스승 사 ③ **번역** 어떤 언어로 된 글을 다른 언어의 글로 옮김 飜번역할 번 譯번역할 역 ④ **반영** 다른 것에 영향을 받아 어떤 현상이 나타남 反돌이킬 반 映비칠 영 ⑤ **우수성** 아주 뛰어난 성질 優넉넉할 우 秀빼어날 수 性성품 성 ⑥ **발간** 책, 신문, 잡지 따위를 만들어 냄 發필 발 刊새길 간 ⑦ **정립** 정하여 바로 세움 定정할 정 立설 립 ⑧ **확신** 굳게 믿음 確굳을 확 信믿을 신

5

추론

'굳게 믿음'을 나타내는 낱말을 골라보세요. ────────────────────────── [   ]

① 확인

② 확장

③ 확신

④ 확대

⑤ 확충

6

내용
적용

존 로스가 '조선어 첫걸음'에 소개한 한글의 특성을 정리해보세요.

존 로스는 '조선어 첫걸음'이라는 책에
_____

_____

라여
_____

한글의   을 소개했습니다.
_____

7

추론

다음은 우리 조상들이 쓴 책과 그 연도입니다. 다음 중 띄어쓰기가 되어 있을 것으로 짐작되는 책을
고르세요. ── [   ]

① 정약용, 〈목민심서〉, 1818년

② 김부식, 〈삼국사기〉, 1145년

③ 주요섭, 〈사랑손님과 어머니〉, 1935년

④ 허균, 〈홍길동전〉, 1612년

⑤ 김만중, 〈구운몽〉, 1687년

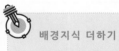

배경지식 더하기

우리나라 최초의 한글 소설은 무엇일까요?

이번 회차에서는 최초의 띄어쓰기 도입에 대해 배워보았습니다. 그렇다면 우리나라 최초의 한글 소설은 무엇
일까요? 바로 허균의 '홍길동전'입니다. 홍길동전은 중간 중간의 이야기가 조금씩 다른 여러 가지 형태의 책으
로 남아있지만 아직 한문본의 존재가 밝혀지지 않은 상태라고 합니다. 따라서 아직은 최초의 한글 소설로 인
정되고 있습니다.

홍길동전은 영웅 소설로 초반부는 첩의 아들인 서자로 태어난 비애가, 중후반부는 그의 영웅적 능력이 부각되
는 이야기입니다. 우리나라의 대표적인 고전 소설이기도 하니 중학생이 되기 전 꼭 한 번쯤은 읽어보세요!

[1단계] 아래의 낱말에 알맞은 뜻을 선으로 이어 보세요.

[1] 도입 •   • ㉠ 다른 것에 영향을 받아 어떤 현상이 나타남

[2] 반영 •   • ㉡ 정하여 바로 세움

[3] 정립 •   • ㉢ 기술, 방법 따위를 끌어 들임

[2단계] 아래 문장의 빈칸에 알맞은 낱말을 [보기]에서 찾아서 써넣으세요.

[보 기]	도입	반영	정립

[1] 띄어쓰기 관련 어문 규정이 하나씩 ☐☐ 되었습니다.

[2] 띄어쓰기를 한국에 최초로 ☐☐ 한 사람은 외국인이었습니다.

[3] 한글 띄어쓰기에는 영어의 띄어쓰기가 자연스레 ☐☐ 되었습니다.

[3단계] 빈칸에 들어갈 알맞은 한자를 [보기]에서 찾아서 써 보세요.

[보 기]	高	惡	初
	높을 고	악할 악	처음 초

[1] 最☐ : 가장 높음. 제일임.
    가장 최

[2] 最☐ : 가장 처음.
    가장 최

[3] 最☐ : 가장 나쁨.
    가장 최

시간   끝난 시간 ☐시☐분   채점 독해 7문제 중 ☐개

1회분 푸는 데 걸린 시간 ☐분   어법·어휘 9문제 중 ☐개

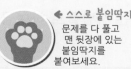 ◀ 스스로 붙임딱지
문제를 다 풀고
맨 뒷장에 있는
붙임딱지를
붙여보세요.

2주 | 07회 39

　미술 작품은 그 작품이 만들어진 시대의 영향을 받습니다. 사람들은 아름다운 것을 미술 작품으로 남겼는데, 각 시대마다 사람들이 생각하는 아름다운 것이 달랐습니다. 따라서 미술 작품을 보면 그 시대를 살았던 사람들의 생각과 생활 모습을 짐작할 수 있습니다.

　이 그림은 이탈리아의 산비탈레 성당에 있는 〈왕비 테오도라와 시녀들〉입니다. 테오도라 왕비는 동로마제국을 강력한 국가로 만든 유스티니아누스 황제의 부인입니다. 서양의 역사에서 가장 능력이 뛰어났던 여성 중 한 명이었다는 **기록**①이 전해집니다. 이 작품은 547년 즈음에 성당 벽면에 모자이크 **기법**②으로 그려진 벽화로, 중세 시대 서양 미술을 대표하는 작품입니다. 중세 시대는 약 5세기에서 13세기 사이의 시대를 **일컫습니다**③. 중세 시대의 유럽인들은 기독교를 **열렬히**④ 믿었습니다. 따라서 중세 시대 미술 작품들은 이 그림처럼 대체로 신과 왕의 **권위**⑤를 나타내려는 목적으로 만들어졌습니다. 또한 중세 시대 작품들은 **원근법**⑥이 발달하지 못해 평면적으로 보이는 작품이 많습니다.

　이 그림은 〈아테네 학당〉입니다. 라파엘로가 교황 율리오 2세의 주문으로 바티칸 궁전에 그린 벽화입니다. 1509년부터 그리기 시작해 완성까지 꼬박 2년이 걸렸습니다. 〈아테네 학당〉에는 플라톤과 아리스토텔레스를 중심으로 고대 그리스의 학자 54명이 그려져 있습니다. 이 그림이 그려진 **시기**⑦를 '르네상스 시대'라고 부릅니다. 프랑스어인 '르네상스'는 우리말로 '부활'이란 뜻입니다. 말 그대로 르네상스 시대는 고대 그리스 문화를 되살리려는 문화 운동이 일어났던 시대였습니다. 르네상스 예술가들은 중세 시대에서 벗어나고자 했습니다. 그래서 그들은 신과 왕뿐만 아니라 그리스 시대의 학자나 보통 사람의 모습도 그리기 시작했는데, 사람의 모습도 신과 마찬가지로 아름답게 그렸습니다. 또한 원근법이 발달해 그림에 등장하는 대상이 입체적으로 표현되었습니다. 〈아테네 학당〉도 그림 한가운데를 중심으로 먼 곳에 있는 것일수록 점점 작게 그려졌습니다. 이러한 **구도**⑧는 그림을 보는 사람들로 하여금 원근감을 잘 느낄 수 있게 만듭니다.

1 이 글은 어떤 내용의 글인가요? ――――――――――――――――――― [   ]

중심
생각

① 중세 시대를 설명하는 글이다.

② 르네상스 시대를 설명하는 글이다.

③ 고대 그리스·로마 시대를 설명하는 글이다.

④ 그림을 그리는 기법 중 하나인 원근법에 대해 설명하는 글이다.

⑤ 중세 시대와 르네상스 시대의 미술 작품의 특징을 설명하는 글이다.

2 이 글의 내용과 다른 것은 무엇인가요? ――――――――――――――――― [   ]

세부
내용

① 유스티니아누스 황제는 동로마제국을 강한 국가로 만들었다.

② 서양에서 약 5세기에서 13세기 사이의 시대를 중세 시대라고 부른다.

③ 중세 시대 미술 작품들은 주로 신과 왕의 권위를 나타내는 목적으로 만들어졌다.

④ 그림 속에 등장하는 사람과 배경 사이의 멀고 가까움을 표현하는 방법을 원근법이라고 한다.

⑤ 라파엘로가 바티칸 궁전에 그린 〈아테네 학당〉은 1509년에 완성되었다.

3 이 글에서 설명하는 두 그림의 특징을 정리한 표입니다. 빈칸을 채워 표를 완성해 보세요.

구조
알기

	왕비 테오도라와 시녀들	아테네 학당
언제 제작됐나요?	①	르네상스 시대
어디에 있나요?	산비탈레 성당	②
무엇이 그려져 있나요?	③	고대 그리스 학자들
원근법이 표현됐나요?	④	예

4 아래 문장이 뜻하는 낱말을 본문에서 찾아 쓰세요.

어휘
표현

[보 기]   어떤 일을 하는 특별한 솜씨나 방법

――――――――――――――

🧻 **어려운 낱말풀이** ① **기록** 훗날에 남길 목적으로 어떤 사실을 적음. 또는 그런 글. 記적을 기 錄적을 록 ② **기법** 어떤 일을 하는 특별한 솜씨나 방법 技재주 기 法법 법 ③ **일컫습니다** 가리켜 말합니다 ④ **열렬히** 매우 맹렬하게 熱더울 열 烈세찰 렬 - ⑤ **권위** 남을 따르게 하는 힘 權권력 권 威위엄 위 ⑥ **원근법** 멀고 가까움을 그리는 방법 遠멀 원 近가까울 근 法법 법 ⑦ **시기** 어떤 일이 벌어지기 좋은 때 時때 시 機틀 기 ⑧ **구도** 여러 가지가 어울려 이루는 틀이나 짜임새 構얽을 구 圖그림 도

5
세부
내용

다음 설명이 해당하는 시대에 ○를 해 보세요.

[1] 이 시대 미술 작품들은 원근법이 잘 표현되지 못했다. ----------------- [중세 시대 / 르네상스 시대]

[2] 이 시대 미술 작품들은 신과 마찬가지로 인간도 아름답게 그렸다. ---- [중세 시대 / 르네상스 시대]

[3] 이 시대는 약 5세기에서 13세기 사이의 시대를 일컫는다. ------------- [중세 시대 / 르네상스 시대]

[4] 이 시대 미술 작품 중에 〈아테네 학당〉이 있다. ------------------ [중세 시대 / 르네상스 시대]

6
내용
적용

서술형

'르네상스 시대'란 무엇인가요?

프랑스어인 '르네상스'는 우리말로

....

....

시대다.

....

7
추론

아래의 그림들을 보고 나눈 대화입니다. 틀린 말을 한 친구를 고르세요. ----------------- [   ]

(가)

제목 **우주의 지배자 예수**
화가 알려지지 않음
소장 이탈리아 산비탈리 성당
작품설명 성당 제단의 천장에 모자이크 기법으로 그려진 벽화. 천사들에게 둘러싸인 젊은 예수님의 모습이 우주의 창조와 종말을 관장하는 지배자의 모습으로 묘사되고 있다.

(나)

제목 **모나리자**
화가 레오나르도 다빈치
소장 프랑스 루브르 박물관
작품설명 레오나르도 다빈치가 이탈리아의 부호 조콘다를 위해 그의 부인인 엘리자베타를 그린 초상화. 미소를 띤 듯 아닌 듯한 오묘한 표정으로 유명한 작품.

① 지우: (가)는 예수님의 모습을 성스럽게 표현한 것으로 보아 중세 시대 미술 작품 같아.

② 형민: (나)는 (가)와 다르게 보통 사람을 그린 것으로 보아 르네상스 시대 미술 작품 같아.

③ 유라: (가)에 그려진 예수님과 천사들의 모습이 평면적인 것을 보니 르네상스 미술 작품 같아.

④ 태민: (나)는 배경과 인물 사이에 거리감이 잘 느껴지는 것을 보니 르네상스 미술 작품 같아.

⑤ 혜지: (나)가 그려진 시대의 사람들은 신뿐만 아니라 사람도 아름다운 존재일 수 있다고 생각한 것 같아.

[1단계] 아래의 낱말에 알맞은 뜻을 선으로 이어 보세요.

[1] 기록 •   • ㉠ 어떤 일이 벌어지는 때

[2] 시기 •   • ㉡ 여러 가지가 어울려 이루는 틀이나 짜임새

[3] 구도 •   • ㉢ 훗날에 남길 목적으로 어떤 사실을 적음. 또는 그런 글

[2단계] 아래 문장의 빈칸에 알맞은 낱말을 [보기]에서 찾아서 써 넣으세요.

[보기]	기록	시기	구도

[1] 이 그림은 그림 속에 그려진 대상들이 좌우로 대칭을 이루는 ☐☐ 을(를) 이루고 있다.

[2] 나는 오늘 하루 겪었던 일들과 그 일을 겪으면서 들었던 생각을 일기에 ☐☐ 했다.

[3] 겨울이 지나고 찾아온 봄은 나무를 심기에 아주 좋은 ☐☐ 이다.

[3단계] [보기]에서 설명하는 낱말 풀이를 참고해 문제의 빈칸에 들어갈 알맞은 한자를 [보기]에서 찾아 써 보세요.

[보기]	遠	近	法	: 미술에서 멀리 있는 것은 멀게 보이게 하고,
	멀 원	가까울 근	법 법	가까운 것은 가깝게 보이게 그리는 방법

[1] ☐ 景 : 멀리 보이는 경치
    경치 경

[2] ☐ 處 : 가까운 곳
    곳 처

시간 끝난 시간 ☐시 ☐분   채점 독해 7문제 중 ☐개   ← 스스로 붙임딱지
1회분 푸는 데 걸린 시간 ☐분   어법·어휘 8문제 중 ☐개   문제를 다 풀고 맨 뒷장에 있는 붙임딱지를 붙여보세요.

수도꼭지

김용희

수도꼭지를 확 틀면
박수 소리가 ㉠터져 나온다

한꺼번에 **벼락**①같이
내지르는 **탄성**②처럼

꾹 참고 또 참았다가
쏟아 낸 재채기처럼

복받치는 설렘으로
물 튀기며 **안달**③하는

고 작은 폭포수에
두 손을 갖다 대면 ┐
                    ㉡
마음이 저 먼저 달려와
시원하게 씻긴다 ┘

어려운 낱말 풀이 | ① **벼락** 천둥, 번개 같은 하늘에서 전기 작용과 함께 큰 소리가 나는 자연 현상 ② **탄성** 감탄하는 소리 歎읊을 탄 聲소리 성 ③ **안달** 속을 태우며 조급하게 구는 일

1
시의 글감은 무엇인가요?

....

2
시의 장면으로 옳지 <u>않은</u> 것을 고르세요. ──────────────────── [   ]

① 수도꼭지를 트는 장면

② 수도꼭지에 두 손을 대는 장면

③ 수돗물이 나오자 재채기를 하는 장면

④ 수돗물이 물을 튀기면서 쏟아지는 장면

⑤ 수돗물이 큰 소리를 내며 쏟아지는 장면

3
밑줄 친 ㉠(터지다)의 뜻풀이로 적절한 것을 고르세요. ──────────── [   ]

① 거죽이나 겉이 벌어져 갈라지다.

② 물, 소리 따위가 갑자기 쏟아지다.

③ 막히거나 가려진 것이 없이 탁 트이다.

④ 둘러싸여 막혔던 것이 갈라져서 무너지다.

⑤ 속으로 참았거나 쌓였던 감정 따위가 복받쳐 나오다.

4
다음은 이 시를 읽고 친구들끼리 나눈 이야기입니다. 알맞지 <u>않은</u> 이야기를 한 사람은 누구입니까?

── [   ]

① 성훈 : 이 시는 수돗물을 다른 것에 빗대어 표현했어.

② 원홍 : 이 시에서는 말하는 이가 정확히 누구인지 알 수 있어.

③ 현일 : 이 시에는 쉼표(,), 마침표(.) 등이 전혀 사용되지 않았네.

④ 현택 : 이 시는 벼락이나 탄성처럼 소리와 관련된 표현을 많이 사용한 것 같아.

⑤ 태원 : 수도꼭지와 수돗물을 보며 생각하고 있는 말하는 이의 마음이 잘 표현됐어.

5

요소

이 시는 몇 연 몇 행으로 이루어져 있나요?

[ ] 연   [ ] 행

6

추론
적용

다음 글은 이 시와 어떤 공통점을 가지고 있나요? -- [   ]

> 잘 익은 사과의 색깔은 마치 빨간색 피 같았다. 고개를 들어 위를 보니 하늘이 파란 바다처럼 푸르렀다. 양 떼같이 하얀 구름이 둥둥 떠다니고 있었다.

① 두 글의 글감이 같다.
② 두 글의 주제가 같다.
③ 두 글 모두 노래하는 느낌이 든다.
④ 두 글 모두 감각적 표현을 사용하였다.
⑤ 두 글 모두 말하는 이의 감정을 알 수 있다.

7

추론
적용

[보기]를 참고했을 때 ⓒ에 대한 설명 중 옳지 <u>않은</u> 것을 고르세요. ------------------------------- [   ]

> [보기]   시인은 시의 주제를 효과적으로 전달하기 위해 노력한다. 예를 들어 강조를 하기 위해 특정 낱말을 사용한다. 또한 보이지 않는 것을 마치 보이는 것처럼 표현하기도 한다. 그리고 시각, 청각, 촉각 등의 감각적 표현을 활용하기도 한다.

① ⓒ에서 '시원한'이라는 시각적 표현을 활용하였군.
② ⓒ에서 '마음'은 원래 보이지 않는 것인데 마치 보이는 것처럼 표현했군.
③ ⓒ에는 시인이 주제를 효과적으로 전달하기 위해 노력한 내용이 담겨있겠군.
④ ⓒ에서 '작은 폭포수'를 강조하기 위해 '고'라는 낱말을 써서 '고 작은 폭포수'라고 표현하였군.
⑤ ⓒ에서 말하고자 하는 주제는 수도꼭지의 수돗물을 통해 내 몸뿐만 아니라 마음도 시원해진다는 말이겠군.

09회 어법·어휘편

본문에 나온 어휘들만 따로 모아 복습하는 순서입니다.

[1단계] 아래의 낱말에 알맞은 뜻을 선으로 이어 보세요.

[1] 벼락 •   • ㉠ 감탄하는 소리

[2] 탄성 •   • ㉡ 속을 태우며 조급하게 구는 일

[3] 안달 •   • ㉢ 천둥, 번개처럼 하늘에서 전기 작용과 함께 큰 소리가
나는 자연 현상

[2단계] 아래 문장의 빈칸에 알맞은 낱말을 [보기]에서 찾아서 써넣으세요.

[보 기]   벼락   탄성   안달

[1] 지금 다들 놀고 싶어서 ☐☐ 이 났구나.

[2] 저 나무가 ☐☐ 을 맞아서 새카맣게 타버렸어.

[3] 방 안에 들어가자, 새롭게 바뀐 예쁜 방의 모습에 ☐☐ 이 나왔다.

[3단계] [보기]를 읽고, 밑줄 친 낱말이 문장에서 쓰인 뜻을 찾아 번호를 쓰세요.

[보 기]   **탄성**   ① 몹시 감탄하는 소리

② 몹시 한탄하거나 탄식하는 소리

[1] 김연아 선수의 멋진 경기력은 **탄성**이 절로 나오게 한다.   [   ]

[2] 선생님이 숙제를 많이 내 주시자 아이들의 **탄성**이 자자했다.   [   ]

시간   **끝난 시간** ☐시 ☐분   채점   **독해 7문제 중** ☐개   ← 스스로 붙임딱지
1회분 푸는 데 걸린 시간 ☐분   **어법·어휘 8문제 중** ☐개   문제를 다 풀고
맨 뒷장에 있는
붙임딱지를
붙여보세요.

허생은 돈을 벌기 위해 거리에 나가 사람들에게 물었다.

"여기 서울에서 누가 가장 부자입니까?"

"그야 물론 변씨이지요."

허생은 곧바로 변씨의 집으로 찾아가 당당한 눈빛으로 변씨에게 말했다.

"제가 무얼 좀 해 보려 하니, 만 **냥**^①을 좀 빌려주시오."

변씨는 곧바로 만 냥을 꿔 주었다. 허생은 만 냥을 받고는 고맙다는 인사도 없이 그냥 가 버렸다. 그러자 변씨의 가족들이 변씨에게 물었다.

"㉠아니, 이름도 모르고 처음 보는 사람에게 그런 큰돈을 빌려주다니요? 무슨 생각이신가요?"

"저 사람의 눈빛을 보고 알았소. 저 사람은 분명 뭔가 큰일을 할 사람이라는 것을. 분명 돈을 갚을 사람이오."

허생은 만 냥을 가지고 서울에 있는 모든 과일을 남김없이 사들였다. 그러자 오히려 과일들이 부족하게 되어 허생에게 과일을 팔았던 사람들이 도리어 열 배의 가격으로 과일을 다시 사갔다. 허생은 그런 상황을 보며 말했다.

"㉡만 냥으로 온갖 과일의 값을 **좌우하다니**^②. 지금 우리나라의 상황이 참으로 안타깝구나."

그렇게 십만 냥을 벌게 된 허생은 칼, 호미 등 농사에 필요한 도구들을 사들였다. 그리고는 도둑들이 살고 있는 소굴로 가서 도둑들에게 말했다.

"이제 너희들은 도둑질을 그만 하고 나를 따라 오너라. 내가 너희들에게 돈을 나누어 줄 것이다. 그리고 내가 새로운 삶을 살게 해 주겠다."

돈을 나누어 준다는 말에 도둑들은 모두 허생을 따랐다. 허생은 도둑들을 데리고 배를 타고 나가 어느 섬에 도착했다. 섬에 도착한 허생과 도둑들은 돈으로 산 칼, 호미 등을 가지고 농사를 지었다. 그렇게 1년이 지나자 곡식과 과일을 **풍성**^③하게 수확할 수 있었다. 도둑들은 더 이상 도둑이 아니라 농사꾼이 되어 있었다. 허생이 그들에게 말하였다.

"자, 이제 모두 농사에 성공했으니 나는 이제 떠나겠다. 너희들은 이제 나쁜 짓을 더 이상 하지 말고 이 섬에서 잘 먹고 잘 살기 바란다."

허생은 농사를 통해 벌게 된 돈 중 오십 만 냥을 챙겨서 서울로 돌아왔다. 그 돈으로 나라를 돌아다니며 사람들을 도와주었다. 그러고도 돈이 십만 냥이 남았다.

"이건 변씨에게 갚으면 되겠군."

허생은 당당하게 변씨의 집으로 찾아가 변씨에게 말했다.

"나를 알아보시겠소?"

"아, 물론이오. 내게 만 냥을 빌려가지 않았소? 혹시 갚으러 온 것이오?"

"그렇소. 당신은 나에게 만 냥이라는 큰돈을 빌려줬으니 그에 대한 감사의 표시로 열 배로 갚도록 하겠소. 여기 십만 냥이오."

허생은 변씨 앞에 십만 냥을 내려놓았다. 변씨는 십만 냥을 보고 놀라 눈이 휘둥그레졌다. 그리곤 허생에게 물었다.

"아니, 도대체 어떻게 십만 냥을 갚을 수 있게 된 것이오?"

그러자 허생은 지금까지 있었던 일을 변씨에게 말해주었다. 변씨는 허생을 보며 놀라며 말했다.

"역시, 내 **안목**은 틀리지 않았군. 당신은 정말 엄청난 사람이군요. 하지만 나는 당신에게 만 냥만 빌려줬을 뿐입니다. 나머지 구만 냥은 당신이 가져가도록 하시오."

하지만 허생은 끝까지 구만 냥을 거절했다. 그리고 변씨와 허생은 서로 친구가 되었다.

-박지원, 「허생전」 中

1
요소

이 이야기에 나온 주인공의 이름은 무엇인가요?

....

2
세부
내용

이 이야기의 내용으로 알맞은 것을 고르세요. ────────────────────── [   ]

① 허생과 변씨는 서로 아는 사이였다.
② 변씨는 처음에 허생을 의심하였다.
③ 변씨의 가족들은 돈을 빌려주고 싶어 하였다.
④ 허생은 변씨에게 빌린 돈 보다 더 많은 돈을 갚았다.
⑤ 허생은 변씨에게 돈을 벌 수 있었던 까닭을 말해주지 않았다.

3
어휘
표현

이 이야기를 연극으로 꾸민다면 ⊙을 어떻게 읽으면 좋을까요? ──────────────── [   ]

① 깜짝 놀라며
② 기쁘게 웃으며
③ 두려움에 벌벌 떨며
④ 용서해 달라는 간절한 눈빛으로
⑤ 기어들어가는 조그마한 목소리로

어려운 낱말 풀이 ① **냥** 옛날에 돈을 세는 단위 ② **좌우하다니** 어떤 일에 영향을 주어 지배하다니 左왼쪽 좌 右오른쪽 우 ③ **풍성** 넉넉하고 많음 豐풍성하다 풍 盛담다 성 ④ **안목** 사람이나 사물을 보고 분별하는 능력 眼눈 안 目눈 목

4 이야기에서 허생이 한 일을 차례대로 기호를 쓰세요.

> ㉮ 과일을 모두 사들임   ㉯ 변씨와 친구가 됨
>
> ㉰ 칼, 호미 등을 사들임   ㉱ 변씨에게 돈을 갚음
>
> ㉲ 섬에서 농사에 성공함   ㉳ 변씨에게 돈을 빌림
>
> ㉴ 도둑들을 섬으로 데리고 감

☐ - ☐ - ☐ - ☐ - ☐ - ☐ - ☐

5 이 이야기를 읽고 알 수 있는 내용을 고르세요. ----------------------------------- [   ]

① 변씨는 지방에 살았다.

② 그 당시 우리나라의 경제 사정은 좋지 않았다.

③ 그 당시 일만 냥은 금방 갚을 수 있는 돈이었다.

④ 옛날에는 돈을 빌리면 무조건 열 배로 갚아야하는 법이 있었다.

⑤ 서울에서는 큰 부자들이 너무 많아 누가 가장 부자인지 알기 어려웠다.

6 다음 중 이 이야기와 <u>다른</u> 내용을 말하는 친구를 고르세요. ----------------------------------- [   ]

① 철민 : 빌린 돈을 갚는 허생을 보며 돈은 반드시 갚아야 한다고 생각했어.

② 인영 : 도둑들을 더 이상 도둑질을 하지 않고 착한 사람으로 만드는 허생을 보며 대단하다고 생각했어.

③ 민정 : 과일을 열 배의 가격으로 사들이는 허생을 보며 신기했어. 나였다면 그러지 못했을텐데.

④ 태현 : 섬에 남는 도둑들을 보면서, 허생이 말한 것처럼 이제 더 이상 그들이 나쁜짓을 하지 않으면 좋겠다고 생각했어.

⑤ 세희 : 다시 서울로 돌아와서도 여기저기 돌아다니며 어려운 사람들을 구해주는 허생은 정말 훌륭한 사람인 것 같아.

7 ㉡의 의미에 대해 정리한 글입니다. 알맞은 표현에 O표 하세요.

> 허생은 만 냥이라는 돈으로 나라의 과일 값을 열 배나 뛰어오르게 할 수 있었다. 허생은 그러한 상황을 통해 나라의 (경제 / 날씨)가 매우 (안정 / 불안정)적이라고 생각한 것이다.

10회 어법·어휘편 본문에 나온 어휘들만 따로 모아 복습하는 순서입니다.

[1단계] 아래의 낱말에 알맞은 뜻을 선으로 이어 보세요.

[1] 좌우 •   • ㉠ 넉넉하고 많음

[2] 풍성 •   • ㉡ 어떤 일에 영향을 주어 지배함

[3] 안목 •   • ㉢ 사람이나 사물을 보고 분별하는 능력

[2단계] 아래 문장의 빈칸에 알맞은 낱말을 [보기]에서 찾아서 써넣으세요.

[보 기]   좌우   풍성   안목

[1] 내가 사는 물건들은 참 쓸모 있어. 나는 ☐☐ 이 좋은 것 같아.

[2] 옛날에는 왕이 나라를 ☐☐ 할 수 있었지.

[3] 오늘은 명절이라 음식의 종류가 ☐☐ 한 것 같다.

[3단계] [보기]의 낱말 뜻 풀이를 참고하여 [1]과 [2]에서 밑줄 친 낱말의 뜻이 어느 것인지 번호를 쓰세요.

[보 기]   좌우 (左왼쪽 좌 右오른쪽 우) ① 왼쪽과 오른쪽

                                     ② 어떤 일에 영향을 주어 지배함

[1] 길을 건널 때에는 <u>좌우</u>를 잘 살펴봅시다. ┈┈┈┈┈┈┈┈┈ [   ]

[2] 나의 말 한마디로 일이 이렇게 <u>좌우</u>되다니. 신기하네. ┈┈┈┈┈ [   ]

시간 **끝난 시간** ☐시 ☐분   채점 **독해** 7문제 중 ☐개

1회분 푸는 데 걸린 시간 ☐분   **어법·어휘** 8문제 중 ☐개

← 스스로 붙임딱지
문제를 다 풀고
맨 뒷장에 있는
붙임딱지를
붙여보세요.

손을 벌리다

목수의 아들이 네모난 탁자를 만들고 있었습니다. 가장 중요한 작업을 앞두고 잠시 고민하던 아들 목수는 아버지를 불렀습니다. 그리고 아버지에게 남은 부분을 부탁했지요. 세밀한 기술이 필요했기 때문입니다. 그렇게 아버지는 아들 대신 어려운 작업을 맡아 탁자를 완성했습니다.

며칠 후, 아들 목수는 커다란 장롱을 만들고 있었습니다. 여기저기를 깎고 잘라내며 장롱의 문짝과 서랍장 형태를 만들어냈지요. 하지만 대략적인 형태였을 뿐 당장 장롱으로 사용할 수는 없었습니다. 문짝과 서랍장을 튼튼하게 조립할 수 있는 방법을 아들은 알지 못했거든요. 아들은 이번에도 아버지에게 도움을 요청했습니다. 아버지는 잘 지켜보라며 방법을 알려주려 했지만 아들은 시큰둥했습니다. 결국은 또 아버지가 장롱을 완성하고 말았습니다.

그렇게 수개월이 지난 어느 날, 아버지 목수가 병에 걸려 앓아눕게 되었습니다. 더 이상 목수 일을 할 수 없었지요. 이제 모든 일은 아들이 해결해야 했습니다. 하지만 아들은 좀처럼 완성을 해 본적이 없었습니다. 습관처럼 조금이라도 어려운 일이 생기면 아버지에게 <u>손을 벌렸었으니까요</u>. 때문

"손을 벌리다."라는 말은 무엇을 달라고 남에게 도움을 청하거나 구걸을 한다는 뜻이에요. 위 이야기에서는 목수 아들에게 "노력도 안 하고 손부터 벌리지 마라."라고 충고해줄 수도 있겠지요. 비슷한 표현으로는 "손을 내밀다."가 있답니다.

에 의뢰를 받아도 끝내 물건을 완성시키지 못했습니다. 의뢰인들은 물건이 완성되지 못하자 화를 내며 돈을 주지 않았습니다. 아버지가 앓아누워 손을 벌릴 데가 없어진 아들은 뒤늦게 후회했지요. 허나 아무것도 할 수 없었습니다. 그렇게 전전긍긍하는 사이 재산이 바닥났고 결국 병든 아버지와 아들은 집에서 쫓겨나는 신세가 되어버리고 말았습니다.

'손'과 관련된 또 다른 관용 표현 손을 넘기다 물건을 셀 때 잘못 계산하다. | 손에 걸리다 너무 흔하여 어디나 다 있다.

3주차

한 주 간의 계획을 먼저 세워보세요. 매일 학습을 마친 후 맞힌 문제의 개수를 쓰세요!

회 차	영 역	학 습 내 용	학습계획일	맞은 문제수
11회	독서 사회	**기와집의 구조** 기와집의 구조에 대한 설명문입니다. 분석의 방법을 이용한 설명문인만큼 각 부분의 기능을 정확히 이해하면서 독해하는 회차입니다.	월 일	독해 7문제 중 ☐ 개 어법·어휘 8문제 중 ☐ 개
12회	독서 기타	**헬렌 켈러와 영화 〈블랙〉** 헬렌 켈러와 영화 〈블랙〉에 관한 글입니다. 헬렌 켈러와 미셸의 삶을 통해 얻을 수 있는 교훈을 생각하면서 독해하는 회차입니다.	월 일	독해 7문제 중 ☐ 개 어법·어휘 8문제 중 ☐ 개
13회	독서 사회	**화폐의 변화** 우리나라 화폐의 변천사를 다룬 글입니다. 시대의 흐름에 따른 화폐의 특징 및 모습을 파악하고 문제를 통해 확인해보는 회차입니다.	월 일	독해 7문제 중 ☐ 개 어법·어휘 8문제 중 ☐ 개
14회	문학 소설	**걸리버 여행기 1** 조너선 스위프트의 유명한 명작 소설입니다. 낯선 곳에 떨어진 주인공의 상황, 주인공에게 벌어지는 사건, 그리고 낯선 존재들의 반응에 주목하며 독해하는 회차입니다.	월 일	독해 7문제 중 ☐ 개 어법·어휘 8문제 중 ☐ 개
15회	문학 소설	**걸리버 여행기 2** 14회에서 이어지는 이야기입니다. 이 이야기 속 등장인물들은 서로 다른 언어를 쓰기 때문에 서로의 말을 한번에 알아듣지 못합니다. 그러한 모습이 어떻게 묘사되었으며, 또한 서로 어떻게 의사소통했는지를 상상해 보며 독해하는 회차입니다.	월 일	독해 7문제 중 ☐ 개 어법·어휘 9문제 중 ☐ 개

한옥은 우리 조상들이 살아온 우리 고유의 집입니다. 우리 땅에서 나는 나무, 돌, 흙 등으로 우리의 자연환경에 맞게 지어졌습니다. 한옥은 지붕의 형태에 따라 초가집, 너와집, 기와집 등으로 나뉘는데, 이 중 기와로 지붕을 이은 기와집에 대해 살펴보겠습니다.

↑ 솟을대문

↑ 평대문

기와집에서 처음 사람들을 맞이하는 곳은 대문입니다. 기와집의 대문은 보통 두 짝으로 된 문으로 안쪽으로 열리게 만들어졌습니다. 문의 높이에 따라 솟을대문, 평대문으로 구분합니다. 솟을대문은 담장보다 높은 문으로, 보통 높은 관리들 집의 대문이었습니다. 가마나 말이 자주 지나가기 때문에 높은 문이 필요했고 문 뒤에 가마나 말을 보관했습니다. 평대문은 담장과 높이가 비슷한 문입니다.

대문을 지나면 사랑채가 나옵니다. 옛날 사람들은 사랑채에서 책을 읽고, 손님을 맞고, 집안의 문제를 이야기했습니다. 그래서 사랑채는 대문 가까운 곳에 있었습니다.

안채는 바깥에서 보이지 않게 안쪽에 지은 집입니다. 안채에는 음식을 준비할 수 있는 부엌이 함께 지어져 있습니다. 그리고 안채의 가운데에는 대청마루가 있습니다. 보통 앞쪽에 뚫려 있고 뒤쪽에 창문이 있어 여름에 시원했습니다.

마당은 집의 앞이나 뒤에 평평하게 닦아 놓은 땅입니다. 마당은 될 수 있으면 텅 비워놨습니다. 그래야 바람이 통하고 방으로 햇빛이 잘 들어오기 때문입니다. 앞마당에서는 농사지은 곡식을 **타작**^①하고 말리는 일을 하고 **잔치**^②를 열기도 했습니다. 또한 이곳에서 결혼과 같은 중요한 행사를 치렀습니다. 뒷마당은 **장독대**^③를 놓아 간장, 된장, 고추장, 젓갈 등을 보관했습니다. 뒷마당은 서늘하여 장독을 놓고 보관하기 좋기 때문입니다.

어려운 낱말 풀이 ① **타작** 곡식을 떨어서 낟알을 거두는 일 打칠 타 作지을 작 ② **잔치** 기쁜 일이 있을 때에 음식을 차려 놓고 여러 사람이 모여 즐기는 일 ③ **장독대** 간장, 된장, 고추장 등을 담아 두거나 담그는 독을 놓아두려고 뜰 안에 좀 높직하게 만들어 놓은 곳 醬장 장- 臺 대 대

1
중심
생각

이 글의 중심 주제를 본문에서 찾아 쓰세요.

.... 의 구조

2
세부
내용

사랑채에 대한 내용으로 <u>잘못된</u> 것을 고르세요. -- [   ]

① 대문을 지나야 나오는 곳이다.

② 이곳에서 책을 읽거나 집안 문제를 의논했다.

③ 손님이 방문하는 곳이어서 대문 가까이에 있었다.

④ 집안 사람들은 사랑채에 모여 집안의 문제를 의논했다.

⑤ 부엌이 있어 음식을 준비하였고, 장독대를 놓아 젓갈 등을 보관했다.

3
세부
내용

지붕의 형태에 따라 나뉘는 한옥의 종류를 <u>세 가지</u> 써 보세요.

............................., ..., ...

4
구조
알기

이 글에서 설명하고 있는 기와집의 구조를 정리해 봅시다.

```
                          ┌── 솟을대문 : 담장보다 □□ 문
            ┌── 대문 ──┤
            │             └── 평대문 : 담장과 높이가 비슷한 문
            │
기           │             ┌── 사랑채 : □□ 들은 이곳에서 책을 읽고, 손님을 맞고, 집
와 ──┼── 사랑채/안채 ┤        안 문제를 이야기함
집           │             └── 안채 : □□ 에서 보이지 않도록 집 □ 쪽에 지은 곳
            │
            │             ┌── 앞마당 : 농사지은 □□ 을 타작하고 말리는 일을 하는 곳
            └── □□ ────┤
                          └── 뒷마당 : □□□ 를 놓는 곳
```

5 어휘
표현

아래 문장이 뜻하는 낱말을 본문에서 찾아 쓰세요.

> 집의 둘레나 일정한 공간을 둘러막기 위하여 흙, 돌, 벽돌 따위로 쌓아 올린 것

6 내용
적용

솟을대문과 평대문의 차이점을 써 보세요.

7 추론

다음 글의 행사와 관련된 장소는 어느 곳인지 글에서 찾아 쓰세요.

> 오늘 이모의 결혼식이 있었습니다. 결혼식은 한옥에서 전통혼례를 했습니다. 이모는 우아하고 화려한 한복을 입고 있었습니다. 혼례식이 끝나고 이모는 가마를, 이모부는 말을 타고 나갔습니다.

 배경지식 더하기

배산임수(背등 배 山뫼 산 臨자리할 임 水물 수)

우리의 전통가옥은 예부터 자연과 조화를 이루도록 설계되었습니다. 특히 집을 짓는 자리가 그렇습니다. 집을 짓는 터가 자연을 거스르지 않아야 그 집에 사는 사람에게 복이 온다고 믿었기 때문입니다. 때문에 옛날 사람들은 집을 지을 때, '배산임수'를 고려했습니다. 배산임수는 '산을 등에 지고 물을 내려다보는 자리'라는 뜻입니다. 이런 자리에 집을 지어 살면 자손 대대로 좋은 일만 생길 것이라고 믿었습니다.  '배산임수'인 자리는 실제로도 좋은 점이 많았습니다. 산이 차가운 북풍을 막아주고, 집 앞으로 물을 길어오기가 쉬웠습니다. 또한 물가에는 비옥한 땅이 많아 농사짓기에도 좋았습니다.

[1단계] 아래의 낱말에 알맞은 뜻을 선으로 이어 보세요.

[1] 타작 •

• ㉠ 기쁜 일이 있을 때에 음식을 차려 놓고 여러 사람이 모여 즐기는 일

[2] 잔치 •

• ㉡ 간장, 된장, 고추장 등을 담아 두거나 담그는 독을 놓아 두려고 뜰 안에 좀 높직하게 만들어 놓은 곳

[3] 장독대 •

• ㉢ 곡식을 떨어서 낟알을 거두는 일

[2단계] 아래 문장의 빈칸에 알맞은 낱말을 [보기]에서 찾아서 써넣으세요.

[보 기]   타작   잔치   장독대

[1] 앞마당에서는 농사지은 곡식을 [   ] 하고 말리는 일을 합니다.

[2] 뒷마당은 [   ] 을(를) 놓아 간장, 된장 등을 보관했습니다.

[3] 앞마당에서는 [   ] 을(를) 열기도 했습니다.

[3단계] 다음 [보기]를 참고하여 아래의 문장에 쓰인 알맞은 뜻의 번호를 쓰세요.

[보 기]   **관리**   ① 사람을 통제하고 지휘하며 감독함

                      ② 관직에 있는 사람

[1] 과거 제도는 학식과 능력에 따라 **관리**를 뽑기 위한 제도이다.   [   ]

[2] 그 학원은 학생 **관리**에 언제나 최선을 다한다.   [   ]

시간   **끝난 시간** [   ]시 [   ]분   채점   **독해** 7문제 중 [   ]개

1회분 푸는 데 걸린 시간 [   ]분   **어법·어휘** 8문제 중 [   ]개

← 스스로 붙임딱지
문제를 다 풀고
맨 뒷장에 있는
붙임딱지를
붙여보세요.

↑ 헬렌 켈러(왼쪽)와 앤 설리번(오른쪽)

헬렌 켈러는 태어난 지 19개월이 되었을 때 뇌척수막염으로 **짐작**①되는 병을 앓고 나서 시각과 청각을 잃게 되었습니다. 헬렌 켈러의 부모는 헬렌 켈러가 병을 가지고 있더라도 훌륭한 사람이 될 수 있도록 앤 설리번이라는 사람에게 가정교사가 되어주기를 부탁했습니다. 그렇게 헬렌 켈러와 앤 설리번의 생활이 시작되었습니다.

설리번이 포기하지 않고 계속해서 헬렌 켈러를 가르쳐주자 기적이 일어났습니다. 헬렌이 드디어 단어를 이해하기 시작한 것입니다. 이러한 기적은 앤 설리번의 독특한 교육 방법에 의해서 일어난 것이었습니다. 그녀는 헬렌의 손에 차가운 물을 틀어주고 '물(water)'이라는 단어를 손바닥에 쓰면서 단어를 **연상**②시켜 주었습니다. 이러한 방법으로 헬렌은 다른 사람들과 의사소통을 할 수 있게 되었습니다. 헬렌 켈러는 신체적인 어려움을 가지고 있었지만 앤 설리번의 도움으로 어려움을 **극복**③하고 작가와 사회운동가로 사회에 **기여**④한 인물로 사람들에게 기억되고 있습니다.

이러한 헬렌 켈러와 앤 설리번의 이야기를 영화로 만든 작품이 있습니다. 바로 〈블랙〉이라는 인도 영화입니다. 영화의 주인공 미셸은 헬렌 켈러처럼 시각과 청각을 잃었으나 사하이라는 이름을 가진 선생님이 그녀가 의사소통을 할 수 있도록 도와주었습니다.

미셸은 장애 때문에 의사소통이 전혀 되지 않았습니다. 미셸의 부모님은 미셸이 최소한의 의사소통이라도 할 수 있도록 교육을 시키기 위해 사하이 선생님에게 도움을 요청했습니다. 사하이 선생님은 엄청난 노력으로 미셸에게 언어를 가르칩니다. 하지만 미셸은 낱말과 낱말의 뜻을 연결시키지 못했습니다. 아무리 가르쳐도 냅킨을 숟가락으로 읽을 뿐이었습니다. 그리고 식사 예절은 여전히 엉망이었습니다. 예절을 익히지 못해 그동안 수많은 장애 아동들이 차별을 받아왔다는 사실을 잘 알고 있던 사하이 선생님은 미셸의 그 모습을 두고 볼 수 없었습니다. 사하이 선생님은 강제로 미셸이 똑바로 식사할 수 있게 했습니다. 하지만 배가 고팠던 미셸은 화를 참지 못해 사하이 선생님에게 컵에 담긴 물을 끼얹고 맙니다. 화가 난 선생님은 미셸을 집 마당에 있는 분수에 빠뜨립니다. 평소 물을 무서워했던 미셸이었습니다. 그런데 이 순간 기적이 일어났습니다. 분수대에서 떨어지는 물을 손으로 만지며 '물'이라는 낱말을 말한 것이었습니다. 사하이 선생님은 이 순간을 놓치지 않았습니다. 이 느낌이 바로 물이라면서 손바닥에 '물(water)'이라는 단어를 써 주었습니다. 이렇게 촉각을 통해 언어 학습에 성공한 미셸은 훗날 대학 공부까지 마칠 수 있게 됩니다.

이 영화는 헬렌 켈러 이야기를 떠올리게 하며 많은 사람들에게 감동을 주었습니다. 특히 시각과 청각에 장애를 갖고 있는 아이에게 어떻게든 의사소통을 할 수 있도록 돕고 싶어 하는 선생님의 모습이 많은 사람들의 기억에 인상적으로 남았다고 합니다.

1

중심
생각

이 글은 무엇에 대한 이야기인가요? —————————————————————— [　　　　]

① 한국에서 가장 유명한 영화

② 헬렌 켈러와 그녀의 삶을 토대로 만든 영화 〈블랙〉

③ 영화 〈블랙〉에 나온 배우들의 현재 모습

④ 헬렌 켈러가 지금까지 쓴 책들의 제목

⑤ 헬렌 켈러가 병에 걸리게 된 과정

2

세부
내용

이 글의 내용과 <u>다른</u> 것은 무엇인가요? ———————————————————— [　　　　]

① 헬렌 켈러의 가정교사는 앤 설리번이었다.

② 헬렌 켈러는 작가와 사회운동가로 활동하였다.

③ 헬렌 켈러는 태어날 당시 시각과 청각을 잃고 태어났다.

④ 영화 〈블랙〉에서 미셸은 사하이 선생님의 도움으로 대학에 입학하였다.

⑤ 영화 〈블랙〉에서 사하이 선생님은 미셸에게 물을 직접 만져보게 하면서 단어를 가르쳐 주었다.

3

세부
내용

헬렌 켈러는 오늘날 어떤 인물로 기억되고 있나요?

신체적인 어려움을 극복하고 ....와 ....로 사회에 기여한 인물

4

구조
알기

영화 〈블랙〉의 내용이 잘 드러나도록 빈칸에 알맞은 말을 채워 보세요.

주인공 미셸은 헬렌 켈러처럼 병을 앓아 청각과 [　　　　　　] 을 잃었습니다.

그러다가 미셸은 [　　　　　　] 선생님을 만나게 되었습니다.

그 선생님은 설리번이 헬렌 켈러에게 가르쳤던 방법처럼 감각 중 [　　　　　　] 을 통해

미셸이 단어를 알 수 있도록 도왔습니다. 결국 미셸도 선생님의 도움으로 [　　　　　　]

공부까지 마칠 수 있게 되었습니다.

어려운 낱말 풀이 ① **짐작** 사정이나 형편을 어림잡아 헤아림 斟짐작할 짐 酌술 부을 작 ② **연상** 하나의 생각이 다른 생각을 불러일으키는 현상 聯연이을 연 想생각 상 ③ **극복** 악조건이나 고생을 이겨 냄 克이길 극 服옷 복 ④ **기여** 도움이 되도록 도와줌 寄부칠 기 與더불 여

5

이 글을 읽고 ㉠과 ㉡에 가장 어울리는 말을 골라 봅시다. ────────────── [   ]

> 재환 : 헬렌 켈러는 어렸을 때 병에 걸려 앞을 보지 못하고, 소리를 듣지 못하고, 말도 하지 못하게
> 되었어요. 그러나 ㉠_____하지 않고 설리번 선생님과 함께 열심히 노력하여 훌륭한 사람이 되
> 었고, 다른 사람들에게 ㉡_____을 주었답니다.

	㉠	㉡
①	자만	희망
②	실망	설렘
③	포기	좌절
④	절망	희망
⑤	포기	설렘

6

미셸의 삶을 통해서 배울 수 있는 점을 바르게 말한 친구를 골라보세요.

> 진영 : 미셸이 사하이 선생님을 만날 수 있었던 건 돈이 있었기 때문이야. 역시 돈이 많은 부모님을
> 잘 만나는 게 가장 중요해.
>
> 소민 : 미셸은 병에 걸린 선생님을 가르치려고 했어. 역시 무조건 공부를 잘하는 게 중요해.
>
> 지호 : 미셸과 사하이 선생님은 어려운 상황에서도 포기 하지 않고 노력했어. 우리도 어려운 환경
> 에서 포기하지 않는 사람이 되도록 해보자.
>
> 유민 : 미셸은 갑자기 병을 앓고 청각과 시각을 잃었어. 항상 건강을 제일 먼저 생각해야겠어.

7

헬렌 켈러와 비슷한 일을 겪은 사람을 골라보세요. ────────────────── [   ]

① 착하게 살아서 사람들의 칭찬을 받는 콩쥐

② 지혜롭고 현명하게 나라를 다스린 세종대왕

③ 적과 용맹하게 싸워 나라를 구한 이순신 장군

④ 우리나라의 독립운동을 위해 목숨까지 바친 유관순

⑤ 귀가 잘 들리지 않았지만 수많은 명곡을 작곡한 베토벤

12회 어법·어휘편

본문에 나온 어휘들만 따로 모아 복습하는 순서입니다.

[1단계] 아래의 낱말에 알맞은 뜻을 선으로 이어 보세요.

[1] 짐작 •   • ㉠ 사정이나 형편을 어림잡아 헤아림

[2] 극복 •   • ㉡ 악조건이나 고생을 이겨 냄

[3] 기여 •   • ㉢ 도움이 되도록 도와줌

[2단계] 아래 문장의 빈칸에 알맞은 낱말을 [보기]에서 찾아서 써넣으세요.

[보 기]	짐작	극복	기여

[1] 그녀는 신체적인 어려움을 가졌지만 그 어려움을 ☐☐ 했습니다.

[2] 헬렌 켈러는 작가와 사회운동가로 사회에 ☐☐ 했습니다.

[3] 헬렌 켈러는 뇌척수막염으로 ☐☐ 되는 병을 앓고 나서 시각과 청각을 잃게 되었습니다.

[3단계] 문장을 읽고 빈칸에 들어갈 낱말을 알맞게 써넣으세요.

[1] 그의 ☐☐ 은(는) 정말 놀라운 기적으로 기억되고 있다.
→ 악조건이나 고생을 이겨 냄

[2] 새해 아침이면 찬란한 아침 해가 솟아오르는 장면이 ☐☐ 된다.
→ 하나의 생각이 다른 생각을 불러일으키는 현상

시간 끝난 시간 ☐시 ☐분   채점 독해 7문제 중 ☐개   ← 스스로 붙임딱지
1회분 푸는 데 걸린 시간 ☐분   어법·어휘 8문제 중 ☐개   문제를 다 풀고 맨 뒷장에 있는 붙임딱지를 붙여보세요.

　우리가 물건을 살 때 **지불**하는 돈을 **화폐**라고 합니다. 하지만 처음부터 동전과 지폐 같은 화폐가 있었던 것은 아닙니다. 옛날 사람들은 조개껍데기 같은 것을 돈으로 사용하기 시작하였고, 시간이 흐르면서 더 편하게 주고받기 위해 화폐를 만들어 발전시켜 왔습니다. 이러한 우리나라 화폐 발전의 시작을 알려면 삼국 시대까지 거슬러 올라가야 합니다. (가)

　삼국 시대에는 철로 만든 농기구를 사용하기 시작하여 농업 생산력이 향상되었습니다. 농업 생산량이 늘어남에 따라 곡물과 직물 등의 교환 거래가 활발해졌습니다. 그래서 이 시기에 사용된 화폐에 대한 기록이나 관련 유물은 거의 전해지지 않습니다. 다만 고구려에서는 금속류, 신라에서는 금과 은으로 만든 **세공품**이 널리 사용되었을 것으로 알려져 있습니다. (나)

　고려 시대에는 성종 15년에 우리나라 최초의 **주화**인 '건원중보'가 만들어졌습니다. 하지만 백성들은 아직 그런 돈이 익숙하지 않았기 때문에 여전히 쌀과 베 등의 물품 화폐를 주로 사용하였습니다. (다)

　조선은 건국 당시부터 화폐를 널리 사용하게 하려고 많은 노력을 ㉠기울였습니다. 태종 때에는 우리나라 최초의 지폐인 '저화'를 **발행**했고, 세종 5년에는 조선 시대 최초의 동전인 '조선통보'를 만들었습니다. 임진왜란 이후, 숙종 4년에는 '상평통보'가 발행되었습니다. 상평통보는 전국적으로 쓰인 최초의 화폐가 되었고 백성들 사이에서 '엽전'이라는 이름으로 불렸습니다. (라)

　지폐와 동전은 1950년 한국은행이 설립되면서 등장하기 시작했습니다. 1953년 한국은행은 '환'이라는 단위를 사용하는 돈을 발행했습니다. 그리고 1962년 화폐 단위를 순수 한글인 '원'으로 바꾸어 지금의 화폐 단위가 탄생하게 되었습니다. (마)

　사람들이 화폐를 사용하기 시작한 이후, 화폐의 역할은 달라지지 않았지만 그 모습은 갈수록 변화했습니다. 요즘은 여러 장의 지폐를 사용하는 대신에 수표, 신용 카드, 전자 화폐를 사용하는 사람들이 늘고 있습니다. 또한 앞으로 우리를 더 편리하게 할 새로운 화폐의 등장도 기대해 볼 수 있을 것입니다.

어려운 낱말 풀이　① **지불** 값을 내어 줌, 돈을 치러 줌 支가를 지 拂떨 불 ② **화폐** 상품을 교환하는데 쓰는 것으로 지폐 등의 기초 단위가 되는 것 貨재화 화 幣비단 폐 ③ **세공** 잔손을 많이 들여 정밀하게 만듦 細가늘 세 工장인 공 ④ **주화** 쇠붙이를 녹여서 만든 돈 鑄쇠 부어 만들 주 貨주화 화 ⑤ **발행** 화폐 등을 만들어 효력을 발생시키는 것 發쏠 발 行갈 행

1
중심
생각

이 글의 중심내용은 무엇인가요?

우리나라 .... 의 변화

2
구조
알기

이 글을 구조에 맞게 정리하며 빈 칸을 채워 보세요.

	삼국 시대의 화폐	☐☐ 과 직물의 교환거래
우리나라 화폐의 변화	고려 시대의 화폐	☐☐☐
	조선 시대의 화폐	☐☐, ☐☐☐, 상평통보
	근대의 화폐	1950년 설립된 ☐☐☐ 이 발행한 화폐들
	현대의 화폐	수표, 신용 카드, ☐☐☐

3
세부
내용

아래의 ㉠~㉣이 '돈'으로 쓰인 순서대로 기호를 적어 정리해 보세요.

㉠ 쌀	㉡ 신용카드	㉢ 화폐 '환'	㉣ 조개껍데기

☐ → ☐ → ☐ → ☐

4
세부
내용

위 글의 내용과 일치하는 것을 고르세요. ··· [　　　]

① 한국은행 설립 후, 화폐 단위로 '환'을 사용하였다.

② 조선 시대 최초의 동전인 '건원중보'는 널리 사용되었다.

③ 삼국 시대에는 화폐의 기록과 유물이 많이 전해지고 있다.

④ 고려 시대에는 '저화'의 발행으로 백성들이 금속 화폐를 널리 사용하게 되었다.

⑤ 1962년 한국은행은 화폐 단위를 외국어인 '원'으로 바꾸어 오늘날의 화폐 단위가 탄생하게 되었다.

5 '기울이다'가 밑줄 친 ⓒ과 같은 의미로 쓰인 것을 고르세요. ────────────── [　　]

어휘
표현

① 밤하늘에 달이 점점 기울고 있었다.

② 옷이 기울어지지 않게 잘 걸어 놓아라.

③ 피사의 사탑은 살짝 기울어진 건축물이다.

④ 이 곳을 지키기 위해 총력을 기울여 주십시오.

⑤ 내 생각이 갑자기 너의 의견 쪽으로 기울고 있구나.

6 이 글을 읽은 우석이가 글에 나온 화폐에 대해 정리해 보았습니다. 이에 대한 설명으로 **틀린** 것을 고

내용
적용

르세요. ─── [　　]

〈조선 시대의 화폐〉

건원중보 – 성종 15년	조선통보 – 세종 5년	㉮ – 숙종 4년 발행

① '조선통보'는 조선 시대 최초의 지폐이다.

② ㉮에 들어갈 돈의 이름은 '상평통보'이다.

③ ㉮는 우리 화폐 중에서 전국적으로 쓰인 최초의 화폐이다.

④ ㉮는 백성들 사이에서 '엽전'이라는 이름으로 불리기도 하였다.

⑤ '건원중보'는 고려 시대의 화폐이므로 '건원중보' 대신 '저화'를 알아봐야 한다.

7 아래 문단이 위 글에 들어간다면 시간 순서상 (가)~(마) 중 어느 자리에 들어가는 것이 알맞을까요?

추론

─── [　　]

 '당백전'은 흥선 대원군이 경복궁을 다시 짓기 위한 비용을 마련하기 위해 발행한 화폐로, 1866년(고종 3년)에 발행되었습니다. 당백전은 당시 사용되던 상평통보보다 100배 정도의 가치가 더 있는 것이었습니다. 당백전의 발행으로 인해 당시 조선의 물가는 엄청나게 치솟게 되었다고 합니다.

① (가)　　　② (나)　　　③ (다)　　　④ (라)　　　⑤ (마)

[1단계] 아래의 낱말에 알맞은 뜻을 선으로 이어 보세요.

[1] 지불 •   • ㉠ 잔손을 많이 들여 정밀하게 만듦

[2] 발행 •   • ㉡ 값을 내어 줌, 돈을 치러 줌

[3] 세공 •   • ㉢ 화폐 등을 만들어 효력을 발생시키는 것

[2단계] 아래 문장의 빈칸에 알맞은 낱말을 [보기]에서 찾아서 써넣으세요.

[보 기]   지불   발행   세공

[1] 이 예술품은 정말이지 ☐☐ 기술이 아주 섬세하군요.

[2] 공짜는 안 됩니다. 그에 대한 대가를 ☐☐ 해 주십시오.

[3] 이번에 ☐☐ 된 이 잡지는 참 재미있는 것 같아요.

[3단계] 다음 중 '상류'가 문장 속에서 쓰인 뜻을 [보기]에서 찾아 고르세요.

[보 기]   상류   ① 물이 흐르는 시작점에 가까운 곳
                      ② 수준이나 정도가 높은 지위나 생활

[1] 조선시대에는 **상류**층에 속한 사람만이 공부를 할 수 있었어. ----------------- [   ]

[2] 이 물고기들은 때가 되면 **상류**로 거슬러 헤엄쳐 올라간단다. ----------------- [   ]

시간   끝난 시간 ☐시 ☐분   채점   독해 7문제 중 ☐개
       1회분 푸는 데 걸린 시간 ☐분   어법·어휘 8문제 중 ☐개

◀ 스스로 붙임딱지
문제를 다 풀고
맨 뒷장에 있는
붙임딱지를
붙여보세요.

앞부분 줄거리 : 걸리버는 먼 바다를 항해하는 동안 선원들과 배를 함께 타며 선원들의 병을 진료하는 의사였다. 하루는 프리처드 선장이 남쪽 바다로 향하는 항해에 좋은 조건으로 함께 일해 볼 것을 제안했고, 걸리버는 그가 이끄는 앤틸로프 호에 오른다. 그런데 항해 도중 거센 폭풍 때문에 오스트레일리아 남쪽 바다에서 배가 침몰하고 만다. 구사일생으로 목숨을 건진 걸리버는 어느 섬에 표류했는데, 섬의 해안가에 도착하자마자 지쳐 쓰러진다.

잠에서 깨니 해가 떠 있었다. 아홉 시간 정도 잠들었던 것 같았다. 일어나려는데 꼼짝도 할 수 없었다. 온몸이 여러 가닥의 가느다란 끈으로 묶여 있었기 때문이었다. 내 팔과 다리는 물론 길고 두꺼운 내 머리카락까지 땅에 묶여 있었다.

날이 점점 더워졌다. ㉠햇빛이 눈을 찔렀지만, 고개를 돌릴 수 없어 하늘만 바라볼 수밖에 없었다. 나를 두고 뭐라고 떠드는 소리가 들렸지만, 하늘만 쳐다볼 뿐 다른 어떤 것도 볼 수 없었다.

잠시 후, 왼쪽 다리 위에서 무언가 살아서 움직이는 느낌이 들었다. 그것은 내 가슴을 지나 턱까지 올라왔다. 있는 힘껏 아래를 내려다보니 키가 15센티미터 ⓐ남짓한 사람이 활과 화살을 손에 든 채 서 있었다. 그 사이에 그와 비슷한 **소인**① 사십 명 정도가 그를 따라 내 몸 위로 올라왔다. 난 너무 깜짝 놀란 나머지 소리를 질렀다. 그러자 그들도 놀라서 도망쳤다.

하지만 그들은 곧 되돌아왔다. 그들 중 용감한 한 사람이 다가와 내 얼굴 전체를 보더니 두 팔을 들면서 특이한 목소리로 "헤키나 데굴"이라고 소리쳤다. 다른 소인들도 그 말을 여러 번 외쳤다. 하지만 난 그 말의 의미를 알지 못했다.

한참 후에 나는 줄을 풀어 보려고 ⓑ몸부림쳤다. 다행히 왼팔을 묶었던 줄이 끊어졌고, 덕분에 그 줄을 지탱하고 있던 말뚝도 뽑을 수 있었다. 간신히 고개를 들어 내 현재 상태를 살폈다. 내가 어떻게 묶여 있는지 알게 된 순간, 뒤에서 무엇인가가 강하게 나를 당겼다. 나는 매우 심한 통증을 느꼈다.

나는 풀려난 왼손으로 그들을 붙잡으려고 했으나 그들은 다시 달아났다. 그러자 어디선가 ㉡"톨고 포낙"이라고 외치는 소리가 들렸고, 이어서 백여 발의 화살이 내 왼손에 날아와 바늘처럼 박혔다. 그들은 다시 화살을 쐈다. 이번에는 내 몸통으로 날아왔고, 몇 발은 내 얼굴에도 떨어졌다. 하지만 가죽조끼를 입은 덕분에 화살이 몸을 **관통**②하지는 못했다.

내가 고통에 **신음**③하자 소인들은 활쏘기를 멈췄다. 주변이 시끄러웠다. 많은 소인들이 모여들고 있다는 것을 ㉢짐작할 수 있었다. 그들은 무언가를 짓고 있는 것 같았다. 들리는 소리로 짐작건대 내 오른쪽 귀에서 약 3.6미터 정도 떨어진 자리인 것 같았다.

묶여 있는 나는 할 수 있는 **최대한**으로 고개를 돌렸다. 그러자 45센티미터 정도 높이의 탑이 세워져 있었다. 탑 꼭대기에서 ⓓ**지위**가 높아 보이는 한 사람이 긴 **연설**을 했다. 그는 연설을 시작하기 전에 "란그로 데훌 산"이라고 세 번이나 외쳤다. 곧바로 50여 명의 소인들이 내 머리의 왼쪽을 묶고 있던 줄들을 잘라 주었다. 나는 오른쪽으로 고개를 자유롭게 돌릴 수 있게 되었고, 연설을 하는 소인의 몸짓도 볼 수 있게 되었다. 하지만 나는 그의 연설 중 단 한 마디도 알아들을 수 없었다.

그는 **중년**의 나이로 보였다. 그는 그의 말을 ⓔ**경청**하고 있는 다른 소인들보다는 키가 컸지만 내 중지보다 겨우 큰 정도였다. 그는 **웅변가**처럼 행동했다. 그의 연설은 나를 협박하는 것처럼 보였으나 때론 내게 어떤 약속을 하는 것 같기도 했고, 나를 불쌍하게 여기거나, 내게 친절을 베푸는 것처럼 느껴지기도 했다.

-조너선 스위프트, 「걸리버 여행기」 중 (다음 회에 이어집니다.)

1 요소

이 이야기에서 사건이 일어난 장소를 고르세요. ──────────── [　]

① 항해 중인 배　　② 폭풍 속의 바다　　③ 어느 섬의 해안가
④ 소인국의 궁전　　⑤ 걸리버의 꿈속

2 세부내용

주인공이 ㉠과 같은 상황에 놓인 이유를 써 보세요.

....

....

3 세부내용

이 이야기의 내용과 일치하지 <u>않는</u> 것을 고르세요. ──────── [　]

① 주인공이 잠에서 깼을 때, 해가 떠 있었다.
② 주인공은 소인들에 의해 온몸이 묶여 있었다.
③ 주인공은 소인들이 하는 말을 알아들을 수 없었다.
④ 소인들은 자신들 키의 세 배 정도 되는 높이의 탑을 만들었다.
⑤ 소인들은 대표자의 말을 잘 들을 수 있게 주인공을 완전히 풀어 주었다.

어려운 낱말 풀이 ① **소인** 몸집이 작은 사람 小작을 소 人사람 인 ② **관통** 꿰뚫어서 통하게 함 貫꿰뚫을 관 通꿰뚫을 통 ③ **신음** 아파서 끙끙거리는 소리 呻끙끙거릴 신 吟읊을 음 ④ **최대한** 할 수 있는 안에서 가장 많이 最가장 최 大큰 대 限한계 한 ⑤ **지위** 어떤 사람이 사회에서 갖고 있는 자리나 위치 地땅 지 位자리 위 ⑥ **연설** 대중 앞에서 말하는 것 演멀리 흐를 연 說말씀 설 ⑦ **중년** 청년과 노년 사이의 나이대 中가운데 중 年해 년 ⑧ **경청** 남의 말을 주의 깊게 듣는 것 傾기울 경 聽들을 청 ⑨ **웅변가** 청중 앞에서 조리 있고 당당하게 말을 잘하는 사람 雄수컷 웅 辯말할 변 家집 가

4

세부
내용

이 이야기의 사건들을 일어난 순서대로 바르게 나열해 보세요.

> ㄱ. 잠에서 깬 걸리버가 자신의 온몸이 땅에 묶여 있음을 알아차린다.
>
> ㄴ. 높은 사람으로 보이는 한 소인이 탑 위에서 연설을 한다.
>
> ㄷ. 소인들이 걸리버를 화살로 공격한다.
>
> ㄹ. 15센티미터 남짓한 소인들이 걸리버의 몸 위로 올라 접근을 시도한다.
>
> ㅁ. 깜짝 놀란 걸리버가 소인들을 붙잡으려고 한다.

ㄱ → ☐ → ☐ → ☐ → ☐

5

어휘
표현

밑줄 친 ⓐ~ⓔ를 비슷한 뜻으로 바꾸어 쓰기에 적절하지 <u>않은</u> 것을 고르세요. ·············· [   ]

① ⓐ – 조금 못 미치는   ② ⓑ – 버둥거렸다

③ ⓒ – 알아차릴 수 있었다   ④ ⓓ – 높은 관직에 있는 것으로 보이는

⑤ ⓔ – 주의 깊게 듣고

6

추론
적용

ⓛ의 뜻을 바르게 짐작한 친구를 고르세요. ------------------------------ [   ]

① 민재: 걸리버가 붙잡으려 할 때 한 말이니까 "도망가!"이지 않을까?

② 채은: 걸리버에게서 도망가는 소인들에게 한 말이니까 "물러서지 마라!" 같아.

③ 서아: 소인들을 붙잡으려는 걸리버에게 "살려 주세요."라는 뜻으로 한 말은 아닐까?

④ 도윤: 이 말이 끝나자마자 대한 화살 공격이 시작됐으니 "공격해라!"라는 뜻일 것 같아.

⑤ 다인: 거대한 걸리버의 몸짓에 깜짝 놀란 나머지 내뱉은 "무척 크다!" 같은 감탄사 아닐까?

7

작품
이해

이 이야기에 대한 감상으로 옳지 <u>않은</u> 것을 고르세요. ------------------------ [   ]

① 앞부분 줄거리를 통해 대략적인 줄거리를 알 수 있어서 좋다.

② 등장인물이 과거에 있었던 추억을 생각하는 부분이 감명 깊다.

③ 중간중간에 인물들의 대사가 나와 있어서 더 재미있게 읽을 수 있다.

④ 이야기를 통해 인물이 어떤 생각을 하고 있는지 파악할 수 있어 재미있다.

⑤ 주인공이 처한 상황을 자세하게 묘사하고 있어 그 상황이 머릿속에 그려진다.

14회 어법·어휘편
본문에 나온 어휘들만 따로 모아 복습하는 순서입니다.

[1단계]   아래의 낱말에 알맞은 뜻을 선으로 이어 보세요.

[1] 지위 •　　　　　　　• ㉠ 청년과 노년 사이의 나이대

[2] 중년 •　　　　　　　• ㉡ 어떤 사람이 사회에서 갖고 있는 자리나 위치

[3] 경청 •　　　　　　　• ㉢ 남의 말을 주의 깊게 듣는 것

[2단계]   빈칸에 알맞은 낱말을 [보기]에서 골라 쓰세요.

> [보 기]　　　　지위　　　　중년　　　　경청

[1] 그는 장군이 됨으로써 군에서 최고의 ☐☐ 에 오르게 되었다.

[2] 그는 나이가 사십 정도 되어 보이는 ☐☐ 남성이었다.

[3] 대화에서 중요한 것은 무엇보다 상대의 말을 ☐☐ 하는 것이다.

[3단계]   [보기]를 보고, 주어진 낱말을 활용하여 빈칸에 알맞은 형태로 바꾸어 쓰세요.

> [보 기]　　**-건대**
>
> 뒷부분의 내용이 말하는 이가 보거나 듣거나 바라거나 생각하는 등의 내용임을 앞에서 미리 밝히기 위해 연결해 주는 말
>
> 예) 들리는 소리로 **짐작건대** 내 오른쪽 귀에서 약 3.6미터 정도 떨어진 자리인 것 같았다. (→ 짐작하다 + -건대)

[1] 제발 ☐☐☐☐ 우리 팀이 내일 경기에서 이겼으면 좋겠다.
　　→ (바라다 + -건대)

[2] 내가 ☐☐☐ 내 동생은 장차 크게 될 아이이다.
　　→ (보다 + -건대)

시간　**끝난 시간** ☐시 ☐분

1회분 푸는 데 걸린 시간 ☐분

채점　**독해** 7문제 중 ☐개

어법·어휘 8문제 중 ☐개

← 스스로 붙임딱지
문제를 다 풀고
맨 뒷장에 있는
붙임딱지를
붙여보세요.

그의 연설에 나는 몇 마디 대답을 했다. 매우 고분고분한 태도였다. 그런 다음 손가락을 입으로 갖다 대었다. **표류**한 후로 몇 시간 동안 작은 양고기 조각 하나 먹지 못했기 때문에 식욕을 감출 수가 없었다.

'허고'(후에 알게 되었는데, 소인들은 높은 지위에 있는 사람을 '허고'라고 불렀다)는 내가 무엇을 원하는지 바로 이해했다. 탑에서 내려간 그는 내 옆에 사다리 몇 개를 놓도록 지시했다. 지시를 받은 백여 명의 소인들은 고기가 가득 찬 바구니를 들고 내 입까지 다가왔다. 그 고기들은 양고기처럼 생겼지만 크기는 종달새 날개보다도 작았다. 나는 그 고기가 어떤 짐승의 고기인지 알 수 없었다. 맛을 보아도 알 수 없기는 마찬가지였다. 나는 한입에 두세 개씩 그 고기를 먹었다. 총알 크기만 한 빵도 세 개씩 먹었다. 소인들은 부지런히 내게 음식을 가져다주었다. 그들은 내가 음식을 먹는 속도와 양에 무척 놀랐다.

나는 음료도 마시고 싶다는 신호를 했다. 내 ⓐ먹성으로 볼 때, 소인들이 평소 마시는 적은 양으로는 ㉠마시나 마나 할 것이라 생각한 소인들은 가장 큰 통에 음료를 담아 주었다. 하지만 내게 그 통은 맥주잔보다 작았다. 갈증 탓에 나는 그 음료를 단번에 마셨다. 프랑스 **부르고뉴산** 와인 같은 맛이었는데 조금 더 맛있었다. 다 마신 음료수 통을 내가 공중으로 던져 버리자 소인들은 음료 한 통을 더 주었다. 나는 역시 단번에 다 마셨다. 나는 더 달라는 신호를 보냈지만 그것이 전부였다. 내 먹성이 소인들에게 얼마나 놀라웠던지 소인들은 내 가슴 위에서 신이 나서 소리를 치며 춤을 추었고, "헤키나 데굴"이란 말을 되풀이하며 외쳤다. 소인들은 나에게 그 두 개의 통을 밑으로 던지라는 신호를 주었고, 그러면서 아래에 있는 소인들에게 "보락 미볼라"라고 외치면서 경고했다. 나는 통을 공중으로 던졌고, 내 힘에 놀란 소인들은 한목소리로 "[㉡]"이라고 감탄했다.

잠시 후, 소인들의 황제가 보낸 ㉢**고관대작**이 등장했다. 그는 열두 명의 **수행원**들과 함께 내 오른쪽 다리로 올라온 다음, 내 얼굴에 가까이에 다가와서는 황제의 도장이 찍힌 **신임장**을 들이밀었다. 그런 다음 대략 십 분 동안 단호한 말투로 연설을 늘어놓았다. 연설하는 동안 그는 ⓑ종종 손가락으로 **전방**을 가리켰다. 나중에 알게 된 사실이지만, 그 방향으로 약 8백 미터 떨어진 곳에 소인들 나라의 ㉢수도가 있었다. 소인들의 황제는 나를 수도로 옮기기로 했던 것이다.

나는 몇 마디 대답을 했다. 하지만 소용없었다. 대신 풀어 달라는 손짓을 했다. 하지만 고관대작은 고개를 가로저었다. 그는 손으로 내가 **포로**의 자격으로 **호송**되어야 한다는 뜻의 신호를 보냈다. 하지만 고기와 음료를 충분히 ⓓ대접하겠다는 신호도 덧붙였다.

나는 그들이 원하는 대로 하겠다고 대답했다. 줄을 끊어 버릴까 잠시 고민했지만 좀 전에 맞은 화살의 상처가 여전히 남아 있었고, **상대해야**⁹ 하는 소인들의 수도 너무 많아져 버렸기 때문에 그러는 편이 현명한 판단일 것이라고 생각했다.

그러자 소인들의 함성을 들을 수 있었다. "페플롬 셀란"이라는 단어들이 꽤 자주 반복됐다. 소인들은 내 얼굴과 손에 난 상처에 연고를 발라 주었다. 매우 향이 좋은 연고였다. 그런 다음, 소인들은 내 왼쪽을 붙들고 있는 줄을 느슨하게 해 주었다. 오른쪽으로 몸을 돌릴 수 있게 된 나는 그 자리에서 소변을 보았다. 내 소변 줄기를 피하고자 소인들은 좌우로 갈라졌고, 소변의 엄청난 양에 매우 놀라워했다. 몸이 편해지고 그들이 준 술과 음식으로 ⓔ허기도 달래지자 졸음이 쏟아졌다.

-조너선 스위프트, 「걸리버 여행기」 중

1
중심
생각

다음은 「걸리버 여행기」의 전체 차례입니다. 이 이야기가 수록된 편의 소제목을 골라 보세요. ┄┄┄┄┄┄┄┄┄┄┄┄┄┄┄┄┄┄┄┄┄┄┄┄┄┄┄┄┄┄┄┄┄ [   ]

<걸리버 여행기>

① 서문. 선장 걸리버로부터의 편지

② 제1부. 작은 사람들의 나라 – 릴리퍼트 기행

③ 제2부. 큰 사람들의 나라 – 브롭딩낵 기행

④ 제3부. 하늘을 나는 섬의 나라 – 라퓨타, 발니바르니 등의 나라 기행

⑤ 제4부. 말들의 나라 – 휴이넘 기행

2
세부
내용

이 이야기의 내용과 일치하는 것을 고르세요. ┄┄┄┄┄┄┄┄┄┄┄┄┄┄┄┄┄┄┄┄┄┄┄┄┄┄┄┄┄┄┄ [   ]

① 걸리버와 소인은 같은 언어를 사용했다.

② 소인들은 걸리버에게 종달새 날개 고기를 대접했다.

③ 걸리버는 소인들에게 프랑스 와인을 달라고 요청했다.

④ 소인들은 걸리버의 먹성에 감탄한 나머지 춤까지 추었다.

⑤ 소인들의 황제는 연설을 하면서 손가락으로 전방을 가리켰다.

어려운 낱말 풀이   ① **표류** 물 위에 떠서 이리저리 흘러가는 것 또는 정처 없이 돌아다니는 것 漂떠돌 표 流흐를 류 ② **부르고뉴산** 프랑스 부르고뉴(Bourgogne) 지방에서 생산된 -産낳을 산 ③ **고관대작** 지위가 높은 벼슬자리에 있는 사람 高높을 고 官벼슬 관 大큰 대 爵벼슬 작 ④ **수행원** 높은 지위의 사람 곁에서 돕거나 지키는 사람 隨따를 수 行다닐 행 員사람 원 ⑤ **신임장** (믿고 일을 맡긴 사람임을 증명하는 문서라는 뜻에서) 어떤 사람이 한 나라에서 대표로 보낸 외교관임을 증명하는 문서 信믿을 신 任맡길 임 狀문서 장 ⑥ **전방** 앞쪽 방향 前앞 전 方방향 방 ⑦ **포로** 사로잡은 적군 捕사로잡을 포 虜적군 로 ⑧ **호송** 목적지까지 보호 또는 감시하면서 데려가는 것 護보호할 호 送보낼 송 ⑨ **상대해야** 서로 겨루어야 相서로 상 對대할 대-

3

어휘
표현

㉠과 바꾸어 쓸 수 있는 표현을 고르세요. ────────────────── [   ]

① 쐐기를 박을 것   ② 급한 불을 끌 것   ③ 해가 서쪽에서 뜰 것
④ 간에 기별도 안 갈 것   ⑤ 눈에 넣어도 아프지 않을 것

4

어휘
표현

밑줄 친 ⓐ~ⓔ의 뜻풀이가 <u>잘못된</u> 것을 고르세요. ─────────────── [   ]

① ⓐ먹성 : 음식을 먹는 양
② ⓑ종종 : 모양이나 성질이 다른 여러 가지
③ ⓒ수도 : 한 나라의 중앙 정부가 있는 도시
④ ⓓ대접 : 음식을 차려서 손님에게 내놓는 것
⑤ ⓔ허기 : 몹시 굶어서 배가 고픈 느낌

5

추론
적용

㉡에 들어갈 표현으로 알맞은 소인들의 말을 이 글에서 찾아서 써 보세요.

....

6

어휘
표현

이야기에 나온 소인들의 말 중에서 ㉢과 뜻이 같은 것을 고르세요. ────────── [   ]

① 허고   ② 부르고뉴   ③ 헤키나 데굴
④ 보락 미볼라   ⑤ 페플롬 셀란

7

작품
이해

이 이야기를 읽고 자신의 생각을 바르게 말하지 <u>못한</u> 친구를 고르세요.. ─────── [   ]

① 채원: 걸리버에게는 보잘것없이 작은 소인들의 음식 크기를 비유한 표현들이 재밌었어.
② 유준: 소인들은 자신들에게는 거대한 음료 통을 걸리버가 가볍게 다루는 걸 보고 매우 놀랐을 거야.
③ 주원: 고관대작을 대표로 보낸 것으로 볼 때, 소인들은 최대한 정중하게 걸리버를 대하려고 했던
    것 같아.
④ 윤아: 걸리버와 소인들이 서로 말이 통하지 않기 때문에 서로의 말의 의미를 완전히 오해하는 모
    습이 매우 우스웠어.
⑤ 수연: 걸리버가 고분고분한 태도를 보이자 소인들이 연고까지 발라 주는 것을 보니 소인들은 처
    음부터 걸리버를 해칠 생각은 없었던 것 같아.

[1단계] 아래의 낱말에 알맞은 뜻을 선으로 이어 보세요.

[1] 신임 •　　　　　　• ㉠ 믿고 일을 맡기는 것

[2] 호송 •　　　　　　• ㉡ 목적지까지 보호 또는 감시하면서 데려가는 것

[3] 허기 •　　　　　　• ㉢ 매우 배가 고픈 느낌

[2단계] 빈칸에 알맞은 낱말을 [보기]에서 골라 쓰세요.

> [보기]　　　　신임　　　　호송　　　　허기

[1] 하루 종일 아무것도 먹지 못했더니 ☐☐ 져 쓰러질 지경이다.

[2] 이 일은 중요한 일이기 때문에 ☐☐ 이(가) 두터운 사람에게 맡겨야 한다.

[3] 구급대원이 부상자를 병원까지 긴급으로 ☐☐ 했다.

[3단계] 다음 설명을 보고 문장에 쓰인 뜻이 둘 중 어느 것인지 번호를 쓰세요.

> [보기]　　**대접(待기다릴 대 接사귈 접)**
> ① 지위 또는 자격에 맞게 예를 갖춰 대함.
> ② 음식을 차려 손님을 모심.

[1] 식사 **대접**이 너무 소홀했던 것은 아닌지 걱정입니다. ------------------ [　　]

[2] 그는 높은 지위 덕분에 어딜 가나 좋은 **대접**을 받았다. ------------------ [　　]

[3] 할아버지는 귀한 손님이 오면 마당의 닭을 잡아 **대접**하셨다. ------------------ [　　]

〈걸리버 여행기〉 줄거리

제1부. 작은 사람들의 나라 – 릴리퍼트 기행

먼 바다를 항해하는 배의 선상 의사인 걸리버는 항해 도중 풍랑을 만나 표류하여 한 섬에 이르게 된다. 그 섬은 키가 15센티미터 남짓 되는 소인들이 사는 섬이었다. 소인들이 준 음료를 마시고 잠이 든 걸리버는 잠이 든 채로 소인들 나라의 수도로 옮겨지게 된다. 그 나라의 이름은 릴리퍼트였다. 걸리버는 릴리퍼트의 왕의 신임을 얻어 좋은 대접을 받게 되고, 걸리버도 보답으로 자신의 힘을 이용해 릴리퍼트에 많은 도움을 준다. 특히 이웃 나라인 블레프스쿠와의 전쟁에서 적국의 전함들을 물리치는 데 큰 공을 세우게 된다. 이 공로로 걸리버는 릴리퍼트 황제에게서 작위도 하사받는다. 그러자 걸리버를 시기하는 신하들이 생기게 됐고, 이 사실을 알게 된 걸리버는 다시 고향인 영국으로 돌아간다.

제2부. 큰 사람들의 나라 – 브롭딩낵 기행

걸리버는 다시 항해를 떠난다. 하지만 이번에도 폭풍을 만나 새로운 섬에 흘러들어 가게 된다. 그 섬은 브롭딩낵이라는 섬이었는데, 걸리버보다 훨씬 덩치가 큰 거인들이 사는 섬이었다. 걸리버는 거인 농부에게 잡히고, 거인 농부는 걸리버를 구경거리로 내놓아 돈을 벌게 된다. 기이한 구경거리에 대한 소문을 들은 거인국의 왕은 걸리버를 왕궁으로 들인 다음 걸리버와 정치, 경제 등에 대해 이야기를 나눈다. 그러던 어느 날, 큰 새 한 마리가 나타나 해변에서 쉬고 있던 걸리버를 낚아채 날아가다가 바다에 떨어뜨린다. 그렇게 바다를 표류하게 된 걸리버는 지나가던 영국 함선을 만나 운 좋게 다시 고향으로 돌아간다.

↑ 거인 농부 앞에 선 걸리버
(그림: Richard Redgrave)

제3부. 하늘을 나는 섬의 나라 – 라퓨타, 발니바르니 등의 나라 기행

또 다시 항해를 떠난 걸리버. 이번에는 해적을 만나 가진 것을 모두 빼앗기고는 어느 이름 모를 장소에 버려진다. 그곳에서 걸리버는 놀랍게도 공중에 떠다니는 섬을 보게 된다. 이 섬은 라퓨타라는 섬이었다. 라퓨타에는 왕족들이 살았다. 걸리버는 라퓨타 사람들이 자신들이 지배하는 지상의 사람들에게 저지른 악행에 대해 듣고는 그 섬을 떠나 레가또, 무노디, 발니바르니와 일본을 거쳐 네덜란드에 이르렀다가 다시 영국으로 돌아온다.

↑ 라퓨타를 발견한 걸리버
(그림: J.J.Grandville)

제4부. 말들의 나라 – 휴이넘 기행

고향에 돌아왔지만 걸리버는 곧 다시 배를 타고 항해를 떠난다. 이번에는 선장이 되어 항해를 시작했다. 하지만 해적의 신분을 숨긴 선원이 일으킨 반란 때문에 다시 어느 섬의 해안에 버려지게 된다. 그 섬은 휴이넘이란 나라였는데, 말들이 사는 나라였다. 휴이넘의 말들은 인간보다 뛰어난 지능을 가진 말이었다. 그 말들은 인간을 '야후'라고 부르면서 그곳의 인간들을 다스렸다. 다행히 걸리버는 휴이넘의 말들이 사용하는 언어를 따라할 수 있었던 덕분에 인정을 받고 같이 생활하게 된다. 걸리버는 휴이넘의 말들이 하는 말을 통해 '야후'라는 인간이 얼마나 나쁜지에 대해 듣게 된다. 걸리버는 휴이넘의 말들이 하는 말에 설득되었고, 그 말들과 여생을 함께 하고 싶다는 생각을 하게 된다. 하지만 결국 걸리버도 '야후'와 같은 인간이었기 때문에 휴이넘에서 추방을 당하고는 다시 영국으로 돌아온다.

4주차

한 주 간의 계획을 먼저 세워보세요. 매일 학습을 마친 후 맞은 개수를 쓰세요!

회차	영역	학습 내용	학습계획일	맞은 문제수
16회	독서 사회	**가격은 어떻게 정해질까요** 가격은 어떻게 정해지는지 설명하는 글입니다. 각 요소들의 관계성에 주목해보며 문제에 적용하는 회차입니다.	월 일	독해 7문제 중 □개 어법·어휘 8문제 중 □개
17회	독서 과학	**꿀벌** 꿀벌에 대한 내용을 다양하게 세분화해서 설명하는 글입니다. 각 분화된 내용을 정리해가면서 독해하는 회차입니다.	월 일	독해 7문제 중 □개 어법·어휘 8문제 중 □개
18회	독서 사회	**경제학교 안내문** 실용문 중 안내문입니다. 안내문을 읽고 자신에게 필요한 정보들을 잘 파악하는 것을 연습해보는 회차입니다.	월 일	독해 7문제 중 □개 어법·어휘 9문제 중 □개
19회	문학 시/ 시조	**원이 아버지께, 버들가지 골라 꺾어** 사랑을 주제로 하는 편지와 시조가 실려 있습니다. 말하는 이의 감정과 표현에 주목하며 문제에 적용해보는 회차입니다.	월 일	독해 7문제 중 □개 어법·어휘 7문제 중 □개
20회	문학 희곡	**마지막 잎새** 오 헨리의 명작 소설을 희곡으로 각색한 지문입니다. 등장인물들이 무대에서 연기하는 모습을 상상하며 독해 연습을 해 보는 회차입니다.	월 일	독해 7문제 중 □개 어법·어휘 9문제 중 □개

(가) 전국적으로 AI가 **확산**되어 그 결과 달걀의 가격이 **폭등**하였다는 뉴스가 보도되었습니다. 이후에 정부에서는 달걀의 가격을 안정시키기 위해 **급기야** 달걀을 수입해 오게 되었고, 그 결과 달걀의 가격은 다시 내려갔습니다. 이렇게 상품의 가격이 고정되지 않고 **변동**되기도 하는데요, 그렇다면 이러한 상품의 가격은 어떻게 정해질까요?

(나) 시장에는 상품을 판매하는 사람과 구매하는 사람이 있습니다. 바로 이 둘의 수요와 공급에 의해 시장의 가격이 결정됩니다. 수요란 어떠한 상품을 일정한 가격에 구입하고자 하는 것을 말하고 공급은 어떤 상품을 일정한 가격에 팔고자 하는 것을 말합니다. 이 수요와 공급이 맞아떨어지는 지점에서 가격이 정해집니다.

(다) 수요와 공급은 늘어나기도 하고 줄어들기도 합니다. 어떤 상품의 수요가 늘었다는 것은 그 상품을 사려는 사람이 많아졌다는 뜻입니다. 반대로 수요가 줄었다는 것은 그 상품을 사려는 사람들이 적어졌다는 것입니다. 과일의 공급량이 같을 때 추석에 과일을 사려는 사람이 많아지게 되면 과일값이 갑자기 오릅니다. 그러다 추석이 지나서 더 이상 예전만큼 사려는 사람이 없어지면 가격은 다시 내려갑니다. 이처럼 수요가 늘어나면 가격이 오르게 되고 수요가 줄어들면 가격이 떨어지게 됩니다.

(라) 그리고 공급이 늘어났다는 것은 판매할 상품이 시장에 더 많이 나왔다는 것을 의미합니다. 반면에 공급이 줄어들었다는 것은 판매할 상품이 더 적어졌다는 것을 뜻합니다. AI로 인해 시장에 달걀의 양이 줄어들자 달걀의 가격이 오르게 되었습니다. 그러다가 수입을 하거나 다시 정상적으로 공급이 되어 달걀의 양이 늘어나니 가격이 떨어지게 된 것입니다. 이처럼 공급이 늘

↑ 공급량이 같을 때 수요가 많아지면 물건의 값이 오릅니다.

면 가격이 떨어지고 공급이 줄어들면 가격은 오르게 됩니다.

🧻 어려운 낱말 풀이 ① **AI (조류독감, Avian Influenza)** 새들이 걸렸던 독감이 사람에게까지 옮은 독감 ② **확산** 흩어져 널리 퍼짐 擴넓힐 확 散흩을 산 ③ **폭등** 물건의 값이 갑자기 큰 폭으로 오름 暴사나울 폭 騰오를 등 ④ **급기야** 마지막에 가서는 及미칠 급 其그 기 也잇기 야 ⑤ **변동** 바뀌어 달라짐 變변할 변 動움직일 동

1
중심
생각

이 글에서 가장 중심이 되는 낱말은 무엇인가요?

....

2
세부
내용

다음 중 이 글에 나온 사실과 <u>다른</u> 것을 고르세요. ─────────────── [   ]

① 상품의 가격은 변동되기도 한다.

② 추석에는 과일의 수요가 늘어난다.

③ 공급이 많아지면 가격이 올라간다.

④ 수요와 공급은 가격 결정에 영향을 준다.

⑤ 어떤 상품의 수요가 늘었다는 것은 그 상품을 사려는 사람이 많아졌다는 뜻이다.

3
세부
내용

다음 상황들 중 가격이 <u>다르게</u> 변하는 상황인 것을 고르세요. ────────── [   ]

① 겨울에 백화점에서 여름옷을 할인 판매한다.

② 폭염이 계속되면서 에어컨을 사려는 사람들이 많아졌다.

③ 김장철에 김치를 담그려고 배추를 사려는 사람이 많아졌다.

④ 미세먼지가 심해지면서 많은 사람들이 공기청정기를 사려고 한다.

⑤ 심한 태풍 때문에 사과가 나무에서 다 떨어져 수확량이 크게 줄었다.

4
구조
알기

다음은 이 글의 어느 문단과 관련이 있을까요? ───────────────── [   ]

봄철이 되어 미세먼지가 심해지자 사람들이 마스크를 많이 구매하기 시작하였습니다. 그러자 1매에 1000원이던 마스크가 1200원으로 오르게 되었습니다.

① (가)   ② (나)   ③ (다)   ④ (라)

5
어휘
표현

글의 중심 내용이 잘 드러나도록 빈칸에 알맞은 말을 고르세요. ──────── [   ]

시장의 가격은 수요와 공급에 의해 결정된다. 수요가 늘어나면 가격이 [㉠], 수요가
줄어들면 가격이 [㉡]. 공급이 늘어나면 가격이 [㉢], 공급이 줄어들면
가격이 [㉣].

	㉠	㉡	㉢	㉣
①	오르고	오른다	내려가고	내려간다
②	내려가고	오른다	오르고	내려간다
③	오르고	내려간다	내려가고	오른다
④	내려가고	내려간다	오르고	오른다
⑤	오르고	내려간다	오르고	내려간다

6 [보기]를 읽고 가격이 어떻게 될지 고르세요. --- [   ]

내용
적용

> [보기]　작년에 흉년이 들어 고구마의 생산이 줄어들었다.
>
> 　　　　그래서 고구마의 가격이 _____.

① 올랐다　　　② 내렸다　　　③ 변함이 없었다　　　④ 안정되었다　　　⑤ 급격히 내려갔다

7 다음은 닭고기 가격과 관련한 뉴스 보도입니다. 뉴스를 보고 나눈 대화로 알맞지 <u>않은</u> 말을 한 친구
를 고르세요. --- [   ]

추론

> 조류인플루엔자(AI)의 확산으로 계란에 이어 닭고기 가격도 가파르게 오르고 있습니다. 이처럼 닭
> 고기 판매 가격이 오르는 것은 최근 공급이 크게 불안해졌기 때문입니다. AI가 전국적으로 확산하
> 자 닭고기의 수요가 감소하면서 930원까지 떨어졌던 닭고기값은 설 연휴에 수요가 회복되고 공급
> 부족 현상이 심해지면서 1500원까지 가격이 올랐습니다.

① 동욱 : AI로 닭고기의 공급이 줄어들면서 닭고기의 가격이 올랐어.
② 민규 : 시장에서의 가격은 이렇게 수요와 공급에 의해 결정이 되는구나.
③ 선예 : AI가 끝나고 닭고기의 공급이 회복되면 가격이 다시 내려갈 거야.
④ 우진 : 설 연휴라 닭고기의 수요가 평소보다 늘어나서 가격이 더 오른 것 같아.
⑤ 석원 : 우리 동네 마트에서는 원래 닭고기값이 1300원이었으니까 지금도 1300원일거야.

배경지식 더하기

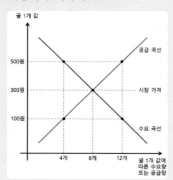

귤 1개 값	수요량	공급량
500원	4	12
300원	8	8
100원	12	4

수요공급곡선

이번 회차에서는 수요와 공급에 의해 가격이 결정된다는 것을 배웠습니다. 이
러한 원리를 한눈에 보여주는 그래프가 있습니다. 이 그래프를 바로 '수요공급
곡선 그래프'라고 합니다. 이 그래프는 다음의 표를 그래프로 나타낸 것입니
다. 귤 1개의 값이 500원일 때, 사려는 사람은 4개까지 살 수 있다고 생각합니
다. 100원일 때는 12개까지 살 수 있습니다. 값이 쌀수록 귤을 많이 사려고 합
니다. 그래서 왼쪽 그래프에서 빨간 선이 수요를 나타냅니다.
반대로 귤 1개의 값이 500원일 때, 파는 사람은 12개까지 판매하려고 합니다.
비쌀수록 많이 팔려고 하는 것이지요. 하지만 귤 값이 100원이 되면 4개만 팔
려고 합니다. 나중에 값이 오를 때, 더 많이 팔겠다는 것입니다. 그래서 그래프
에서 파란 선이 공급을 나타냅니다. 이 두 선이 만나는 점이 있습니다. 바로 귤
1개의 값이 300원일 때입니다. 귤 값이 300원이면 파는 사람도 8개까지 판매
하려고 하며, 사는 사람도 8개까지 사려고 합니다. 두 사람의 생각이 딱 맞아떨어집니다. 그래서 이 시장에서
는 귤 1개의 값이 300원이 되게 되는 것입니다. 수요공급곡선은 이러한 관계를 한눈에 보기 좋게 나타낸 그래
프입니다. 아직 여러분에겐 어려운 내용일 수 있지만 중·고등학교에서 꼭 배우게 되는 내용이니 이번 기회에
잘 읽어서 이해해두시기 바랍니다.

[1단계] 아래의 낱말에 알맞은 뜻을 선으로 이어 보세요.

[1] 확산 •   • ㉠ 흩어져 널리 퍼짐

[2] 폭등 •   • ㉡ 물건의 값이 갑자기 큰 폭으로 오름

[3] 변동 •   • ㉢ 바뀌어 달라짐

[2단계] 아래 문장의 빈칸에 알맞은 낱말을 [보기]에서 찾아서 써넣으세요.

[보 기]	확산	폭등	변동

[1] AI가 확산하자 그 결과 달걀의 가격이 □□ 하였다.

[2] 상품의 가격은 고정되지 않고 □□ 된다.

[3] 전국적으로 AI가 □□ 하였다.

[3단계] 밑줄 친 말을 <u>다른</u> 말로 알맞게 바꾸어 쓰세요.

[1] 그 상품은 청소년들 사이에서 <u>어떤 물건을 일정한 가격으로 사려고 하는 욕구</u>가 급증하고 있다.

→ 그 상품은 청소년들 사이에서 □□ 이(가) 급증하고 있다.

[2] 그는 생수를 <u>필요로 하는 사람에게 나누어주는</u> 일을 하고 있다.

→ 그는 식당에 생수를 □□ 하는 일을 하고 있다.

시간 끝난 시간 □시 □분   채점 독해 7문제 중 □개

1회분 푸는 데 걸린 시간 □분   어법·어휘 8문제 중 □개

← 스스로 붙임딱지
문제를 다 풀고
맨 뒷장에 있는
붙임딱지를
붙여보세요.

(가) 꿀벌은 꿀을 생산하고 저장하는 벌입니다. 꿀벌은 곤충과에 속하며 머리, 가슴, 배의 세 부분으로 나뉩니다. 가슴에는 세 쌍의 다리와 두 쌍의 날개가 달려 있습니다. 몸 색깔은 어두운 갈색이면서 날개는 희고 투명합니다. 몸 표면에 잔털이 많이 나 있어, 꽃가루를 잘 모을 수 있습니다. 그리고 배에 있는 황갈색 가로띠가 특징적입니다.

(나) 꿀벌은 한 마리의 여왕벌을 중심으로 일벌, 수벌로 구성되는 집단을 이루고 있습니다. 여왕벌만이 알을 낳을 수 있으며, 하루 1,000개에서 3,000개까지 알을 낳습니다. 일벌은 여왕벌과 같이 암컷이지만 알을 낳지 못하며 집짓기, 집 청소, **유충**^① 기르기, 먹이 모으기 등의 역할을 수행합니다. 일벌이 거의 모든 일을 하는 반면 수벌은 여왕벌과의 결혼을 하는 일 이외에는 하는 일이 없습니다. 수벌이 병정벌이라고 말하는 사람도 있지만, 수벌은 독침이 없기 때문에 집을 지키는 일을 할 수 없습니다.

(다) 꿀벌은 체계적인 사회생활을 하며, 기초적인 의사소통을 할 수 있는 곤충입니다. 꽃을 발견한 벌은 그 꽃이 가까운 곳에 있을 때는 원형 춤을 춥니다. 하지만 발견된 꽃이 멀리 있다면 8자 비행 춤을 춥니다. 오스트리아의 동물학자 카를 폰 프리슈는 이러한 꿀벌의 춤을 연구하여 노벨상을 받기도 하였습니다.

(라) 우리 인류는 과거부터 꿀벌에게서 벌꿀을 시작으로 로열젤리, 밀랍 등을 얻어 왔습니다. 고대 그리스 시대에는 벌꿀을 신들의 식품이라 여기며 귀하게 **취급**^②하였으며, 이집트에서는 미라 **보존**^③을 위한 **방부제**^④로써 사용하기도 하였습니다. 우리나라 역시 삼국사기에 '643년 백제 의자왕 시절에 여풍이 꿀벌 4통을 가지고 일본으로 건너가 **양봉**^⑤ 기술을 전해 주었다'라는 기록을 찾아 볼 수 있을 정도로 오래전부터 꿀벌과 함께 해 왔습니다.

(마) 이처럼 우리 인류와 함께해 온 꿀벌이 **과다한**^⑥ 농약 사용과 기후 변화 등으로 **멸종**^⑦ 위기에 처해져 있습니다. 꿀벌의 역할은 단순히 벌꿀을 생산하는 데 그치지 않습니다. 꿀벌은 우리 인류의 먹거리인 과일, 채소 등의 수분을 담당하고 있기 때문입니다. 만약 꿀벌이 사라진다면 아인슈타인이 과거 **예견한**^⑧ 것처럼 인류 역시 4년 내에 지구상에서 사라질 수도 있을 것입니다. 지금이라도 꿀벌과 함께 살 수 있는 환경을 가꾸어 나가야 할 것입니다.

1
중심
생각

이 글은 어떤 내용의 글인가요? ··· [   ]

① 꿀벌의 위험성을 알리는 글이다.

② 꿀벌이 벌꿀을 만드는 과정을 설명한 글이다.

③ 꿀벌이 가족을 이루는 방법을 설명한 글이다.

④ 꿀벌이 이집트에서 사용된 까닭을 설명한 글이다.

⑤ 꿀벌의 다양한 특징과 멸종 위기에 대해 설명한 글이다.

2
세부
내용

우리 인류와 함께해 온 꿀벌들이 멸종 위기에 처해 있습니다. 그 까닭은 무엇일까요?

[1] ···

[2] ···

3
세부
내용

다음 중 꿀벌의 모습으로 알맞지 <u>않은</u> 것을 고르세요. ································· [   ]

① 배에는 황갈색 가로띠가 나 있습니다.

② 몸 표면에는 잔털이 많이 나 있습니다.

③ 꿀벌은 머리, 가슴, 배의 세 부분으로 나눕니다.

④ 몸 색깔은 어두운 갈색이면서 날개는 희고 투명합니다.

⑤ 가슴에는 두 쌍의 다리와 세 쌍의 날개가 달려 있습니다.

4
어휘
표현

아래 문장이 뜻하는 낱말을 고르세요. ··· [   ]

생물의 한 종류가 아주 없어짐

① 멸망   ② 멸균   ③ 멸종   ④ 토종   ⑤ 품종

어려운 낱말 풀이   ① **유충** 애벌레 幼어릴 유 蟲벌레 충 ② **취급** 물건이나 일을 대상으로 삼거나 처리함 取가질 취 扱미칠 급 ③ **보존** 잘 보호하고 간수하여 남김 保지킬 보 存있을 존 ④ **방부제** 물건이 썩지 않게 하는 약 防막을 방 腐썩을 부 劑약제 제 ⑤ **양봉** 꿀을 얻기 위하여 벌을 기름 養기를 양 蜂벌 봉 ⑥ **과다한** 너무 많은 過지날 과 多많을 다- ⑦ **멸종** 생물의 한 종류가 아주 없어짐 滅꺼질 멸 種씨 종 ⑧ **예견한** 앞으로 일어날 일을 미리 짐작한 豫미리 예 見볼 견-

5
구조
알기

이 글에서 이야기한 순서대로 정리해보세요.

> ㉠ 인류와 함께한 꿀벌
>
> ㉡ 꿀벌의 생김새
>
> ㉢ 꿀벌의 의사소통
>
> ㉣ 꿀벌 집단의 특징
>
> ㉤ 멸종위기에 처한 꿀벌

☐ → ☐ → ☐ → ☐ → ☐

6
내용
적용

수벌이 집을 지키는 일을 할 수 <u>없는</u> 까닭은 무엇일까요?

서술형

수벌은 .... 집을 지키는 일을 할 수 없습니다.

7
추론

벌이 다음과 같은 춤을 추는 것은 어떤 의미인지 써 보세요.

서술형

....

....

....

....

 배경지식 더하기
꿀벌이론

여러분은 꿀벌이론에 대해 들어본 적이 있나요? 꿀벌 이론은 다음과 같습니다. 꿀벌 집단 A, B, C, D를 만들고 각 집단에 벌을 각각 100마리씩 넣어 놓으면, 그 벌 100마리 중 25마리는 열심히 일하고, 25마리는 게으르고, 나머지 50마리는 중간 정도 일을 하게 된다고 합니다. 이 때 각 집단의 게으른 벌 25마리만 모아서 다시 100마리를 만들게 되면 어떻게 될까요? 놀랍게도 똑같이 25마리는 열심히 일하고, 25마리는 게으르고, 나머지 50마리는 중간 정도 일을 하게 된다고 합니다.

이 이야기는 '어느 집단이든 노는 사람이 있다'라고 해석할 수도 있지만, '어느 집단에 있던 간에 뛰어난 사람은 반드시 나오기 마련이다'라고 해석할 수도 있을 것입니다. 여러분은 어떻게 생각하나요?

[1단계] 아래의 낱말에 알맞은 뜻을 선으로 이어 보세요.

[1] 취급하다 •   • ㉠ 앞으로 일어날 일을 미리 짐작하다

[2] 과다하다 •   • ㉡ 물건이나 일을 대상으로 삼거나 처리하다

[3] 예견하다 •   • ㉢ 너무 많다

[2단계] 아래 문장의 빈칸에 알맞은 낱말을 [보기]에서 찾아서 써넣으세요.

[보 기]   취급   과다   예견

[1] 꿀벌이 ⬜⬜ 한 농약 사용과 기후변화 등으로 멸종 위기에 처해 있습니다.

[2] 꿀벌이 사라진다면 아인슈타인이 ⬜⬜ 한 것처럼 인류 역시 사라질 수 있습니다.

[3] 고대 그리스 시대에는 벌꿀을 신들의 식품이라 여기며 귀하게 ⬜⬜ 하였습니다.

[3단계] 문장을 읽고 빈칸에 들어갈 알맞은 낱말을 써넣으세요.

[1] 전통문화를 고스란히 ⬜⬜ 했습니다.
　　　　　　　　　→ 잘 보호하고 간수하여 남김

[2] 이 식품은 ⬜⬜⬜ 을(를) 전혀 넣지 않은 천연 식품입니다.
　　　→ 물건이 썩지 않게 하는 약

시간 끝난 시간 ⬜시 ⬜분   채점 **독해** 7문제 중 ⬜개   ← 스스로 붙임딱지
　　 1회분 푸는 데 걸린 시간 ⬜분   **어법·어휘** 8문제 중 ⬜개   문제를 다 풀고 맨 뒷장에 있는 붙임딱지를 붙여보세요.

어린이 경제학교 3~4기

• 개요[①] : 한국 경제사 강의, 경제 관련 체험활동, 한국은행 견학활동(1~4회차)

  기획재정부[②] 사무관의 특강(5회차), **수료증**[③] 전달(5회 모두 출석해야 함)

  ※단, 이전에 어린이 경제학교에 참여했던 학생들은 다시 신청할 수 없습니다.

• 대상 및 인원

  초등학교 5~6학년 학생들을 중심으로 오전/오후반 각 15명으로 구성

  ※단, 인원이 부족할 시 4학년 학생들도 참여 가능하니 신청해주세요.

• 신청 **기한**[④]

  7월 14일(목) 오전 9시 ~ 8월 16일(화) 오후 5시 – 기한 **엄수**[⑤]

• 신청 방법

  어린이 경제학교 홈페이지(www.childreneconomics.com) 접속 후

  홈페이지 하단 '어린이 경제학교 신청 바로가기'를 통해 신청

• 운영 일정

기수		운영 기간	
		1-4회차	5회차 (**현직**[⑥] 사무관의 특강)
3기	오전반(9시-11시)	9월 3, 17, 24일, 10월 1일	10월 2일(13시-15시)
	오후반(13시-15시)		
4기	오전반(9시-11시)	10월 8, 15, 22, 29일	11월 5일(13시-15시)
	오후반(13시-15시)		

※모든 교육은 어린이 경제학교 본관 1층 '애덤 스미스관'에서 이루어집니다.

어려운 낱말 풀이 | ① **개요** 간단하고 깔끔하게 골라 낸 주요 내용 概대개 개 要요긴할 요 ② **기획재정부** 국가의 경제와 관련된 업무를 담당하는 정부기관 企기획 기 劃계획할 획 財재물 재 政다스릴 정 部관청 부 ③ **수료증** 일정한 수업 과정을 다 배워 마쳤음을 증명하는 문서 修닦을 수 了마칠 료 證증거 증 ④ **기한** 미리 한정하여 놓은 시기 期기약할 기 限한할 한 ⑤ **엄수** 명령이나 약속 따위를 어김없이 지킴 嚴엄할 엄 守지킬 수 ⑥ **현직** 현재의 직업 現나타날 현 職직분 직

1

중심
생각

이 글은 어떤 내용의 글인가요? ───────────────────────────── [   ]

① 정보를 전달하는 글이다.

② 어떤 사람을 설명하는 글이다.

③ 주장을 내세워 설득하는 글이다.

④ 글쓴이의 감정을 표현한 글이다.

⑤ 글쓴이가 상상하여 꾸며 쓴 글이다.

2

세부
내용

글의 내용에 맞는 것은 O, 틀린 것은 X로 표시하세요.

[1] 이번에 모집하는 어린이 경제학교는 3~4기이다. ───────────── [   ]

[2] 어린이 경제학교 수료증은 4회 이상 출석하면 받을 수 있다. ───────── [   ]

[3] 어린이 경제학교는 담임선생님께 신청서를 제출하여 신청한다. ─────── [   ]

[4] 현직 기획재정부 사무관의 특강은 '존 케인즈관'에서 이루어진다. ─────── [   ]

3

세부
내용

어린이 경제학교 3~4기에 신청할 수 <u>없는</u> 학생을 고르세요. ──────── [   ]

① 어린이 경제학교 2기에 참여했던 5학년 현지

② 이전에 어린이 경제학교에 신청한 적 없는 5학년 지수

③ 어린이 경제학교 강의를 5번 모두 참여할 수 있는 6학년 민석

④ 어린이 경제학교를 통해 한국 경제사를 배우고 싶은 4학년 재석

⑤ 어린이 경제학교를 통해 현직 사무관의 특강을 듣고 싶은 6학년 건아

4

구조
알기

다음 [보기]의 내용이 들어갈 곳은 어디인가요? ──────────────── [   ]

> [보 기]   ※ 정해진 날짜 내에 신청하지 못했을 경우 추후 추가 모집 공지 참고

① 개요   ② 운영 일정   ③ 신청 기한

④ 신청 방법   ⑤ 대상 및 인원

5 다음 [보기]를 읽고 '일정한 학과를 다 배워 마쳤음을 증명하는 증서'라는 뜻을 가진 낱말을 써 보세요.

어휘
표현

> [보기]
>
> 지수 : 민규야, 저번 달에 했던 어린이 경제학교는 어땠니?
>
> 민규 : 정말 좋았어. 4번의 강의와 체험활동은 물론이고 사무관님의 특강도 정말 재밌
> 었어.
>
> 지수 : 그럼 너는 한 번도 빠짐없이 출석한 거야?
>
> 민규 : 당연하지! 5번 모두 출석해서 ☐☐☐ 도 받았어.
>
> 지수 : 정말 대단하다!

6 어린이 경제학교를 신청하는 방법을 간단히 쓰세요.

내용
적용

서술형

....

....

7 다음 강의 계획서를 읽고 이 글의 내용과 <u>다른</u> 부분을 고르세요. ┄┄┄┄┄┄┄┄┄ [   ]

추론

> 〈강의 계획서〉
>
> ① 1회차 : 대한민국 경제의 어제와 오늘
>
> ② 2회차 : 조선 시대에는 어떻게 물건을 사고팔았을까?
>
> ③ 3회차 : 일본과 중국 돈에 새겨진 인물 알아보기
>
> ④ 4회차 : 한국은행 견학 활동
>
> ⑤ 5회차 : 기획재정부 김○○ 사무관이 들려주는 올바른 어린이 경제생활

[1단계] 아래의 낱말에 알맞은 뜻을 선으로 이어 보세요.

[1] 개요 •   • ㉠ 명령이나 약속 따위를 어김없이 지킴

[2] 기한 •   • ㉡ 미리 한정하여 놓은 시기

[3] 엄수 •   • ㉢ 간단하고 깔끔하게 골라 낸 주요 내용

[2단계] 아래 문장의 빈칸에 알맞은 낱말을 [보기]에서 찾아서 써넣으세요.

[보 기]	개요	기한	엄수

[1] 어린이 경제학교 신청 ☐☐ 은 이달 말까지입니다.

[2] 어린이 경제학교 ☐☐ : 한국 경제사 강의 등

[3] 어린이 경제학교 신청 날짜를 ☐☐ 해 주시기 바랍니다.

[3단계] 빈칸에 들어갈 알맞은 한자를 [보기]에서 찾아서 써 보세요.

[보 기]	職 직분 직	代 시대 대	場 마당 장

[1] 現 ☐ : 현재의 시대
   나타날 현

[2] 現 ☐ : 현재의 직업
   나타날 현

[3] 現 ☐ : 현재 있는 곳
   나타날 현

시간   끝난 시간 ☐시 ☐분   채점   독해 7문제 중 ☐개

1회분 푸는 데 걸린 시간 ☐분   어법·어휘 9문제 중 ☐개

◀ 스스로 붙임딱지
문제를 다 풀고
맨 뒷장에 있는
붙임딱지를
붙여보세요.

4주 18회

해설편 010쪽

(가) ㉠원이 아버지께. 당신은 항상 제게 흰머리가 되도록 함께 살다가 죽자고 하시더니, 어찌하여 저를 두고 먼저 떠나셨습니까? ⓐ저와 제 아이는 누구에게 기대어 어찌 살겠습니까. 당신을 여의고는 아무래도 저는 살 힘이 없습니다. 당신과 있었던 많은 일들, 당신을 향한 마음을 잊을 수가 없습니다. ㉡보고픈 마음을 참을 수 없습니다. 이런 슬픈 일이 하늘 아래에 또 있겠습니까? 이 편지 자세히 보시고, ㉢제 꿈에 나타나서 대답해주세요. ⓑ저는 꿈에서 당신을 보기를 기다리고 있습니다. ㉣보고 싶습니다. 하고 싶은 말은 끝이 없지만 ㉤이만 줄이겠습니다.

-원이 어머니, 「원이 아버지께」

※이 편지는 조선 시대 실제 편지를 한글로 번역 및 요약한 것입니다.

(나)

산에 있는 ⓒ버들가지를 꺾어서 그대에게 보내오니

ⓓ그대가 주무시는 방의 창가에 심어 두고 보시옵소서.

ⓔ밤비에 새 잎이라도 나면 마치 저를 본 것처럼 여기소서.

-홍랑, 「버들가지 골라 꺾어」

1
중심
생각

(가)와 (나)에서 느껴지는 공통된 감정은 무엇인가요? --- [   ]

① 질투   ② 사랑   ③ 원망   ④ 미안함   ⑤ 부끄러움

2
요소

밑줄 친 ㉠~㉤ 중 (가) 글이 편지임을 알 수 있게 해주는 것을 바르게 짝지은 것을 고르세요.

-- [   ]

① ㉠, ㉤   ② ㉡, ㉣   ③ ㉢, ㉤   ④ ㉠, ㉣   ⑤ ㉡, ㉤

3
세부
내용

(가)에서 말하는 이의 소원을 이루어 줄 수 있는 소재를 찾아 한 글자로 쓰세요.

....

4
어휘
표현

밑줄 친 ⓐ~ⓔ 중에서 Ⓐ와 Ⓑ를 <u>모두</u> 만족하는 것을 고르세요. ----------------------------- [   ]

> 이 구절은 마치 Ⓐ질문을 하는 느낌을 주면서도 뒤에 나올 말을 Ⓑ강조하는 느낌도 주고 있다.

① ⓐ   ② ⓑ   ③ ⓒ   ④ ⓓ   ⑤ ⓔ

5
작품
이해

(가)에 대한 이해로 옳은 것을 고르세요. --- [   ]

① 이 편지는 동시나 동요처럼 리듬을 맞춰가며 읽는 글이다.
② 이 편지의 말하는 이는 자신의 마음을 숨기며 말하고 있다.
③ 이 편지는 과거의 추억을 생각하며 누군가를 그리워하는 글이다.
④ 이 편지는 소리나 모양을 흉내 내는 표현을 많이 써서 매우 흥미롭다.
⑤ 이 편지를 읽어보면 우리 조상들이 가난을 어떻게 극복했는지 알 수 있다.

6 (가)와 (나)를 비교한 것 중 옳지 <u>않은</u> 것을 고르세요. ──────────────────────── [   ]

추론
적용

① (가)와 (나) 모두 말하는 이가 누군가에게 무언가를 말하고 있다.

② (가)와 (나) 모두 말하는 이가 누군가에게 버들가지를 전달하고자 한다.

③ (나)와 달리 (가)에는 문장부호(.,/,/?) 등이 더 많이 나온다.

④ (나)와 달리 (가)에서는 말하는 이가 꿈에서 누군가와 꼭 만나기를 소망하고 있다.

⑤ (가)와 달리 (나)에서는 말하는 이가 누군가에게 무언가를 당부하고 있다.

7 [보기]의 밑줄 친 부분을 참고하여 [보기]와 (나) 시의 공통점을 간단히 적으세요.

추론
적용

> [보 기]   내일 나의 가장 친한 친구인 용준이가 전학을 가는 날이다. 아쉬움을 뒤로 하며 용준이
> 에게 내가 가장 아끼던 샤프 연필을 주었다. 용준이가 <u>그 샤프 연필을 사용하면서 나를</u>
> <u>잊지 않고 생각해줬으면 좋겠다.</u>

....

....

 작가 소개

홍랑

홍랑은 조선 선조 때의 기생입니다. 기생은 조선 시대 때 잔치나 술자리
에서 노래나 춤 또는 풍류로 흥을 돋우는 역할을 하는 여자였습니다. 그
녀는 당시 '최경창'이라는 사랑하는 남자를 위해 시조를 하나 지었는데,
바로 이 시조가 그 시조로서, 오늘날까지도 전해지고 있습니다.

[1단계] 아래의 낱말에 알맞은 뜻을 선으로 이어 보세요.

[1] 이른 •   • ㉠ 기준보다 앞서거나 빠른

[2] 무렵 •   • ㉡ 버드나뭇과의 식물을 통틀어 이르는 말

[3] 버들 •   • ㉢ 대략 어떤 시기와 일치하는 즈음

[2단계] 아래 [보기]를 참고하여 다음 문제의 답을 쓰세요. 그리고 [보기]와 같은 활용이 불가능한 표현은 '불가능'이라고 쓰세요.

> [보 기]   하고픈 – 하고 싶은

[1] 보고픈 –

[2] 배고픈 –

[3] 먹고픈 –

[3단계] 괄호 안의 띄어쓰기 횟수를 참고하여 주어진 문장을 알맞게 옮겨 쓰세요.

> 그대가주무시는방의창가에심어두고보시옵소서. (6)

	그								
					.				

시간 **끝난 시간** ☐ 시 ☐ 분   채점 **독해** 7문제 중 ☐ 개

1회분 푸는 데 걸린 시간 ☐ 분   **어법·어휘** 7문제 중 ☐ 개

← 스스로 붙임딱지
문제를 다 풀고
맨 뒷장에 있는
붙임딱지를
붙여보세요.

4주
19회

해설편
011쪽

등장인물: 수, 존시, 베어만, 의사

　　　의사는 침대에 잠들어 있는 존시를 진찰하고, 수는 그 모습을 안타까운 표정으로 지켜본다. 진찰을 마친 의사는 수에게 존시가 **가망**①이 거의 없다고 말하고 나간다.

존시　(창밖을 보며 나뭇잎이 떨어질 때마다) 열, 아홉, 여덟, 일곱…….

수　　지금 무엇을 세고 있는 거니?

존시　창밖에 보이는 ⓐ나뭇잎을 세고 있어. (나뭇잎 하나가 더 떨어진다.) 여섯……. 점점 더 빨리 떨어지고 있네. 이젠 다섯 개밖에 남지 않았어. 마지막 잎이 떨어지면 나도 죽게 될 거야.

수　　(울먹이는 목소리로) 아니야! 저 담쟁이덩굴의 나뭇잎은 너의 회복과 전혀 ⓑ상관이 없다고! 넌 내 생각은 전혀 안 하니? 살고 싶다는 생각은 전혀 안 하는 거야?

　　　화가 난 수는 울면서 집을 나온다. 복도에서 베어만 씨를 만난다. 베어만 씨는 아래층에서 그림을 그리는 나이 많은 화가다. 베어만 씨는 울면서 뛰쳐나가는 수를 붙잡는다.

베어만　혹시 존시에게 무슨 안 좋은 일이 생긴 거요?

수　　존시가 이제는 말도 안 되는 생각까지 해요! 창밖에 있는 담쟁이덩굴의 나뭇잎이 모두 떨어지면 자기도 죽을 거래요! 무슨 방법이 없을까요?

베어만　아니, 세상에! 그런 생각을 하다니. 하지만 만약 창밖에 있는 나뭇잎이 떨어지지 않는다면 존시도 희망을 가지지 않을까요?

　　　그때, 천둥이 치는 소리가 크게 들린다. 바람이 부는 소리도 들린다.

베어만　폭풍이 오나 봐요.

수　　그렇다면 오늘밤 동안 담쟁이덩굴의 나뭇잎도 비바람에 ⓒ모조리 떨어지고 말 거예요. ㉠그러면 존시도 더 사는 것을 포기하고 말 거예요.

　　　무대가 어두워진다. 천둥소리가 다시 크게 들리고, 이어 비가 내리는 소리가 들린다. 잠시 후, 무대가 다시 밝아진다. 존시는 여전히 창밖을 바라보고 있다. 존시 옆에 잠들어 있던 수가 일어난다. 담쟁이덩굴의 나뭇잎은 모두 떨어져서 없다. 대신 나뭇잎이 매달린 자리에 나뭇잎 하나가 그려져 있다. 워낙 잘 그렸기 때문에 존시와 수는 진짜 나뭇잎이 아니라 그림이라는 사실을 눈치채지 못한다.

존시　수, 저것 좀 봐. 마지막 잎이 아직도 매달려 있어.

수　　(㉡) 세상에! 어떻게 된 거지? 분명 어젯밤에 심한 폭풍이 불었는데?

존시	나 그동안 정말 못되게 굴었지? 우리가 모르는 무언가가 저 나뭇잎을 떨어지지 않게 한 것 같아. 쉽게 ⓓ절망했던 나에게 끝까지 삶을 포기해선 안 된다는 ⓒ가르침을 주려고 하느님이 그러신 것이겠지? 저 나뭇잎을 보니 나도 이제 회복할 수 있을 것 같아.
수	존시! 잘 생각했어! 내가 지금 당장 의사 선생님을 모셔 올게.

수는 곧바로 의사를 데리고 집으로 돌아온다. 의사는 존시를 진찰한다.

의사	ⓒ역시 살고자 하는 의지가 생기니까 병이 낫기 시작하는군요.
존시	고맙습니다, 의사 선생님.
의사	그럼, 저는 빨리 베어만 씨에게 가 봐야 되겠군요. 베어만 씨는 몸살이 심하게 들었다더군요. 듣자하니 어젯밤에 바깥에서 오랫동안 비를 맞았다고 합니다.

의사는 무대를 퇴장한다. 베어만 씨의 소식을 들은 수는 창가로 다가가 창밖의 마지막 나뭇잎을 자세히 살핀다.

수	존시! 저 마지막 나뭇잎을 잘 봐! 바람이 불어도 펄럭이지 않아. 저 나뭇잎은 그림이야. 아마 베어만 아저씨가 마지막 나뭇잎이 떨어진 자리에 똑같은 그림을 그려 넣었을 거야! 그러느라 어젯밤에 비를 맞으시고 몸살에 걸리신 거야.
존시	그렇구나! 저 마지막 나뭇잎은 베어만 아저씨가 나에게 살고자 하는 **의지**②를 주기 위해 그린 **걸작**③이구나. 나도 이제 빨리 나아서 아저씨를 간호해 드려야겠어.

-오 헨리, 「마지막 잎새」 일부 각색

1
중심
생각

이 연극의 등장인물을 모두 찾아 써 보세요.

...................., ..., ..., ...

2
요소

베어만 씨의 직업은 무엇인지 써 보세요.

....

3
세부
내용

수가 ㉠과 같이 말한 까닭을 빈칸을 채워가며 정리해 보세요.

	는 창밖의		과 자신이 같은 처지라고 느끼며, 그것이 모두

떨어지면 자신도 죽게 될 것이라고 생각하고 있다. 그런 상황에서 폭풍에 담쟁이덩굴의 나뭇잎이 모조리 떨어진다면, 존시가 정말로 살고 싶다는 의지를 완전히 잃어버릴 것이기 때문이다.

어려운 낱말 풀이 | ① **가망** 가능성 있는 희망 可옳을 가 望바랄 망 ② **의지** 어떠한 일을 이루고자 하는 마음 意뜻 의 志뜻 지
③ **걸작** 매우 훌륭한 작품 傑뛰어날 걸 作지을 작

4 어휘 표현

[보기]처럼 같은 의미를 가진 단어들을 '동의어' 관계에 있다고 합니다. 밑줄 친 ⓐ~ⓔ의 동의어 관계로 옳지 않은 것을 고르세요. -- [　　　]

> [보 기]　　　　아침에 <u>해</u>가 떴습니다. = 아침에 <u>태양</u>이 떴습니다.

① ⓐ나뭇잎 – 잎사귀　　② ⓑ상관 – 관계　　③ ⓒ모조리 – 몽땅

④ ⓓ절망 – 절차　　⑤ ⓔ가르침 – 교훈

5 작품 이해

이 이야기에 대한 감상을 바르게 하지 <u>못한</u> 친구를 고르세요. -- [　　　]

① 현묵: 수는 아픈 존시를 보며 정말 안타까웠을 거야.

② 신혜: 베어만 아저씨는 나뭇잎을 여러 개 그리시고는 뿌듯하셨을 거야.

③ 시윤: 잎이 떨어질 때마다 자신이 곧 죽을 거라고 생각하는 존시가 안타까웠어.

④ 민정: 그래도 나중에 존시가 희망을 갖게 되어서 정말 기뻐.

⑤ 우석: 맞아. 베어만 아저씨도 얼른 몸살이 회복되었으면 좋겠어.

6 어휘 표현

연극 대본에서 대사 앞의 괄호를 통해 배우에게 어떻게 행동해야 하는지 보여주는 부분을 지시문이라고 합니다. ㉡에 들어갈 알맞은 지시문을 고르세요. -- [　　　]

① 기운 없이　　② 억지로 웃으며　　③ 눈이 휘둥그레지며

④ 머리끝까지 화가 나서　　⑤ 매우 피곤한 목소리로

7 추론 적용

밑줄 친 ㉢과 [보기]가 공통적으로 말하고 있는 내용을 고르세요. -- [　　　]

> [보 기]　　긍정의 힘! 세상을 살아가는 데 있어 정말 중요한 힘이다. 자기 암시라는 말이 있다. "나는 잘 될 거다.", "나는 할 수 있다." 등의 긍정적인 생각을 자기 마음속으로 계속해서 되풀이하며 말하는 것이다. 다만 아무런 근거 없이 계속해서 자기 암시만 하는 것은 좋은 태도가 아니다. 그러나 힘든 일이 닥쳤을 때 이러한 긍정적인 자기 암시는 정말로 그 일을 해결할 수 있는 열쇠가 되어주기도 한다.

① 자신에게 가망이 없다고 생각한다.

② 자기 자신에 대한 믿음이 부족하다.

③ 상황이 점점 안 좋아지는 것을 모른다.

④ 기대와는 반대로 상황이 점점 더 안 좋아지기도 한다.

⑤ 좋아질 것이라는 확신을 가지면 정말로 상황이 좋아질 수 있다.

[**1**단계] 아래의 낱말에 알맞은 뜻을 선으로 이어 보세요.

[1] 가망 •　　　　　• ㉠ 매우 훌륭한 작품

[2] 의지 •　　　　　• ㉡ 가능성 있는 희망

[3] 걸작 •　　　　　• ㉢ 어떠한 일을 이루고자 하는 마음

[**2**단계] 아래 문장의 빈칸에 알맞은 낱말을 [보기]에서 찾아서 써넣으세요.

[보 기]	가망	의지	걸작

[1] 이 미술관에는 정말 유명한 ☐☐ 들만 전시하고 있다.

[2] 기필코 성공하겠다는 ☐☐ (이)가 있었기에 정말로 성공할 수 있었어.

[3] 그 사람은 이번 선거에서 당선될 ☐☐ (이)가 있을까?

[**3**단계] 문장을 읽고 밑줄 친 낱말을 맞춤법에 맞게 바르게 고쳐보세요.

[1] 지금 무엇을 **새고** 있는 거니?

→ ☐☐

[2] 역시 살고자 하는 의지가 생기니까 병이 **낳기** 시작하는군요.

→ ☐☐

[3] 그러느라 **어제밤**에 비를 맞으신 거야.

→ ☐☐☐

시간 끝난 시간 ☐시 ☐분
1회분 푸는 데 걸린 시간 ☐분

채점 독해 7문제 중 ☐개
어법·어휘 9문제 중 ☐개

← 스스로 붙임딱지
문제를 다 풀고
맨 뒷장에 있는
붙임딱지를
붙여보세요.

-걸(○) / -ㄹ껄(×)

지영이와 지율이는 쌍둥이 자매입니다. 둘은 생김새가 닮았지만 성격은 매우 다릅니다. 지영이는 준비성이 철저한 반면, 지율이는 상황이 닥쳐야 움직입니다. 지율이는 학교 갈 준비를 하느라 아침부터 분주합니다.

지율: 어? 내 필통이 어디 있지? 색연필은 또 어디로 갔지? 언니, 혹시 내 색연필 못 봤어?

지영: 글쎄? 내 가방 안에는 내 것만 있어.

지율: 바쁘다 바빠. 나도 어젯밤에 미리 가방 챙겨**둘껄**.

지영: 그러게. 나도 어제 너에게 가방 챙기라고 한 번 더 말**할껄**.

"나도 빨리 할걸."의 '할걸'을 소리 나는 대로 '할껄'로 표기하는 것은 잘못입니다. 이때의 '-ㄹ걸'은 미래를 나타내는 말인데, 이를 과거로 표현하면 '내가 한걸'처럼 됩니다. '할걸'과 '한걸'은 나타내는 시간만 다르고 같은 뜻을 나타내는 말입니다. 그런데 '할걸'에서만 '-ㄹ' 받침 때문에 뒤의 '-걸'이 '껄'로 소리 납니다. 소리는 그렇게 나더라도 '한걸'과 '할걸'의 '걸'은 같은 말이므로 같게 써야 합니다. 이와 같은 모습을 보이는 것은 '할지'와 '할게' 등이 있습니다.

바르게 고쳐 보세요.

지율: 나도 어젯밤에 미리 가방 챙겨**둘껄**.

    → 나도 어젯밤에 미리 가방 챙겨 ☐☐ .

지영: 나도 어제 너에게 가방 챙기라고 한 번 더 말**할껄**.

    → 나도 어제 너에게 가방 챙기라고 한 번 더 말 ☐☐ .

5주차

주간학습계획표

한 주 간의 계획을 먼저 세워보세요. 매일 학습을 마친 후 맞힌 문제의 개수를 쓰세요!

회차	영역	학습 내용	학습계획일	맞은 문제수
21회	독서 사회	**은행이 하는 일** 은행이 하는 일에 관한 글입니다. 은행이 어떤 일을 하고 어떤 이점을 주는 기관인지 학습해보는 회차입니다.	월 일	독해 7문제 중 ☐개 어법·어휘 8문제 중 ☐개
22회	독서 기타	**발레** 발레에 관한 글입니다. 발레의 역사를 주요 틀로 하여 그 내용과 특징들을 확인해보며 독해하는 회차입니다.	월 일	독해 7문제 중 ☐개 어법·어휘 8문제 중 ☐개
23회	독서 과학	**인제뉴어티** 인제뉴어티에 관한 기사문입니다. 기사의 핵심과 주요 내용들을 파악해보며 독해하는 회차입니다.	월 일	독해 7문제 중 ☐개 어법·어휘 9문제 중 ☐개
24회	문학 민요/ 시조	**경기 아리랑 / 천만리 머나먼 길에** 민요와 시조입니다. 갈래는 다르지만 주제적인 공통점은 무엇인지, 또한 차이점은 무엇인지 다각적으로 독해하는 회차입니다.	월 일	독해 7문제 중 ☐개 어법·어휘 7문제 중 ☐개
25회	문학 동화	**원숭이 꽃신** 동물이 등장하는 동화입니다. 등장하는 동물의 성격을 파악하고 사건을 파악해보며 독해하는 회차입니다.	월 일	독해 7문제 중 ☐개 어법·어휘 7문제 중 ☐개

은행은 사람들이 돈을 맡기고 **이자**^①를 받는 곳입니다. 그리고 돈이 필요한 사람과 기업에 돈을 빌려 주기도 합니다. ㉠사람들은 은행에 돈을 안전하게 맡기면서 이자까지 받을 수 있어서 좋고, 은행은 사람들이 맡긴 돈으로 **이익**^②을 낼 수 있으니 서로에게 도움이 됩니다.

↑ 은행이 하는 일

하지만 은행이 하는 일은 더 다양합니다. 은행은 돈을 빌리거나 빌려주는 것과 관련된 여러 서비스를 **제공**^③함으로써 우리의 편리한 생활을 돕고 있습니다. 그렇다면 은행이 하는 일에 대해서 더 알아볼까요?

첫째, 은행은 외국으로 돈을 부쳐줍니다. 한국에 있는 사람이 미국이나 다른 외국에 있는 사람에게 돈을 보낼 때 직접 그 나라까지 가서 돈을 전달하지 않고 은행에 돈을 주면 은행이 대신 그 돈을 전달해줍니다.

둘째, 은행은 환전해주는 일도 합니다. 환전이란 다른 나라의 돈을 우리나라 돈으로 교환하거나 우리나라 돈을 다른 나라의 돈으로 바꾸는 것을 말합니다. 나라마다 각각 다른 **화폐**^④를 사용하기 때문에 외국에서는 우리나라 돈을 사용할 수 없습니다. 따라서 우리는 해외여행이나 이민을 갈 때 은행에서 우리나라 돈을 그 나라의 화폐로 환전해야 합니다.

셋째, 은행은 공과금과 세금을 받아서 대신 [㉡] 해 줍니다. 공과금이란 수도, 전기, 전화 같은 **공공시설**^⑤을 쓴 값으로 내는 돈을 뜻합니다. 세금은 국가가 국민한테서 거두어들이는 돈입니다. 이러한 세금을 직접 나라에 내지 않고 은행에 납부하면 은행이 대신 처리해 줍니다.

넷째, 일정한 이용료를 내면 은행은 값비싼 보석이나 서류 등 중요한 물품을 보관해 주기도 합니다. 개인이 보관하고 있으면 누군가에게 도둑맞거나 잃어버릴 위험이 크지만 은행에 맡기면 안전하게 보관할 수 있겠지요? 이처럼 은행은 우리의 일상생활 곳곳에서 다양한 도움을 주고 있습니다.

 어려운 낱말 풀이

① **이자** 일정한 수준으로 조금씩 늘어나는 돈 利날카롭다 이 子아들 자 ② **이익** 물질적으로나 정신적으로 보탬이 되는 것 利날카롭다 이 益더하다 익 ③ **제공** 갖다 주어 이바지 함 提끌다 제 供이바지하다 공 ④ **화폐** 물건을 사고 팔 때 물건 값으로 주고받는 종이나 쇠붙이로 만든 돈 貨재화 화 幣비단 폐 ⑤ **공공시설** 공원, 상하수도, 도로 등 사회 사람 모두가 함께 쓰는 시설 公공변하다 공 共함께 공 施베풀다 시 設베풀다 설

1
중심
생각
이 글은 무엇에 대한 글인가요?

....

2
세부
내용
이 글의 내용과 <u>다른</u> 것은 무엇인가요? ────────────────────── [   ]

① 사람들이 맡긴 돈을 기업에 빌려줄 수 있다.

② 사람들이 은행에 돈을 맡기면 이자가 생긴다.

③ 외국에 있는 사람에게 돈을 보낼 때에는 은행에 간다.

④ 은행은 사람들의 중요한 문서나 물건을 무료로 보관해준다.

⑤ 다른 나라에 가서 물건을 사기 위해서는 환전을 해야 한다.

5주
21
회

해
설
편
0
1
2
쪽

3
세부
내용
밑줄 친 ㉠과 관련된 사자성어를 고르세요. ──────────────── [   ]

① 다재다능(多많을 다 才재주 재 多많을 다 能능력 능): 재주와 능력이 많음

② 상부상조(相서로 상 扶도울 부 相서로 상 助도울 조): 서로서로 도움

③ 막상막하(莫없을 막 上윗 상 莫없을 막 下아래 하): 서로서로 비슷하여 좋고 나쁨을 가르기 어려움

④ 백전백승(百백 백 戰싸울 전 百백 백 勝이길 승): 싸울 때마다 이김

⑤ 십중팔구(十열 십 中가운데 중 八여덟 팔 九아홉 구): 열 번 중 아홉 또는 여덟 번 일어날 정도로 거의 틀림없는 일

4
구조
알기
글의 중심 내용이 잘 나타나도록 빈칸에 알맞은 말을 본문에서 찾아 써 보세요.

> 은행에서는 다양한 금융 활동과 관련된 일을 합니다.
>
> 첫째, 은행은 사람들이 예금을 하는 곳입니다. 예금을 하면 [   ] 이(가) 생겨 원래
>
> 맡겼던 돈보다 많은 돈을 받을 수 있습니다. 또한, 외국으로 돈을 대신 부쳐주기도 하며,
>
> 나라에 내는 [   ] 와(과) [   ] 을(를) 받아 대신 처리해주기도 합니다.
>
> 이 밖에도 다른 나라의 돈을 바꾸어 주는 [   ] 도 하며, 귀금속이나
>
> 중요한 서류 등을 [   ] 해 주는 일도 합니다.

5

[보기]의 뜻풀이를 참고하여 ㉡에 들어갈 알맞은 낱말을 고르세요. ------------------------- [   ]

| [보 기] | 세금이나 등록금 같은 것을 정해진 곳에 내는 것 |

① 납부   ② 제출   ③ 입금
④ 수령   ⑤ 출납

6

다음 중 은행에 가더라도 하려는 일을 하기 <u>어려운</u> 사람은 누구인가요? ------------------------- [   ]

① 전기료를 내야 하는 윤희네 어머니
② 미국 여행을 가기 위해 환전을 하려는 민희네 가족
③ 개인 사업을 하려고 돈을 빌리려는 서윤이네 아버지
④ 자신이 쓰던 장난감 자동차를 중고로 내다팔려는 정현
⑤ 매주 받는 용돈 중 천원씩 따로 모아서 저금을 하려는 영민

7

왜 사람들은 돈을 직접 보관하지 않고 은행에 보관할까요?

사람들이 돈을 직접 보관하지 않고 은행에 맡기는 까닭은 은행에 돈을 보관하는

것이 훨씬 안전할 뿐만 아니라 [ ][ ] 까지 받을 수 있기 때문입니다.

[1단계]   아래의 낱말에 알맞은 뜻을 선으로 이어 보세요.

[1] 이익 •   • ㉠ 갖다 주어 이바지 함

[2] 제공 •   • ㉡ 물건을 사고 팔 때 물건 값으로 주고받는 종이나 쇠붙이로 만든 돈

[3] 화폐 •   • ㉢ 물질적으로나 정신적으로 보탬이 되는 것

[2단계]   아래 문장의 빈칸에 알맞은 낱말을 [보기]에서 찾아서 써넣으세요.

[보 기]   이익   제공   화폐

[1] 우리 가게는 이번 장사에서 많은 ☐☐ 을(를) 남겼습니다.

[2] 외국에 가서 다른 나라의 ☐☐ 을(를) 써보니 정말 신기했습니다.

[3] 이 학교에서는 학생들에게 다양한 학용품을 ☐☐ 하여 줍니다.

[3단계]   아래 '부치다'의 뜻을 참고하여 문장에 쓰인 뜻이 둘 중 어느 것인지 번호를 쓰세요.

[보 기]   **부치다**
        ① 프라이팬 따위에 기름을 바르고 빈대떡 따위의 음식을 익혀서 만들다.
        ② 편지나 물건 따위를 일정한 수단이나 방법을 써서 상대에게로 보내다.

[1] 우체국에 가서 소포를 **부쳤습니다.** ------------------------------ [   ]

[2] 명절에 가족들이 모여 전을 **부치고** 있습니다. ------------------- [   ]

시간   **끝난 시간** ☐ 시 ☐ 분   채점   **독해** 7문제 중 ☐ 개

1회분 푸는 데 걸린 시간 ☐ 분   **어법·어휘** 8문제 중 ☐ 개

← 스스로 붙임딱지
문제를 다 풀고
맨 뒷장에 있는
붙임딱지를
붙여보세요.

발레는 '춤을 추다'라는 의미의 이탈리아어 '발라레(ballare)'에서 유래한 말입니다. 원래 이탈리아의 **궁중** 무용이었는데 16세기 후반 프랑스에 도입된 후 궁중 **연희** 형식이 되었다가 독립적인 공연 예술로 발전하였습니다. 발레는 일반적으로 낭만 발레와 고전 발레, 모던 발레로 구분되는데, 줄거리, 형식, 남녀 무용수의 역할, 의상 등에서 차이가 있습니다.

낭만 발레는 19세기 초 프랑스에서 **기틀**이 잡혔는데, 농촌처럼 소박하고 평화로운 분위기의 무대를 배경으로 요정을 사랑한 인간, 시골 처녀의 비극적인 사랑 등의 낭만적인 줄거리가 눈앞에 펼쳐집니다. 낭만 발레는 어스름한 조명 아래 창백하고 가녀린 요정들이 공중을 떠다니듯이 춤추는 환상적이고 신비로운 장면으로 연출되어, 주인공인 여성 무용수를 돋보이게 하는 안무가 중요했습니다. 이 시기 발레의 주인공은 여성 무용수들이었고, 남성 무용수들은 대개 여성 무용수를 들어 올렸다 내리는 보조자에 불과했습니다. 요정들이 하늘을 둥둥 떠다니는 느낌을 연출하기 위해 발끝을 수직으로 세우고 춤을 추는 '포인트 동작'이 등장했고, 여성 무용수들은 '로맨틱 튀튀'라고 부르는 하늘하늘하고 여러 겹으로 된 발목까지 오는 긴 의상을 입어서 움직일 때마다 우아한 느낌을 주었습니다.

↑ 발레복이 발목까지 오는 로맨틱 튀튀

19세기 후반 유럽에서 낭만 발레의 인기가 시들해진 가운데 러시아에서 고전 발레가 [㉠]. 고전 발레는 전설이나 동화를 바탕으로 한 낭만적인 줄거리를 지니고 있다는 점에서는 낭만 발레와 비슷하지만, 화려하고 입체적인 무대 장치를 배경으로 한다는 점에서 차이가 있었습니다. 무용수의 화려한 **기교**를 다양하게 보여주기 위해 발레에 일정한 규칙과 절차가 생겨났고, 정확한 동작을 바탕으로 안무가 정해졌습니다. 고전 발레에서는 남성 무용수들도 다양한 기교를 보여주는 무대의 주인공이 될 수 있었고, 여성 무용수들은 화려한 발동작이나 **도약**, 회전 등이 잘 보이도록 다리를 드러내는 짧고 뻣뻣한 '클래식 튀튀'를 주로 입었습니다.

모던 발레는 20세기에 기존 발레에서 반복되었던 **정형**화된 형식을 벗어나기 위해 등장했습니다. 모던 발레는 특별한 줄거리 없이 특정 장면의 이미지나 주제를 무용수의 움직임 자체로 표현하는 것이 특징입니다. 정해진 줄거리가 없기 때문에 무용수의 성별에 따른 역할 구분이 줄어들고, 다양한 형태의 동작과 몸의 선 자체의 아름다움을 강조하다 보니 무

↑ 발레복이 짧은 클래식 튀튀

대 장치나 의상도 점차 간결해졌습니다.

　발레는 정해진 기본 동작을 바탕으로 구성되다 보니 언뜻 보면 비슷한 것처럼 보입니다. 하지만 좀 더 자세히 살펴보면 시대적 흐름에 따라 형식과 표현이 정형화되었다가 점차 자유로워지고 다양해지는 방향으로 변화해 왔음을 알 수 있습니다.

해설편 012쪽

1 중심생각

이 글을 쓴 주된 목적은 무엇인가요? ·· [　　　]

① 발레에 대해 설명하려고
② 발레의 가치를 일깨우려고
③ 튀튀의 상징적 의미를 알리려고
④ 발레에 대한 이해를 바로잡으려고
⑤ 발레 형식의 중요성을 강조하려고

2 세부내용

이 글의 사실과 일치하는 내용을 고르세요. ······································ [　　　]

① 발레는 원래 프랑스의 궁중 무용이었다.
② 고전 발레는 19세기 후반 프랑스에서 시작되었다.
③ 모던 발레는 전설이나 동화를 바탕으로 한 줄거리를 지니고 있다.
④ 모던 발레는 특별한 줄거리 없이 특정 주제를 무용수의 움직임 자체로 표현한다.
⑤ 발레는 기본 동작을 바탕으로 구성되기 때문에 시대가 변해도 형식은 변하지 않는다.

3 세부내용

여성 무용수들이 입는 하늘하늘하고 여러 겹으로 된 발목까지 오는 긴 의상의 이름은 무엇인가요?

···

4 구조알기

아래 표의 빈칸을 채워 이 글에서 설명하는 발레의 종류와 특징을 정리하세요.

종류	줄거리	안무	여성 무용수	남성 무용수	의상
낭만 발레	☐ 이야기	☐ 무용수를 돋보이게 하는 안무	주인공	여성 무용수 보조	로맨틱 튀튀
☐ 발레	전설, 동화	정확한 동작의 안무	주인공	주인공	☐
모던 발레	특별한 줄거리 없음	이미지나 ☐ 을(를) 표현하는 안무	☐ 에 따른 역할 구분이 줄어듦		간결한 의상

🧻 어려운 낱말 풀이

① **궁중** 대궐 안 宮집 궁 中가운데 중　② **연희** 말과 동작으로 여러 사람 앞에서 재주를 부림 演펼 연 戱희롱할 희
③ **기틀** 어떤 일의 가장 중요한 계기나 조건　④ **기교** 아주 교묘한 기술이나 솜씨 技재주 기 巧공교할 교
⑤ **도약** 몸을 위로 솟구치는 일 跳뛸 도 躍뛸 약　⑥ **정형** 일정한 형식이나 틀 定정할 정 型모형 형

5 세부 내용 서술형

'포인트 동작'이란 무엇인가요?

....

....

6 어휘 표현

이 글의 ㉠과 아래 글의 빈칸에 공통으로 들어갈 말로 알맞은 것은 무엇인가요? ···············[   ]

> 두 개 이상의 단어가 합쳐져 그 단어들의 의미만으로는 전체 의미를 알 수 없는 새로운 의미를 나타내는 말이 있습니다. 예를 들면 '바가지를 썼다'라는 말은 '바가지'와 '쓰다'가 합쳐져 바가지를 쓰고 있는 모습을 나타낸 말이 아니라 '요금이나 물건 값을 실제 가격보다 비싸게 지불하여 억울한 손해를 보다'라는 새로운 뜻으로 쓰였습니다. '⬚' 역시 '어떤 일이 발전하거나 번영하다'라는 새로운 뜻으로 쓰였습니다.

① 문을 엽니다.　　　② 꽃을 피웁니다.　　　③ 무릎을 꿇습니다.
④ 발을 끊습니다.　　　⑤ 다리를 놓습니다.

7 추론

무용수들의 의상을 보고 나눈 대화입니다. <u>틀린</u> 말을 한 친구를 고르세요. ·······················[   ]

(가)

(나)

① 주현 : (가)의 의상을 입으면 움직일 때마다 우아한 느낌을 줄 수 있어.
② 형수 : (가)의 의상을 입은 무용수들은 특정 주제를 무용수의 움직임 자체로 표현하지.
③ 세나 : (가)의 의상은 치마가 여러 겹으로 되어 있고 발목까지 오는 걸로 봐서 '로맨틱 튀튀'야.
④ 민국 : (나)의 의상을 입으면 무용수들의 화려한 발동작을 잘 볼 수 있어.
⑤ 유선 : (나)의 의상은 치마가 짧고 뻣뻣한 느낌인 걸로 봐서 '클래식 튀튀'야.

[1단계] 아래의 낱말에 알맞은 뜻을 선으로 이어 보세요.

[1] 기틀 •
[2] 기교 •
[3] 도약 •

• ㉠ 어떤 일의 가장 중요한 계기나 조건
• ㉡ 몸을 위로 솟구치는 일
• ㉢ 아주 교묘한 기술이나 솜씨

[2단계] 아래 문장의 빈칸에 알맞은 낱말을 [보기]에서 찾아서 써넣으세요.

> [보 기]　　　　　기틀　　　　기교　　　　도약

[1] 무용수의 화려한 ☐☐ 을(를) 다양하게 보여주기 위해 발레에 일정한 규칙과 절차가 생겨났습니다.

[2] 낭만 발레는 19세기 초 프랑스에서 ☐☐ 이(가) 잡혔습니다.

[3] 여성 무용수들은 화려한 발동작이나 ☐☐ , 회전 등이 잘 보이도록 다리를 드러내는 짧고 뻣뻣한 '클래식 튀튀'를 주로 입었습니다.

[3단계] 낱말 풀이를 읽고, 괄호 안에 알맞은 낱말을 넣어 문장을 완성하세요.

> 악(樂-)　　악성 : 뛰어난 음악가
> '음악'의 뜻　　악상 : 작곡할 때에 머릿속에 떠오르는 생각

[1] 그는 되는대로 즉흥적 ☐☐ 으로 트럼펫을 연주하고 있는 것 같았다.

[2] ☐☐ 베토벤은 귀가 들리지 않았음에도 좋은 곡을 많이 만들었다.

시간　**끝난 시간** ☐시 ☐분　채점　**독해** 7문제 중 ☐개　　← 스스로 붙임딱지
1회분 푸는 데 걸린 시간 ☐분　　**어법·어휘** 8문제 중 ☐개　　문제를 다 풀고 맨 뒷장에 있는 붙임딱지를 붙여보세요.

화성에서 첫 비행에 성공한 '인제뉴어티'

(가) 〈뉴스 진행자〉

뿌리 뉴스에서 오늘의 소식을 전해 드리겠습니다.

2021년 4월 19일, 미국 항공우주국 NASA가 개발한 드론인 '인제뉴어티(Ingenuity)'가 화성 하늘을 비행하는 데 성공했습니다. 인제뉴어티는 **기발한** 재주'라는 뜻의 영어 단어로, 화성을 탐사하기 위해 만들어진 무인 드론의 이름입니다. 인간이 만든 **비행체**가 지구가 아닌 행성에서 비행한 것은 역사상 처음 있는 일입니다.

(나) 〈기자〉

인제뉴어티가 화성 **지표면** 위로 떠올랐습니다. 30초간 제자리에서 비행한 인제뉴어티는 다시 지표면에 착륙하기까지 총 39초를 비행했습니다.

화성에서 비행하는 것은 지금까지 불가능해 보이는 일이었습니다. 화성의 **대기 밀도**가 지구의 1%밖에 되지 않기 때문입니다. 비행체가 공중으로 떠오르기 위해서는 프로펠러를 돌려 공기로 땅을 밀어내는 힘인 **양력**이 필요합니다. 그런데 화성에서는 공기의 밀도가 낮아 날 수 있을 만큼 양력이 만들어지지 않습니다.

인제뉴어티의 무게는 1.8kg. 프로펠러의 회전 속도는 분당 2,400번으로, 보통 헬리콥터보다 약 8배 빠른 속도입니다. NASA는 화성의 낮은 대기 밀도에서도 공중에 뜰 수 있도록 인제뉴어티의 무게를 최대한 줄이고, 프로펠러를 빠른 속도로 회전시켜 양력을 만들어 냈습니다.

(다) 〈천문학 박사 인터뷰〉

"앞으로 인류가 화성을 탐사하고 우주로 진출하는 데 크나큰 **진전**이 될 것입니다."

(라) 〈기자〉

지금까지 외계 행성 탐사는 카메라를 장착한 무인 차량으로만 이루어졌습니다. 하지만 이번 인제뉴어티의 비행으로 인해 공중에서도 화성 탐사가 가능해지면서, 탐사 거리가 크게 늘어날 뿐만 아니라 지형의 **제약**을 받지 않는 자유로운 탐사가 이루어지게 될 것으로 보입니다.

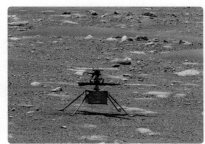

↑ 화성 탐사선이 촬영한 인제뉴어티의 모습
(출처: NASA)

1

중심
생각

이 글은 무엇에 관한 뉴스입니까?

....

5주
23
회

해설편 0 1 3 쪽

2

세부
내용

이 글의 내용으로 알맞지 <u>않은</u> 것을 고르세요. ────────────────── [   ]

① 인제뉴어티는 미국 NASA에서 개발하였다.

② 인제뉴어티는 화성에서 총 39초 동안 비행했다.

③ 화성은 지구보다 대기의 밀도가 높아서 비행체가 날기 어려웠다.

④ 인제뉴어티의 프로펠러 회전 속도는 보통 헬리콥터보다 약 8배 빠르다.

⑤ 인제뉴어티의 비행으로 인해 화성에서 자유로운 탐사가 이루어질 것으로 예상된다.

3

세부
내용

'인제뉴어티(Ingenuity)'는 무엇을 뜻하는 영어 단어인가요?

....

4

구조
알기

다음 내용이 들어갈 알맞은 문단을 고르세요. ──────────────────── [   ]

┌───┐
│ 보통 헬리콥터의 프로펠러는 분당 약 300회 정도 회전합니다.   │
└───┘

① (가)   ② (나)   ③ (다)   ④ (라)

어려운 낱말 풀이 ① **기발한** 생각이 재치가 있고 뛰어난 奇 기이할 기 拔 뺄 발- ② **비행체** 공중에서 날아다니는 물체 飛 날 비 行 다닐 행 體 몸 체 ③ **지표면** 땅의 겉면 地 땅 지 表 겉 표 面 낯 면 ④ **대기** 산소, 이산화탄소 등, 행성의 표면을 둘러싸고 있는 기체 大 큰 대 氣 기운 기 ⑤ **밀도** 일정한 공간 속에 사람이나 사물이 빽빽하게 들어찬 정도 密 빽빽할 밀 度 법도 도 ⑥ **양력** 액체나 기체 속에서 물체가 운동할 때, 직각으로 작용하는 힘 揚 오를 양 力 힘 력 ⑦ **진전** 어떤 일이 다음 단계로 나아가거나 발전하는 것 進 나아갈 진 展 펼 전 ⑧ **제약** 조건을 붙여서 자유롭게 생각하거나 움직이지 못하게 막는 것 制 절제할 제 約 맺을 약

5

어휘
표현

다음이 설명하는 낱말을 본문에서 찾아 쓰세요.

> 액체나 기체 속에서 물체가 운동할 때, 직각으로 작용하는 힘

....

6

내용
적용

서술형

NASA는 인제뉴어티가 화성의 낮은 대기 밀도에서도 공중에 뜰 수 있도록 하기 위해 어떻게 했나요?

....

....

....

7

추론

다음 중 이 글의 특징으로 알맞은 것을 고르세요. ----------------------------------- [   ]

① 사람들에게 새로운 정보를 알려 주었다.

② 글쓴이의 의견과 그에 따르는 근거가 포함되었다.

③ 인제뉴어티의 유래에 대한 이야기를 곁들여 설명했다.

④ 사전에서 인제뉴어티라는 단어를 찾았을 때 나오는 설명이다.

⑤ 사건이 일어난 과정을 시간의 흐름과 반대로 최근의 사건부터 설명했다.

[1단계] 아래의 낱말에 알맞은 뜻을 선으로 이어 보세요.

[1] 기발한 •   • ㉠ 어떤 일이 다음 단계로 나아가거나 발전하는 것

[2] 진전 •   • ㉡ 생각이 재치가 있고 뛰어난

[3] 제약 •   • ㉢ 조건을 붙여서 자유롭게 생각하거나 움직이지 못하게 막는 것

[2단계] 아래 문장의 빈칸에 알맞은 낱말을 [보기]에서 찾아서 써 넣으세요.

[보 기]	기발한	진전	제약

[1] 어젯밤부터 계속 숙제만 했는데 전혀 [   ] 이 없어.

[2] 영찬이는 [   ] 발명품을 만들어 발명대회에서 1등을 했다.

[3] SNS를 통해 공간의 [   ] 없이 다른 사람들과 이야기할 수 있다.

[3단계] 다음 설명하는 낱말을 본문에서 찾아 써 보세요.

[1] 땅의 겉면 : □□□

[2] 산소, 이산화탄소 등, 행성의 표면을 둘러싸고 있는 기체 : □□

[3] 일정한 공간 속에 사람이나 사물이 빽빽하게 들어찬 정도 : □□

시간 끝난 시간 [   ]시 [   ]분   채점 독해 7문제 중 [   ]개   ← 스스로 붙임딱지
1회분 푸는 데 걸린 시간 [   ]분   어법·어휘 9문제 중 [   ]개   문제를 다 풀고 맨 뒷장에 있는 붙임딱지를 붙여보세요.

5주 23회

해설편 013쪽

(가)

아리랑, 아리랑, 아라리요,

아리랑 고개로 넘어간다.

나를 버리고 가시는 ⓐ임은

㉠십 리도 못 가서 발병 난다.

－「경기 아리랑」

(나)

천만리 머나먼 곳에서 사랑하는 ⓑ임과 이별하고 돌아오는 길에

나의 마음을 위로할 곳이 없어 냇가에 앉아 있으니

흘러가는 저 ㉡냇물도 내 마음과 같아서 울면서 밤길을 흐르고 있구나

－ 왕방연, 「천만리 머나먼 길에」

1 (가)와 (나)의 공통된 상황은 무엇인가요? --- [   ]

중심
생각
① 만남   ② 이별   ③ 다툼   ④ 의심   ⑤ 협력

2
요소

(나)에서 말하는 이가 지금 위치하고 있는 곳은 어디인지, 본문에서 찾아 두 글자로 쓰세요.

....

3
작품
이해

(가)의 말하는 이의 마음으로 가장 알맞은 것을 고르세요. ------------------------------------ [   ]

① 발병이 나서 매우 안타깝다.

② 고개를 많이 넘어가서 힘들다.

③ 멀리 여행을 가게 되어 즐겁다.

④ 사랑하는 임을 떠나보내서 슬프다.

⑤ 사랑하는 사람을 만나게 되어서 무척 기쁘다.

4
어휘
표현

(가)에서 계속해서 반복되는 낱말을 찾아 쓰세요.

....

5
작품
이해

밑줄 친 ㉠의 뜻으로 알맞은 것을 고르세요. -------------------------------------- [   ]

① 십 리는 아주 멀어서 가기 힘들다.

② 멀리 가도 내가 금방 따라갈 것이다.

③ 얼마 가지 않아서 쉬고 싶어질 것이다.

④ 얼마 가지 못하고 발에 병이 나 버릴 것이다.

⑤ 힘들더라도 계속해서 멀리 갈 수 있을 것이다.

6 밑줄 친 ⓒ과 같은 역할을 하는 시어를 [보기]에서 찾아 고르세요. ---------------------- [   ]

> [보기]   방 안에 켜져 있는 촛불은 누구와 이별을 하였기에,
>
> 겉으로는 눈물을 흘리면서 속은 타고 있는 줄을 모르고 있는 걸까?
>
> 저 촛불도 나와 같아서 눈물만 흘릴 뿐 속이 타는 줄은 모르는구나.

① 방
② 촛불
③ 누구
④ 이별
⑤ 겉

7 (가)의 ⓐ와 (나)의 ⓑ가 대화를 나누었습니다. 시의 내용상으로 확인할 수 없는 것을 고르세요.

-- [   ]

① ⓐ : 저는 아리랑 고개를 넘어가고 있습니다.
② ⓑ : 저는 천만리 머나먼 곳에서 누군가와 헤어졌지요.
③ ⓐ : 저와 헤어진 사람은 제게 '버리고 가시는 임'이라고 말하더군요.
④ ⓑ : 그래도 저는 반드시 다시 돌아오겠다고 약속을 했답니다.
⑤ ⓐ : 정말 그 사람의 말처럼 십 리도 못 가서 발병이 날 것만 같습니다.

배경지식 더하기

다른 지역의 아리랑은 어떠한가요?

보통 '아리랑'하면 경기 아리랑이 가장 유명하다고 볼 수 있지만 우리나라에는 지역별로 여러 가지 버전의 아리랑이 있습니다. 조금씩 음이나 가사는 다르지만 '아리랑'이라는 표현이 공통적으로 들어가며 우리 고유의 정서인 '한'을 노래하고 있다는 점은 같습니다. 경기 아리랑 외에 다른 지역의 아리랑으로는 밀양 아리랑, 강원도 아리랑, 정선 아리랑, 진도 아리랑 등이 있습니다.

24회 어법·어휘편

본문에 나온 어휘들만 따로 모아 복습하는 순서입니다.

[**1**단계] 아래의 낱말과 관련 있는 것끼리 선으로 이어 보세요.

[1] 리 •   • ㉠ 무게

[2] 근 •   • ㉡ 거리

[3] 뼘 •   • ㉢ 길이

[**2**단계] 아래 [보기]를 참고하여 (1)과 (2)를 소리 나는 대로 써보세요.

> [보 기] 십 리 – [십 니](ㄹ이 ㄴ으로 변함) – [심 니](ㅂ이 ㅁ으로 변함)

[1] 합리적 –

[2] 법리적 –

[**3**단계] 아래 사이시옷 현상의 설명을 참고하여 문제를 풀어보세요.

> 냇가 = 내(작은 물줄기) + 가(장소) = 내 + ㅅ + 가 = 냇가
>
> 냇물 = 내(작은 물줄기) + 물 = 내 + ㅅ + 물 = 냇물

[1] 차 + 잔 = ☐ + ☐ + ☐ = ☐☐

[2] 수 + 염소 = ☐ + ☐ + ☐☐ = ☐☐☐

시간 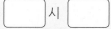 끝난 시간 ☐ 시 ☐ 분   1회분 푸는 데 걸린 시간 ☐ 분

채점 독해 7문제 중 ☐ 개   어법·어휘 7문제 중 ☐ 개

 ← 스스로 붙임딱지
문제를 다 풀고
맨 뒷장에 있는
붙임딱지를
붙여보세요.

5주 | 24회 113

원숭이는 자기를 부르는 소리에 잠이 깼다.

"㉠원숭이 나리, 단잠을 깨워서 죄송합니다."

오소리는 점잖게 머리를 숙이며 말하였다.

"㉡오, 난 또 누구시라고. 오소리 영감이 아니오?"

원숭이는 겉으로는 반겼으나 속으로는 오소리가 먹이를 빼앗으러 온 것 같아 의심이 되었다. 원숭이는 정신을 바짝 차렸다.

"원숭이 나리, 마음에 드실지 모르겠습니다만, 여기 작은 선물을 가져왔습니다."

오소리는 어리둥절해하는 원숭이에게 꽃신을 신겼다.

"야, 꽃신을 신으니까 정말 점잖고 훌륭해 보이십니다."

"고맙습니다. 무엇으로 이 은혜를 갚아야 할지 모르겠소."

오소리는 속에서 타오르는 기쁨의 불길을 억지로 가누며,

"원, 천만에요. 제가 바라는 것은 서로 사이좋게 지내는 것뿐입니다."

하고 **연신**^① 꼬리를 휘저으며 콧잔등 가득히 웃음을 피웠다. 원숭이는 새 꽃신을 신고 겨울을 지내니 차가운 눈 위를 걸어도 **동상**^②의 위험이 없어서 좋았다.

'㉢나를 도와주는 오소리의 은혜를 무엇으로 갚을까?'

봄이 돌아오자, 꽃신의 밑창이 다 떨어져 원숭이는 옛날처럼 맨발로 다녔다. 하루는 원숭이가 개울을 건너뛰다 발바닥이 하도 아파서 그 자리에 쓰러지고 말았다. 꽃신을 신고 다니는 사이에 발바닥의 굳은살이 다 없어졌기 때문이었다.

'이거 큰일 났구나, 이제 꽃신을 신지 않고서는 걸을 수가 없구나.'

원숭이는 오소리 영감을 찾아가서 꽃신을 부탁했다. 원숭이가 애타는 얼굴로 바라보자, 오소리는 예전과 다르게 거만한 태도로 대답하였다.

"도와 드릴 수 있지만, 언제까지나 공짜로 드릴 수는 없습니다."

"예, 알겠습니다. 저, 잣을 드리겠습니다. 얼마나 드릴까요?"

"아주 쌉니다. 다섯 송이만 주시오. 여기 꽃신을 가지고 왔습니다."

원숭이는 잣 다섯 송이를 주고 꽃신을 사 신었다. 봄이 가고 여름이 올 무렵, 원숭이는 꽃신이 다 닳자 오소리를 찾아갔다.

"원숭이 나리, 어떻게 오셨소?"

"꽃신이 다 낡아서 새 꽃신을 구하러 왔습니다."

"꽃신이요? 요새 ⓐ**물가**^③가 올랐습니다. 잣을 열 송이만 주시오."

ⓑ가을바람이 불기 시작할 무렵, 또 원숭이의 신이 낡아 버렸다.

"이제부터는 내가 신을 만들어 보자."

원숭이는 칡덩굴 껍질이며 마른 억새풀 따위로 신을 만들어 보려고 하였으나 뜻대로 되지 않았다.

"오소리 영감, 신을 한 켤레 주시오."

"잣 스무 송이를 내시오."

'할 수 없다. 이번만 사 신고 다음에는 내가 만들자.'

원숭이는 잣 스무 송이를 주고 신을 샀다. 그러나 겨울이 닥칠 무렵까지도 신을 만들지 못하여 원숭이는 또 신을 사야 하였다.

"ⓔ이것은 겨울철 신이니 더 비쌉니다. 잣 백 송이만 주시오."

원숭이는 꽃신값이 너무 비싸 말문이 막히고 분한 마음이 울컥 치밀어 올랐다.

"왜 말이 없소? 우리는 남이 싫어하는 짓은 안 하오. 싫거든 맨발로 다니시오."

원숭이는 아무 말도 못하고 잣 백 송이를 주고 신을 샀다. 원숭이는 겨울 동안 어떻게 하든지 제 손으로 꽃신을 만들어 보려고 연구를 하였다. 그러나 겨울이 다 가고 봄이 오도록 원숭이는 꽃신을 만들지 못하였다.

"무엇을 도와 드릴까요?"

오소리가 수염을 만지작거리며 말하였다.

"ⓜ신을 새로 사야 하는데 잣이 하나도 없습니다. 제발 도와주십시오."

"그러면 우리 집 청소를 하고, 내가 개울을 건널 때에는 업어 주셔야 합니다."

"내게 종이 되라는 것이군요."

원숭이는 할 수 없이 오소리의 말대로 해야 하였다. 오늘도 원숭이는 오소리의 집을 깨끗이 청소하여 주었다. 그러고는 오소리를 업고 개울을 건넜다. 원숭이의 온몸에서 땀이 솟고 숨이 찼다. 오소리는 하늘을 쳐다보며 소리 없이 웃었다.

원숭이가 개울물에 비친 제 꼴을 내려다보니 마음이 아팠다.

'내 손으로, 내 손으로……'

원숭이는 꽃신이 디디는 발짝마다 다짐을 하였다.

-정휘창, 「원숭이 꽃신」中

1
중심
생각
이 이야기의 중심이 되는 동물은 무엇인가요?

........................, ...

2
중심
생각
이 이야기의 주요 소재를 쓰세요.

....

3
세부
내용
꽃신을 위해 원숭이가 부담했던 잣의 개수의 변화를 쓰세요.

.... → .... → .... → ....

🧻 어려운 낱말 풀이 | ① **연신** 잇따라 자꾸 ② **동상** 심한 추위로 피부가 얼어서 상하는 일. 또는 그 상처 凍얼 동 傷상처 상 ③ **물가** 물건의 가격 物만물 물 價값 가

4

어휘
표현

밑줄 친 ⓐ와 같은 뜻을 가진 낱말을 지문에서 찾아 한 글자로 쓰세요.

....

5

추론
적용

밑줄 친 ㉠~㉤에 대한 설명으로 적절하지 <u>않은</u> 것을 고르세요. ----------------------------- [   ]

① ㉠ : 최대한 점잖게 말하는 오소리의 모습을 상상할 수 있다.

② ㉡ : 자신의 의심을 숨기며 말하는 원숭이의 모습을 상상할 수 있다.

③ ㉢ : 오소리에게 진심으로 고마워하는 원숭이의 모습을 상상할 수 있다.

④ ㉣ : 가격이 많이 비싸져서 머뭇거리는 오소리의 모습을 상상할 수 있다.

⑤ ㉤ : 절박한 심정으로 도움을 요청하고 있는 원숭이의 모습을 상상할 수 있다.

6

세부
내용

이야기를 통해 알 수 있는 내용을 고르세요. --- [   ]

① 오소리는 꽃신을 다른 곳에서 사 가지고 온다.

② 원숭이는 처음에는 발에 굳은살이 많이 있었다.

③ 원숭이는 원래 잣을 천 송이 이상 가지고 있었다.

④ 원숭이와 오소리는 오래전부터 가장 친한 친구였다.

⑤ 오소리는 원래부터 자신의 집을 청소해 줄 누군가를 찾고 있었다.

7

추론
적용

윗글의 밑줄 친 ⓑ를 아래 조건에 따라 알맞게 다시 쓴 것을 고르세요. ----------------------------- [   ]

> 1) 원숭이의 시점으로 다시 쓸 것
> 2) 원숭이의 심정이 잘 나타날 것

① 가을이 되자 원숭이의 꽃신은 또 낡아버렸다. 원숭이는 직접 신을 만들어 보려 시도했지만, 뜻대로 되지 않았다.

② 가을바람이 불기 시작할 무렵이었다. 원숭이의 꽃신이 낡아버렸다. 원숭이는 꽃신을 직접 만들어 보려고 했지만, 뜻대로 되지 않았다. 원숭이는 자신의 처지가 슬퍼졌다.

③ 가을바람이 불기 시작할 때였습니다. 제 꽃신은 또다시 낡아버렸지요. 저는 직접 꽃신을 만들어 보려고 했습니다. 그런데 잘 되지 않더군요.

④ 가을이 되었다. 이번 꽃신도 결국 낡아버렸다. 나는 직접 꽃신을 만들어보았다. 하지만 계속해서 실패했다. 앞으로의 일이 걱정되기 시작했다.

⑤ 가을바람이 불기 시작할 무렵, 그의 꽃신은 또다시 못 쓰게 되었다. 그는 계속해서 꽃신을 만들어 보려고 노력했지만, 뜻대로 되지 않았다.

25회 어법·어휘편

본문에 나온 어휘들만 따로 모아 복습하는 순서입니다.

[**1**단계] 아래의 낱말에 알맞은 뜻을 선으로 이어 보세요.

[1] 연신 •   • ㉠ 물건의 가격

[2] 동상 •   • ㉡ 심한 추위로 피부가 얼어서 상하는 일. 또는 그 상처

[3] 물가 •   • ㉢ 잇따라 자꾸

[**2**단계] 빈칸에 알맞은 낱말을 [보기]에서 골라 쓰세요.

[보 기]	연신	동상	물가

[1] 우리의 경제생활을 결정짓는 것 중 하나는 바로 ☐☐ 이다.

[2] 군인들은 ☐☐ 을(를) 예방하기 위해 양말을 여러 겹으로 신었다.

[3] 문제가 너무 어려웠는지 ☐☐ 고개를 갸웃거렸다.

[**3**단계] '꽃신'은 '꽃으로 만든 신'을 뜻하는 낱말입니다. 이와 같은 방법으로 이루어진 낱말을 고르세요. --- [   ]

① 까막눈   ② 솜사탕   ③ 무김치   ④ 꽃나무   ⑤ 꽃무늬

시간 **끝난 시간** ☐시 ☐분   채점 **독해** 7문제 중 ☐개

1회분 푸는 데 걸린 시간 ☐분   **어법·어휘** 7문제 중 ☐개

◀ 스스로 붙임딱지
문제를 다 풀고
맨 뒷장에 있는
붙임딱지를
붙여보세요.

간담이 서늘하다

어느 날씨 좋은 날, 한가로이 낮잠을 자던 선비가 목이 말라 깨었습니다. 그리고는 주위를 둘러보았지요. 자세히 보니 마침 멀지 않은 곳에 작은 샘이 있었습니다. 선비는 비몽사몽 일어나 샘으로 걸어갔습니다. 작은 샘에는 맑은 물이 가득했습니다. 선비는 만족스러워하며 두 손으로 샘물을 담아 입으로 가져가려 했지요.

그 때 새 한마리가 날아와 선비가 물을 마시려는 것을 방해했습니다. 새는 선비의 손을 쪼거나 날개로 치면서 물을 마시지 못하게 했습니다. 선비는 새가 물을 마시려 한다는 생각에 물마시기를 멈추고 기다려 주었습니다. 하지만 새는 물을 마시지 않았고 선비가 물을 마시려하면 다시 장난치듯 방해했습니다. 선비는 화가 나기 시작했고 새가 장난을 멈추지 않자 팔을 휘둘러 새를 내려쳤습니다. 팔에 맞은 새는 바닥에 쓰러졌지요.

새는 심하게 다쳐 날개를 축 늘어뜨리고는 쓰러져 있었습니다. 그런데 쓰러진 채로 계속 하늘을 올려다보며 소리 내기를 멈추지 않았습니다. 아픈 몸을 어떻게든 움직이려 하면서 말이지요.

선비는 순간 화를 참지 못하고 새를 때린 것이 미안해 쓰러진 새에게 다가갔습니다. 그러다 새의 행동을 보고는 무심코 새를 따라 고개를 들어 위를 올려다보았지요. 순간 선비는 화들짝 놀라고 말았습니다. 그곳에는 나뭇가지에 매달린 채 독을 흘리고 있는 독사가 있었거든요.

선비가 마시려던 샘물에는 독사의 입에서 흐른 독이 떨어져 있었던 것이었지요. 그 사실을 깨달은 선비는 순식간에 <u>간담이 서늘해졌습니다.</u>

"간담이 서늘하다."라는 말은 몹시 놀라서 섬뜩한 상태를 표현한 것이에요. '간담'은 우리 몸속 장기인 '간'과 '쓸개'를 말해요. 즉 '속마음'을 비유적으로 이르는 것으로 그만큼 깊이 놀랐음을 말하는 것이지요. 독이 든 샘물을 마셔서 목숨을 잃을 뻔했던 선비는 말 그대로 간담이 서늘했겠지요?

새가 날아와 자신을 방해하지 않았다면 독이 섞인 샘물을 마셨을 테니까요. 선비는 다친 새에게 고마워하며 새를 품에 안고 서둘러 그곳을 빠져나왔답니다.

> **'간담'과 관련된 또 다른 관용 표현** 간담을 털어놓다 속마음을 숨김없이 전부 말하다. | 간담을 비추다 속마음을 알아채다.

6주차

회차	영역	학습내용	학습계획일	맞은 문제수
26회	사회 기타	**자원의 희소성** 경제학의 중요한 개념인 자원의 희소성을 설명하는 글입니다. 글에서 설명하는 개념을 독해한 후 그 내용을 실제 사례에 응용해 보는 연습을 하는 회차입니다.	☐ 월 ☐ 일	독해 7문제 중 ☐ 개 어법·어휘 7문제 중 ☐ 개
27회	독서 기타	**기행 대화문** 여행을 다녀온 후 서로 대화하는 형식의 대화문입니다. 친구의 여행 내용을 숙지하며 독해하는 회차입니다.	☐ 월 ☐ 일	독해 7문제 중 ☐ 개 어법·어휘 8문제 중 ☐ 개
28회	독서 과학	**온도에 따른 기체의 용해도 비교** 온도에 따라 기체가 용해되는 정도가 어떻게 다른지 설명하는 글입니다. 관계에 주목하며 독해하는 회차입니다.	☐ 월 ☐ 일	독해 7문제 중 ☐ 개 어법·어휘 10문제 중 ☐ 개
29회	문학 일기	**난중일기** 이 회차에서는 난중일기의 내용 중 이순신 장군의 인간적인 면이 잘 드러나는 내용을 중심으로 수록했습니다. 일기의 내용을 잘 읽고, 내용에 잘 맞추어 독해 문제를 푸는 연습을 하는 회차입니다.	☐ 월 ☐ 일	독해 7문제 중 ☐ 개 어법·어휘 9문제 중 ☐ 개
30회	문학 소설	**사랑손님과 어머니** 말하는 이가 어린아이인 재미난 소설입니다. 말하는 이가 말해주는 내용에 주목하며 독해하는 회차입니다.	☐ 월 ☐ 일	독해 7문제 중 ☐ 개 어법·어휘 8문제 중 ☐ 개

　　자원의 희소성이란 사람들의 **욕구**①에 비해 자원이 부족한 것을 뜻합니다. ㉠경제학에서는 인간의 욕구가 무한하다고 말합니다. 하지만 자연 속에 존재하는 자원은 무한하지 않습니다. 인간의 욕구는 끝없으나 이를 충족시켜줄 자원은 한정되어 있기 때문에, 사람들은 희소한 자원 중 어떤 자원을 선택하고 어떤 자원을 포기할 것인지를 고민해야 합니다. 이처럼 자원을 효과적으로 선택하거나 적절하게 **분배**②하기 위해 고민하는 것을 경제문제라고 합니다. 자원의 희소성은 경제문제를 일으킵니다.

　　희소성의 정도는 사람들의 욕구에 따라 **상대적으로**③ 정해집니다. 희소한 것과 희귀한 것은 다릅니다. 희귀한 것은 사람들의 욕구와 상관없이 그 자원의 양이 매우 적은 것을 뜻합니다. 희귀한 자원이라 할지라도 그 자원을 원하는 사람이 없다면, 그 자원은 희소한 자원이 아닙니다. 예를 들어 몹시 더운 여름에는 공장에서 에어컨을 많이 생산합니다. 하지만 생산하는 양보다 더 많은 사람들이 에어컨을 원하기 때문에 에어컨은 여름에 희소성이 높습니다. 반면 추운 겨울에는 에어컨을 조금밖에 생산하지 않습니다. 하지만 에어컨을 원하는 사람들이 거의 없기 때문에 에어컨은 겨울에는 희소성이 낮습니다. 이처럼 인간의 욕구에 따라 자원의 양이 **풍족**④해도 희소성이 높을 수 있고, 자원의 양이 부족해도 희소성이 낮을 수 있습니다.

　　자원은 그것이 지닌 희소성에 따라 경제재와 자유재로 나뉩니다. 경제재는 사람들의 욕구에 비해 세상에 존재하는 양이 부족해 희소성이 있는 자원입니다. 대부분의 자원이 경제재에 속합니다. 다이아몬드는 대표적인 경제재입니다. 다이아몬드는 지구상에 존재하는 양도 적고, 광산에서 캐내기도 어렵습니다. 그런데 이것을 갖고 싶어 하는 사람들은 많습니다. 그래서 다이아몬드는 시장에서 비싼 값에 거래되는 경제재입니다. 한편 어떤 자원은 세상에 존재하는 양이 너무 많아서 누구나 사용할 수 있습니다. 이러한 자원을 자유재라고 합니다. 공기는 존재하는 양이 많기 때문에 마음대로 사용할 수 있습니다. 따라서 공기는 시장에서 거래되지 않는 자유재입니다.

　　하지만 시대와 환경의 변화로 인해 자유재가 경제재로 바뀌기도 합니다. 예전에는 우리나라에서 마실 물을 어디서나 쉽게 구할 수 있었습니다. 이때 물은 시장에서 거래되지 않는 자유재였습니다. 하지만 현재에는 환경오염으로 인해 맑은 물을 구하기 어려워졌습니다. 물의 희소성이 높아진 것입니다. 때문에 사람들은 편의점 등에서 생수를 구입해서 마십니다. 이제 물은 과거와 달리 시장에서 거래되는 경제재가 된 것입니다.

↑ 옛날에 맑은 물은 누구나 쓸 수 있는 자유재였습니다.

↑ 맑은 물을 구하기 어려운 지금은 생수를 사서 마십니다. 시장에서 거래되는 생수는 경제재입니다.

1

세부
내용

이 글의 내용으로 알맞지 **않은** 것은 무엇인가요? ··· [   ]

① 자원의 희소성은 경제문제를 일으킨다.

② 자유재는 시장에서 거래되지 않는 자원이다.

③ 자원의 양이 풍족하면 자원의 희소성이 낮다.

④ 시대와 환경에 따라 자원의 희소성이 달라지기도 한다.

⑤ 자원의 희소성은 인간의 욕구에 비해 자원이 부족할 때 발생한다.

2

세부
내용

이 글의 내용과 일치하도록 빈칸에 알맞은 낱말을 고르세요. ··································· [   ]

인간의 무한한 욕구에 비해 자원이 부족한 것을 자원의 [(가)] 이라고 합니다.

희소성의 정도를 결정하는 기준은 자원의 양이 아닌 인간의 [(나)] 입니다.

그리고 인간의 [(나)] 에 비해 양이 부족한 자원을 [(다)] 라고 부릅니다.

	(가)	(나)	(다)
①	무한성	욕구	경제재
②	희소성	양	자유재
③	무한성	선택	자유재
④	희소성	욕구	경제재
⑤	희귀성	양	경제재

3

어휘
표현

밑줄 친 ㉠과 관련된 속담으로 가장 적절한 것을 고르세요. ································· [   ]

① 우물에 가 숭늉 찾는다.

② 물에 빠지면 지푸라기라도 잡는다.

③ 바다는 메워도 사람 욕심은 못 메운다.

④ 콩 심은 데 콩 나고 팥 심은 데 팥 난다.

⑤ 열 길 물속은 알아도 한 길 사람 속은 모른다.

4

내용
적용

다음에서 설명하는 자원의 성격으로 알맞은 것에 ○표를 해 보세요.

[1] 보석상에서 비싼 값에 파는 다이아몬드 반지 ·· [자유재 / 경제재]

[2] 맑은 날이면 누구나 쬘 수 있는 햇볕 ·· [자유재 / 경제재]

[3] 깨끗한 곳에서 길어 올린 물을 병에 담아 판매하는 생수 ··· [자유재 / 경제재]

어려운 낱말 풀이   ① **욕구** 무슨 일을 하거나 무언가를 가지고 싶은 마음 欲바랄 욕 求구할 구   ② **분배** 나누어 각자의 몫을 줌 分나눌 분 配나눌 배   ③ **상대적으로** 때나 상황, 상대에 따라 달라지면서 相서로 상 對대할 대 的과녁 적 -   ④ **풍족** 부족함이 없고 넉넉함 豐풍성할 풍 足발 족

5

추론

어느 마을에서는 귤이 딸기보다 훨씬 많지만 귤의 가격이 딸기의 가격보다 비싸다고 합니다. 이 글의 내용으로 미루어 볼 때, 까닭을 올바르게 추측한 친구는 누구인가요? ----------------------------- [   ]

① 민정: 귤이 딸기보다 더 희귀하기 때문이야.

② 반석: 주변 마을에는 모두 귤이 더 비싸기 때문이야.

③ 신혜: 귤이 딸기보다 영양가가 더 풍부하기 때문이야.

④ 경진: 마을 사람들이 딸기보다 귤을 더 원하기 때문이야.

⑤ 우형: 사람들은 가격이 비쌀수록 더 맛있다고 생각하기 때문이야.

[6~7] [보기]를 읽고 다음 문제를 풀어 보세요.

> [보 기] 시대 상황이 변화해 자유재에서 경제재로 바뀌는 재화도 있습니다. 대표적인 사례가 모래입니다. 사람들은 모래라고 하면 쉽게 얻을 수 있는 것으로 생각했습니다. 하지만 최근 모래는 최첨단 정보기술(IT)의 주원료로 활용되고 있습니다. 하지만 현재 우리나라는 좋은 모래를 구하기 어려워 수입까지 하고 있습니다. 국내 바닷가의 모래는 이미 채취할 수 있는 양을 거의 다 채취했습니다. 또한 남아 있는 모래도 환경 오염에 대한 우려 때문에 채취하기 쉽지 않습니다.

6

내용
적용

다음 표는 [보기]의 내용을 정리한 것입니다. 빈칸에 들어갈 낱말을 본문에서 찾아 알맞게 채워 보세요.

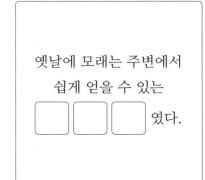 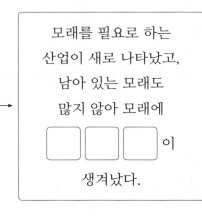 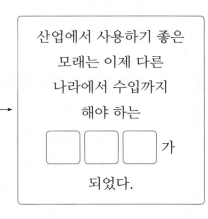

옛날에 모래는 주변에서 쉽게 얻을 수 있는 ☐☐☐였다. → 모래를 필요로 하는 산업이 새로 나타났고, 남아 있는 모래도 많지 않아 모래에 ☐☐☐이 생겨났다. → 산업에서 사용하기 좋은 모래는 이제 다른 나라에서 수입까지 해야 하는 ☐☐☐가 되었다.

7

내용
적용

어려운
문제
★

다음 그래프에서 모래라는 자원의 성격이 변화한 방향을 알맞게 나타낸 것을 골라 보세요.

----------------------------------- [   ]

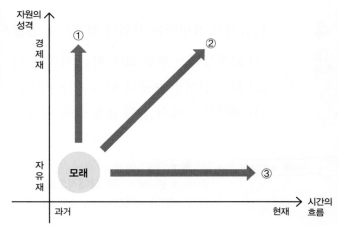

[1단계]　서로 비슷한 뜻을 가진 낱말끼리 선으로 이어 보세요.

[1] 욕구 •　　　　　　　　• ㉠ 배분: 각자의 몫을 나눔

[2] 분배 •　　　　　　　　• ㉡ 욕망: 무언가를 갖거나 무슨 일을 하고 싶은 마음

[3] 풍족 •　　　　　　　　• ㉢ 풍요: 넉넉하고 여유로움

[2단계]　아래 문장의 빈칸에 알맞은 낱말을 [보기]에서 찾아서 써넣으세요.

[보 기]	욕구	분배	풍족

[1] 굶주린 백성들이 식사에 대한 ☐☐을(를) 느끼는 건 당연한 일이다.

[2] 연이은 풍년으로 마을 사람들은 ☐☐한 생활을 누리고 있다.

[3] ☐☐의 과정이 정의롭지 못하면 사람들은 불공평함을 느낀다.

[3단계]　다음 낱말들은 서로 반대되는 뜻을 가지고 있습니다. 빈칸에 알맞은 낱말을 채워 보세요.

절대적		
어떠한 경우에도 달라지지 않는	↔	☐☐적 때나 상황, 상대에 따라 달라지는

 시간　끝난 시간 ☐시 ☐분
1회분 푸는 데 걸린 시간 ☐분

 채점　독해 7문제 중 ☐개
어법·어휘 7문제 중 ☐개

← 스스로 붙임딱지
문제를 다 풀고
맨 뒷장에 있는
붙임딱지를
붙여보세요.

예은 : 혜정아! 오랜만이다. 여름 방학 잘 보냈니?

혜정 : 응, 방학 동안 부모님과 싱가포르로 여행을 다녀왔는데 참 **인상**^① 깊었어.

예은 : 그래? 즐거웠겠다. 싱가포르는 안 가봤는데. 여행은 어땠어?

혜정 : 동남아시아에 있는 작은 도시국가라고 알고 있어서 관광할 데가 많지 않을 줄 알았어. 그런
데 생각했던 것보다 보고 즐길 곳이 많아서 아주 즐거운 여행이었어.

예은 : 그랬구나. 싱가포르에서 처음으로 가 본 곳이 어디야?

혜정 : 우선 첫 번째로 싱가포르의 3대 동물공원 중 하나인 주롱 새 공원에 갔어. 500종 이상의 새
들이 있는 공원이야. 새만 있는 공원 중에선 세계에서 가장 크다고 들었어. 공원은 앵무새,
펭귄, **열대**^② 지방의 새, **야행성**^③ 새 등 여러 개의 구역으로 나뉘어 있어. 그래서 관람객은 자
신의 취향에 맞는 구역을 골라서 구경할 수 있지. 구역에 따라 새들에게 직접 모이를 줄 수
있는 곳도 있어. 나도 모이를 줬어. 그리고 새들이 묘기를 부리는 여러 가지 쇼도 볼 수 있
었어. 새들이 사람들에게 익숙해서 그런지 쉽게 새들과 함께 사진을 찍을 수 있었어.

예은 : 우와, 정말 흥미로운 경험이었겠구나. 내가 강아지 알레르기가 심해서 요즘 안 그래도 앵무
새를 키우고 싶던 참이었거든. 그 다음은 어디로 갔니?

혜정 : 싱가포르 본섬에 있는 머라이언 공원으로 갔어. 그 공원에서 머
라이언 상을 봤지. 공원 한가운데 있더라고. 머라이언 상은 싱
가포르의 대표적인 상징물이야. 크기가 자그마치 8.6미터나
돼. 머라이언은 영어로 'Merlion'이야. 영어로 인어를 뜻하는
'Mermaid'(머메이드)와 사자를 뜻하는 'Lion'(라이언)이 합쳐져
서 만들어진 이름이라고 하더라. 그래서 생긴 모양도 이름처럼
사자 모양의 머리와 물고기 모양의 몸이 합쳐진 것처럼 생겼어.

⬆ 머라이언상

예은 : 머라이언 상은 나도 책에서 봤어. 싱가포르에서 가장 인기 있는 관광지라며?

혜정 : 응, 맞아. 관광객들이 정말 많더라. 많은 사람들이 입에서 물을 뿜어내는 머라이언 상을 배
경으로 기념 촬영을 하고 있었어. 물론 나도 오래 기다려서 부모님과 사진을 찍었지.

예은 : 즐거웠겠다. 나도 꼭 한 번 가 보고 싶어. 싱가포르에서 또 기억에 남는 곳은 어디야?

혜정 : 밤에는 '리버크루즈'라는 유람선을 탔어. 이 배는 싱가포르에 있는 여러 **명소**^④에서 탈 수 있

어. 우리 가족은 머라이언 공원에서 탔어. 그런데 서울의 한강에 있는 유람선에 비해선 아주 작아. 하지만 싱가포르의 멋진 야경을 한눈에 볼 수 있고, 더군다나 미처 가 보지 못한 다른 관광지도 지나가면서 다 볼 수 있어서 아주 좋았어. 그리고 마침 레이저 쇼를 하는 시간이었기 때문에 더욱 멋진 광경을 볼 수 있었지. 너도 싱가포르에 가면 꼭 '리버크루즈'를 타길 바라. 첫 해외여행이었는데 싱가포르는 내게 정말 잊지 못할 추억을 남겨줬어.

예은 : 정말 뜻깊은 여행이었겠구나. 나도 다음 방학에 꼭 싱가포르에 가 보고 싶어.

1
중심
생각

이 글에 나온 대화의 주제는 무엇인가요?

혜정이의 .... 여행

2
세부
내용

예은이에 대한 설명으로 맞지 <u>않는</u> 것을 고르세요. ─────── [   ]

① 혜정이와 친구사이이다.

② 강아지 알레르기가 있다.

③ 앵무새를 키우고 싶어 한다.

④ 머라이언 상에 대해 책에서 봤다.

⑤ 여름 방학에 '리버크루즈'라는 유람선을 탔다.

3
구조
알기

이 글의 중심 내용이 잘 드러나도록 빈칸에 알맞은 말을 채워 보세요.

> 혜정이는 여름 방학 때 [   ]의 주롱 새 공원에 갔다. 이곳에서 직접 새들에게 모이를 줬고, 새들이 묘기를 부리는 각종 [   ]도 봤다. 그리고 [   ]의 대표 상징물인 [   ]이(가) 있는 곳으로 갔다. 이곳은 관광객들에게 가장 인기 있는 코스 중 하나이다.
>
> 밤에는 [   ]라는 유람선을 탔다.

어려운 낱말 풀이 ① **인상** 어떤 대상에 대하여 새겨지는 느낌 印도장 인 象코끼리 상 ② **열대** 더운 지방 熱덥다 열 帶띠 대 ③ **야행성** 낮에는 쉬고 밤에 활동하는 동물의 습성 夜밤 야 行다닐 행 性성품 성 ④ **명소** 유명한 장소 名이름 명 所바 소

4 혜정이가 여행을 갔었던 싱가포르의 3대 동물공원 중 하나인 곳은 어디인가요?

세부
내용

....

5 다음이 뜻하는 낱말을 본문에서 찾아 쓰세요.

어휘
표현

┌───┐
│   │
│   낮에는 쉬고 밤에 활동하는 동물의 습성   │
│   │
└───┘

....

6 싱가포르의 대표 상징물인 머라이언 상의 이름의 유래를 써 보세요.

내용
적용

사자의 머리에 물고기의 몸체를 가지고 있는 머라이언은
....

서술형

....

이름입니다.
....

7 이 글과 같은 말하기의 특징으로 알맞은 것을 고르세요. ·· [   ]

추론

① 미리 준비해 온 대본을 읽듯이 이야기한다.

② 경험한 일을 바탕으로 기억할 만한 일을 중심으로 소개하듯 말한다.

③ 자신의 입장을 확실히 하기 위해 믿을 만한 근거를 바탕으로 말한다.

④ 어떠한 문제를 해결하기 위해 모두가 힘을 합쳐 논의하는 말하기이다.

⑤ 대화를 하다가 감정적으로 대립할 수 있으니 침착한 태도를 유지해야 한다.

[**1**단계] 아래의 낱말에 알맞은 뜻을 선으로 이어 보세요.

[1] 인상 •   • ㉠ 유명한 장소

[2] 열대 •   • ㉡ 어떤 대상에 대하여 새겨지는 느낌

[3] 명소 •   • ㉢ 더운 지방

[**2**단계] 아래 문장의 빈칸에 알맞은 낱말을 [보기]에서 찾아서 써넣으세요.

[보 기]	인상	열대	명소

[1] 이곳은 정말 유명한 대한민국의 ☐☐ 란다.

[2] 그 친구는 나에게 정말 좋은 ☐☐ (으)로 남아 있었지.

[3] 여기는 ☐☐ 지방이기 때문에 시원한 옷을 입어야 해.

[**3**단계] 다음 문장의 빈칸에 알맞은 낱말을 완성하세요.

[1] 싱가포르의 대표 ☐☐☐ 은(는) 머라이언상이다.
　　　　　→ 추상적인 개념을 구체적으로 나타낸 물체

[2] 이 호텔은 ☐☐ 이(가) 정말 멋지기로 유명하다.
　　→ 밤의 경치

시간　**끝난 시간** ☐시 ☐분　　채점　**독해** 7문제 중 ☐개

1회분 푸는 데 걸린 시간 ☐분　　**어법·어휘** 8문제 중 ☐개

↖ 스스로 붙임딱지
문제를 다 풀고
맨 뒷장에 있는
붙임딱지를
붙여보세요.

6
주
27
회

해설편
015쪽

온도에 따른 기체의 용해도 비교 ①

1. 탐구주제 온도에 따라 기체의 용해도는 어떻게 달라질까?

2. 탐구 동기 ②

학교에서 물에 대한 기체의 용해 실험을 하였다. 탄산음료 병뚜껑을 열고 탄산음료를 절반 정도 덜어냈다. 남은 탄산음료에 설탕을 넣은 후, 병 주둥이에 풍선을 씌웠다. 그러자 신기하게도 풍선이 부풀어 올랐다. 탄산음료에 녹아있던 이산화탄소가 설탕에 달라붙으면서 기체 방울이 발생한 것이다. 이를 통해 탄산음료에 기체가 녹아 있음을 알 수 있었다.

집에 돌아온 나는 냉장고에서 차가운 탄산음료를 꺼내 먹었다. 그런데 차가운 탄산음료 병을 보자, 온도에 따라 물에 녹는 기체의 양이 어떻게 달라지는지 궁금해졌다. 그래서 온도에 따른 기체의 용해도를 알아보는 실험을 하기로 하였다.

3. 용어 정리

가. 용해 : 두 물질이 골고루 섞이는 현상

나. 용질 : 녹는 물질

다. 용매 : 녹이는 물질

라. 용액 : 용질이 용매에 녹아 골고루 섞인 것

마. 기체의 용해도 : 기체가 용매에 녹는 정도

4. 탐구 과정

가. 가설 설정 ③ ④

먼저 기체의 용해도에 영향을 미치는 요인을 알아보았다. 온도나 압력에 따라 기체의 용해도가 달라진다고 하였다. 그렇다면 온도에 따라 기체의 용해도가 어떻게 달라질까? 고체의 경우, 온도가 높을수록 더 많은 양의 용질이 용해된다. 기체 역시 온도가 높을수록 더 많이 용해되지 않을까? 그래서 가설을 다음과 같이 설정하였다.

가설 : 온도가 높을수록 더 많은 기체가 용해될 것이다.

나. 실험 방법

비커 3개에 각각 얼음물(0℃), 실온의 물(20℃), 뜨거 ⑤
운 물(60℃)를 500ml씩 넣었다. 그리고 탄산음료를 시

험관 3개에 200ml씩 담는다. 그리고 시험관을 다른 온도의 비커 3개에 각각 담았다. 그리고 시험관에 담긴 탄산음료에서 이산화탄소 기체 방울이 올라오는 모습을 관찰했다.

다. 실험 결과

	얼음물(0℃)	실온의 물(20℃)	뜨거운 물(60℃)
기체 방울의 모습	기체 방울이 거의 올라오지 않는다.	기체 방울이 어느 정도 올라온다.	기체 방울이 활발하게 올라온다.

라. 결과 해석 : [㉠]

5. 결론

온도가 낮은 시험관에서는 탄산음료 안에 기체가 거의 그대로 녹아 있는 반면, 온도가 높은 시험관에서는 탄산음료 안의 기체가 공기 중으로 많이 날아갔다. 이로 보아 낮은 온도에서 기체가 더 많이 용해된다는 것을 알 수 있었다. 다음에는 압력에 따라 기체의 용해도가 어떻게 달라지는지 실험을 해보고 싶다.

해설편 015쪽

1
중심
생각

글쓴이가 탐구한 주제로 알맞은 것은 무엇일까요? .... [ ]

① 탄산음료를 만드는 법

② 기체가 물에 녹는 까닭

③ 압력에 따라 기체가 녹는 정도

④ 기체 방울을 많이 발생시키는 방법

⑤ 물의 온도에 따라 기체가 녹는 정도

2
세부
내용

위 실험에서 용질, 용매, 용액에 해당하는 것을 바르게 짝지은 것을 고르세요. .... [ ]

	용질	용매	용액
①	설탕	물	탄산음료
②	물	탄산음료	설탕
③	물	이산화탄소	탄산음료
④	이산화탄소	물	탄산음료
⑤	이산화탄소	탄산음료	물

 어려운 낱말 풀이 | ① **용해** 녹거나 녹이는 일 溶녹을 용 解풀 해 ② **동기** 어떤 일이나 행동을 일으키게 하는 원인이나 기회 動움직일 동 機틀 기 ③ **가설** 어떤 사실을 설명하기 위하여 임시로 세운 결론 假거짓 가 說말씀 설 ④ **설정** 새로 만들어 정해 둠 設베풀 설 定정할 정 ⑤ **실온** 방 안의 온도 室집 실 溫따뜻할 온

3

세부
내용

기체의 용해도에 영향을 미치는 요인을 써 보세요.

[1]
....

[2]
....

4

구조
알기

실험 과정을 순서대로 나열해보세요.

(가) 온도가 높을수록 더 많은 기체가 용해될 것이라는 가설을 설정한다.

(나) 세 개의 비커에 온도가 다른 물을 넣는다.

(다) 온도에 따른 기체의 용해도에 대한 탐구 주제를 설정한다.

(라) 각각의 비커에 탄산음료가 든 시험관을 넣는다.

(마) 실험 결과를 확인하고 결론을 내린다.

☐ → ☐ → ☐ → ☐ → ☐

5

어휘
표현

빈칸에 알맞은 단어를 찾아 써 보세요.

어떤 사실을 설명하기 위해 임시로 세운 결론을 .... 이라 한다.

6

내용
적용

설명을 참고하여 위 실험에서 조작 변인이 무엇인지 고르세요. ----------------------------- [   ]

조작 변인 : 가설을 검증하는 실험을 설계할 때 서로 다르게 해야 할 조건

① 물의 색깔   ② 비커의 크기

③ 탄산음료의 양   ④ 탄산음료가 담긴 비커 속 물의 양

⑤ 탄산음료가 담긴 비커 속 물의 온도

7

추론

㉠에 들어갈 말로 알맞은 것을 고르세요. --- [   ]

① 온도가 낮을수록 기체 방울이 많이 발생한다.

② 온도가 낮을수록 기체 방울이 적게 발생한다.

③ 온도가 높을수록 기체 방울이 적게 발생한다.

④ 압력이 낮을수록 기체 방울이 많이 발생한다.

⑤ 압력이 높을수록 기체 방울이 많이 발생한다.

[1단계] 아래의 낱말에 알맞은 뜻을 선으로 이어 보세요.

[1] 용해 •   • ㉠ 새로 만들어 정해 둠
[2] 동기 •   • ㉡ 녹거나 녹이는 일
[3] 설정 •   • ㉢ 어떤 일이나 행동을 일으키게 하는 원인이나 기회

[2단계] 아래 문장의 빈칸에 알맞은 낱말을 [보기]에서 찾아서 써넣으세요.

[보 기]	용해	동기	설정

[1] 온도가 높을수록 더 많은 기체가 용해될 것이라는 가설을 ☐☐ 했다.

[2] 기체의 용해도를 탐구하게 된 ☐☐ 은(는) 궁금증 때문이었다.

[3] 학교에서 물에 대한 기체의 ☐☐ 실험을 하였다.

[3단계] 주어진 뜻풀이를 읽고, 알맞은 낱말에 O표 하세요.

> **다르다** : 비교가 되는 두 대상이 서로 같지 아니하다.
> **틀리다** : 셈이나 사실 따위가 잘못되거나 어긋나다.

[1] 온도에 따라 기체의 용해도가 어떻게 (달라질까? / 틀려질까?)
[2] 실험 결과를 확인해보니 처음 세운 가설이 (달랐다. / 틀렸다.)
[3] 두 사람은 쌍둥이인데도 얼굴이 (틀리게 / 다르게) 생겼어.
[4] 친구와 내 생각이 서로 (틀려서 / 달라서) 많이 힘들었다.

시간 **끝난 시간** ☐시 ☐분   채점 **독해** 7문제 중 ☐개
1회분 푸는 데 걸린 시간 ☐분   **어법·어휘** 10문제 중 ☐개

← 스스로 붙임딱지
문제를 다 풀고
맨 뒷장에 있는
붙임딱지를
붙여보세요.

29회

1592년 2월 1일

　맑음. 새벽에 절을 올리는 예식을 했다. 가랑비가 잠깐 내리다가 늦게 갰다. **선창**①으로 나가 쓸 만한 널빤지를 골랐다. 그런데 때마침 앞바다에 물고기 떼가 밀려 들어왔다. 그물을 쳐서 이천 마리를 잡았다. 속이 뻥 뚫리듯이 기분이 좋았다. 그 길로 전투선 위에 앉아서 이몽구와 함께 봄 경치를 즐겼다.

1592년 2월 8일

　맑았으나 바람이 세게 불었다. **관청**②에 나가 업무를 보았다. 오늘 아침 거북선에 **돛**③으로 쓸 **베**④ 스물아홉 **필**⑤을 받았다. 정오에는 활을 쏘았다. 조이립과 변존서가 활쏘기로 승부를 겨뤘는데 조이립이 이기지 못했다. 부하 장수가 방답(지금의 전라남도 여수군)에서 돌아와서 말하길, 방답을 담당하고 있는 **무관**⑥이 방어 준비에 ㉠온 정성을 다하고 있다며 칭찬했다. 그날 저녁에는 관청 마당에 횃불을 밝힐 수 있는 돌기둥을 세웠다.

1592년 2월 22일

　아침에 업무를 본 뒤에 녹도(지금의 전라남도 녹동항 부근)에 가기로 했다. 황숙도도 같이 갔다. 먼저 흥양(지금의 전라남도 고흥군)에 있는 조선소에 들러 배와 기구들을 **몸소**⑦ 점검했다. 그런 다음 녹도로 가서 봉우리 위에 새로 쌓은 **문루**⑧로 올라갔다. 그곳에서 본 경치의 아름다움이 이 **근방**⑨에서 **으뜸**⑩이었다. 이곳을 담당하고 있는 무관이 애쓴 노력을 느낄 수 있었다. 그 지역 **현감**⑪들과 무관들과 함께 대포 쏘는 것도 보았다. 밤이 **이슥해져**⑫ 촛불을 밝힐 때가 되어서야 헤어졌다.

1594년 1월 25일

　흐리다가 저녁이 되어서야 갬. 송두남, 이상록 등이 새로 만든 배를 가지고 오려고 **사공**⑬들과 그 조수 백서른두 명을 데리고 갔다. 아침에 **우수사**⑭가 와서 함께 아침을 먹었다. 그리고 나서 저녁이 될 때까지 활을 쏘았다. 우수사와 여도(강원도 원산시에 있는 섬) 담당 무관이 활쏘기 시합을 했는데, 여도 담당 무관이 이겼다. 나는 활을 열 **순**⑮을 쏘았고, 다른 사람들은 모두 스무 순을 쏘았다. 저녁에 허산이란 자가 물건을 훔치다가 붙잡혀 왔기에 벌을 주었다.

– 이순신, 『난중일기』

어려운 낱말 풀이　① **선창** 물가에 다리처럼 만들어서 배가 닿을 수 있도록 한 곳 船 배 선 艙 부두 창 ② **관청** 나랏일을 하는 곳 官 벼슬 관 廳 관청 청 ③ **돛** 배의 가운데 달려 바람을 받아 배를 움직이게 만드는 넓은 천 ④ **베** 실로 짜는 천을 두루 이르는 말 ⑤ **필** 정해진 길이로 말아 놓은 천을 세는 말 疋 필 필 ⑥ **무관** 군사 일을 맡아보던 벼슬아치 武 무사 무 官 벼슬 관 ⑦ **몸소** 자기 몸으로 직접 ⑧ **문루** 문 위에 세운 높은 집. 사방이 뚫려 있어서 성 밖을 멀리

1

중심
생각

이 글은 어떤 내용의 글인가요? ┄┄┄┄┄┄┄┄┄┄┄┄┄┄┄┄┄┄┄┄┄ [   ]

① 정보를 전달하는 글   ② 어떤 사실을 설명하는 글

③ 글쓴이의 주장을 설득하는 글   ④ 글쓴이가 상상하여 꾸며 쓴 글

⑤ 글쓴이가 자신의 생각이나 겪은 일을 적은 글

2

작품
이해

이 글에 대한 설명으로 적절하지 <u>않은</u> 것을 고르세요. ┄┄┄┄┄┄┄┄┄┄┄┄ [   ]

① 글을 쓴 날짜를 기록했다.

② 매일 날씨를 기록했다.

③ 글쓴이의 생각이나 감정을 표현했다.

④ 그날 있었던 여러 가지 일들을 기록했다.

⑤ 글쓴이가 만났던 사람들의 이름을 그대로 기록했다.

3

세부
내용

[보기]의 사건들을 이 글의 흐름에 맞도록 기호를 써 보세요.

[보 기] ㉠ 그물을 사용하여 물고기 이천 마리를 잡음
         ㉡ 녹도에 있는 봉우리 위의 문루에서 경치를 구경함
         ㉢ 관청 마당에 횃불을 밝힐 수 있는 돌기둥을 세움
         ㉣ 물건을 훔치다가 붙잡혀 온 사람에게 벌을 줌
         ㉤ 거북선에 돛을 달기 위해 베를 받음
         ㉥ 조선소에 들러 배와 기구들을 직접 점검함

☐ → ☐ → ☐ → ☐ → ☐ → ☐

4

어휘
표현

밑줄 친 ㉠과 관련된 사자성어를 고르세요. ┄┄┄┄┄┄┄┄┄┄┄┄┄┄┄┄┄┄ [   ]

① 상부상조(相서로 상 扶도울 부 相서로 상 助도울 조): 서로서로 도움

② 일석이조(一한 일 石돌 석 二두 이 鳥새 조): 동시에 두 가지 이득을 봄

③ 백전백승(百백 백 戰싸울 전 百백 백 勝이길 승): 싸울 때마다 이김

④ 다다익선(多많을 다 多많을 다 益더할 익 善착할 선): 많으면 많을수록 더욱 좋다는 말

⑤ 전심전력(全온전 전 心마음 심 全온전 전 力힘 력): 온 마음과 온 힘을 다함

관찰할 수 있었음. 門 문 문 樓 다락 루 ⑨ **근방** 정해진 위치와 가까운 곳 近 가까울 근 方 모 방 ⑩ **으뜸** 여럿 가운데서 가장 뛰어나거나 첫째인 것 ⑪ **현감** 작은 현을 다스리던 벼슬 縣 고을 현 監 볼 감 ⑫ **이슥해져** 밤이 꽤 깊어져. ('이슥하다'의 활용) ⑬ **사공** 배를 운행하는 일을 직업으로 하는 사람 沙 모래 사 工 장인 공 ⑭ **우수사** 조선시대 우수영(수군의 오른쪽)의 으뜸 벼슬 右 오른쪽 우 水 물 수 使 부릴 사 ⑮ **순** 활을 쏠 때에 각 사람이 화살을 다섯 발까지 쏘는 한 바퀴. 즉, 열 순은 화살 50대. 巡 돌 순

[5~7] 다음은 이 글의 내용을 정리한 표입니다. 물음에 답하세요.

날짜	이순신 장군이 한 일
1592년 2월 1일	㉮
1592년 2월 8일	• 거북선 돛으로 쓸 베 29필을 받음 ────────── ⓐ • 조이립과 변존서의 활쏘기 승부에서 조이립이 이김 ────── ⓑ • 방답 담당 무관이 일을 잘하고 있다는 보고를 받음 • 관청 마당에 횃불을 밝힐 수 있는 돌기둥 세움
1592년 2월 22일	• 흥양 조선소에 들러 배와 기구를 직접 점검함 ──────── ⓒ • 녹도 봉우리에 새로 만든 문루에 올라가 봄 • 지역 관리들과 대포 쏘는 것을 봄
1594년 1월 25일	• 우수사와 여도 담당 무관이 새 배를 가지러 감 ──────── ⓓ • 우수사와 아침을 먹고 저녁까지 활을 쏨 • 우수사와 여도 담당 무관의 활쏘기 시합에서 여도 담당 무관이 이김 • 나는 활을 [㉯] 발 쏘고, 다른 사람들은 [㉰] 발 쏨 • 물건을 훔치다 잡힌 허산에게 벌을 줌 ──────── ⓔ

5

세부
내용

표의 내용 중 잘못 정리된 것끼리 묶은 것을 골라 보세요. ───────────────── [　　　　]

① ⓐ,ⓑ　　　　② ⓑ,ⓒ　　　　③ ⓑ,ⓓ　　　　④ ⓒ,ⓔ　　　　⑤ ⓓ,ⓔ

6

추론
적용

서술형

표의 ㉮ 부분에 들어갈 1592년 2월 1일에 한 일을 정리하여 써 보세요.

•

•

•

•

7

추론
적용

빈칸 ㉯와 ㉰에 들어갈 알맞은 숫자를 써 보세요.

㉯

㉰

[1단계] 아래의 낱말에 알맞은 뜻을 선으로 이어 보세요.

[1] 몸소 •
[2] 으뜸 •
[3] 근방 •

• ㉠ 자기 몸으로 직접
• ㉡ 정해진 위치와 가까운 곳
• ㉢ 여럿 가운데서 가장 뛰어나거나 첫째인 것

[2단계] 아래 문장의 빈칸에 알맞은 낱말을 [보기]에서 찾아서 써 넣으세요.

[보 기]   몸소   으뜸   근방

[1] 이 식당은 이 ☐☐ 에서 가장 음식 맛이 좋다.

[2] 달리기 실력으로는 민지가 우리 반에서 ☐☐ 이다.

[3] 왕은 ☐☐ 농사를 지으며 백성들의 마음을 헤아렸다.

[3단계] [보기]는 수나 분량 등의 단위를 나타내는 낱말들입니다. 아래 문장의 빈칸에 들어갈 알맞은 단위를 [보기]에서 찾아서 써 보세요.

[보 기]   순   필   마리

[1] 내 친구는 강아지 두 ☐ 을(를) 키운다.

[2] 이순신 장군은 화살 열 ☐ 을(를) 쏘았다.

[3] 내 옷을 만들기 위해서 비단 세 ☐ 이(가) 필요하다.

시간 끝난 시간 ☐시 ☐분
1회분 푸는 데 걸린 시간 ☐분

채점 독해 7문제 중 ☐개
어법·어휘 9문제 중 ☐개

← 스스로 붙임딱지
문제를 다 풀고
맨 뒷장에 있는
붙임딱지를
붙여보세요.

6주 29회
해설편 016쪽

앞부분의 줄거리 : 아버지가 돌아가시고 엄마, 외삼촌과 함께 사는 '나'(옥희)는 어느 날 외삼촌이 데려오신 손님이 집에서 함께 살게 될 것임을 알게 된다.

　나는 이 ⓐ낯선 손님이 **사랑방**에 계시게 된다는 말을 듣고 갑자기 즐거워졌습니다. 그래서 그 아저씨 앞에 가서 **사붓이** 절을 하고는 그만 안마당으로 뛰어 들어왔지요. 그 ⓑ낯선 아저씨와 큰외삼촌은 소리 내서 크게 웃더군요.
　나는 안방으로 들어오는 나름으로 어머니를 붙들고,
　"엄마, 사랑에 ⓒ큰외삼촌이 ⓓ아저씨를 하나 데리고 왔는데에, ⓔ그 아저씨가아 이제 사랑에 있는대."
　하고 **법석**을 하니까,
　"㉠응, 그래."
　하고, 어머니는 벌써 안다는 듯이 **대수롭지** 않게 대답을 하더군요. 그래서 나는,
　"언제부터 와 있나?"
　하고 물으니까,
　"오늘 부터."
　"㉡애구 좋아."
　하고 내가 손뼉을 치니까, 어머니는 내 손을 꼭 붙잡으면서,
　"왜 이리 야단이야."
　"그럼 작은외삼촌은 어디루 가나?"
　"외삼촌도 사랑에 계시지."
　"그럼 둘이 있나?"
　"응."
　"한 방에 둘이 있어?"
　"왜 **장지문** 닫구 외삼촌은 아랫방에 계시구, 그 아저씨는 윗방에 계시구, 그러지."
　나는 그 아저씨가 어떠한 사람인지는 몰랐으나, 첫날부터 내게는 퍽 고맙게 굴고, 나도 그 아저씨가 꼭 마음에 들었어요. 어른들이 저희끼리 말하는 것을 들으니까, 그 아저씨는 돌아가신 우리 아버지와 어렸을 적 친구라고요. 어디 먼 데 가서 공부를 하다가 요새 돌아왔는데, 우리 동네 학교 교사로 오게 되었대요. 또, 우리 큰외삼촌과도 친구인데, 이 동네에는 머물 수 있는 집도 별로 깨끗한 곳이 없고 해서 윗사랑으로 와 계시게 되었다고요. 또 우리도 그 아저씨한테 밥값을 받으면 **살림**에 **보탬**도 좀 되고 한다고요.
　그 아저씨는 그림책들을 얼마든지 가지고 있어요. 내가 사랑방으로 나가면 그 아저씨는 나를 무릎에 앉히고 그림책을 보여 줍니다. 또, 가끔 과자도 주고요.
　어느 날은 점심을 먹고 이내 살그머니 사랑에 나가 보니까, 아저씨는 그때야 점심을 잡수셔요. 그래 가만히 앉아서 점심 잡숫는 걸 구경하고 있노라니까 아저씨가,
　"㉢옥희는 어떤 반찬을 제일 좋아하누?"

하고 묻겠지요. 그래 삶은 달걀을 좋아한다고 했더니, 마침, 상에 놓인 삶은 달걀을 한 알 집어 주면서 나더러 먹으라고 합니다. 나는 그 달걀을 벗겨 먹으면서,

"아저씨는 무슨 반찬이 제일 맛나우?"

하고 물으니까, 그는 한참이나 빙그레 웃고 있더니,

"나두 삶은 달걀."

하겠지요. 나는 좋아서 손뼉을 짤깍짤깍 치고,

"ⓔ아, 나와 같네. 그럼, 가서 어머니한테 알려야지."

하면서 일어서니까, 아저씨가 꼭 붙들면서,

"그러지 말어."

그러시겠지요. 그래도, 나는 한번 맘을 먹은 다음엔 꼭 그대로 하고야 마는 **성미**⁸지요. 그래서 안마당으로 뛰어 들어가면서,

"ⓜ엄마, 엄마, 사랑 아저씨두 나처럼 삶은 달걀을 제일 좋아한대."

하고, 소리를 질렀지요.

"떠들지 말어."

하고, 어머니는 눈을 흘기십니다.

그러나 사랑 아저씨가 달걀을 좋아하는 것이 ⓑ내게는 썩 좋게 되었어요. 그것은 그 다음부터는 어머니가 달걀을 많이씩 사게 되었으니까요. 달걀 장수 **노파**⁹가 오면, 한꺼번에 열 알도 사고 스무 알도 사고, 그래선 두고두고 삶아서 아저씨 상에도 놓고, 또 으레 나도 한 알씩 주고 그래요. 그뿐만 아니라 아저씨한테 놀러 나가면, 가끔 아저씨가 책상 서랍 속에서 달걀을 한두 알 꺼내서 먹으라고 주지요. 그래, 그 담부터는 나는 아주 실컷 달걀을 많이 먹었어요.

-주요섭, 「사랑손님과 어머니」

1

중심
생각

이 이야기에서 '나'의 이름은 무엇인가요?

....

2

어휘
표현

밑줄 친 ⓐ~ⓔ 중 가리키는 대상이 <u>다른</u> 하나의 기호를 쓰세요.

....

3

세부
내용

'나'와 사랑방 손님이 함께 좋아하는 반찬은 무엇인가요?

....

 **어려운 낱말 풀이**ㅣ ① **사랑방** 옛날 집에서 손님 등이 머물던 방 - 房방 방 ② **사붓이** 소리가 거의 나지 않을 정도로 발을 가볍게 ③ **법석** 소란스럽게 떠드는 모양 ④ **대수롭지** 중요하게 여기지 ⑤ **장지문** 옛날 집에서 쓰이던 방문 중 하나 障막다 장 - 門문 문 ⑥ **살림** 살아가는 형편이나 정도 ⑦ **보탬** 보태고 더하는 일 ⑧ **성미** 성질, 마음씨, 비위, 버릇 따위를 통틀어 이르는 말 性성품 성 味맛 미 ⑨ **노파** 할머니 老늙은이 노 婆할머니 파

4 이야기의 마지막 부분에서 '나'의 마음은 어떠했을까요? ─────────────── [   ]

작품
이해

① 기쁨   ② 무서움   ③ 억울함
④ 지루함   ⑤ 부끄러움

5 밑줄 친 ㉠~㉤에 대한 설명으로 적절한 것을 고르세요. ─────────────── [   ]

추론
적용

① ㉠ '나'처럼 야단법석을 떨며 말하는 엄마의 모습을 상상할 수 있다.
② ㉡ 부끄러워서 고개를 숙이는 '나'의 모습을 상상할 수 있다.
③ ㉢ '나'에게 친절하게 물어보는 아저씨의 모습을 상상할 수 있다.
④ ㉣ 아저씨의 대답을 듣고 실망하는 '나'의 모습을 상상할 수 있다.
⑤ ㉤ 엄마에게 귓속말로 소곤소곤 얘기하는 '나'의 모습을 상상할 수 있다.

6 수업 시간에 이 소설을 연극으로 꾸미려고 합니다. [보기]는 이 소설의 등장인물 중 한 명을 연기하
는 학생에게 선생님께서 도움을 준 말입니다. 어떤 인물에 대한 도움말인지 고르세요.

작품
이해

─── [   ]

> [보 기]   밝고 활기찬 어조로 이야기를 하는 여섯 살 어린아이의 천진난만함을 살려 줘야 해. 그
> 리고 낯선 사람을 보고 신기해하면서도 부끄러워하지 않는 성격이 잘 드러나도록 연기
> 하면 좋을 것 같아.

① 옥희   ② 옥희의 어머니   ③ 큰외삼촌   ④ 작은 외삼촌   ⑤ 아저씨

7 밑줄 친 ㉥의 까닭을 간단히 써 보세요.

작품
이해

서술형

....

....

[1단계] 아래의 낱말에 알맞은 뜻을 선으로 이어 보세요.

[1] 법석 •　　　　　　　• ㉠ 보태고 더하는 일

[2] 대수 •　　　　　　　• ㉡ 소란스럽게 떠드는 모양

[3] 보탬 •　　　　　　　• ㉢ 중요한 일

[2단계] 빈칸에 알맞은 낱말을 [보기]에서 골라 쓰세요.

> [보 기]　　　　법석　　　대수　　　보탬

[1] 너의 말이 나에게 큰 [　　　　　　　] 이(가) 되었어.

[2] 내가 나타나니까 아이들이 좋아서 야단 [　　　　　　　] 이더라고.

[3] 괜찮아. 이게 무슨 [　　　　　　　] 겠니? 별 거 아니야.

[3단계] 위 이야기의 웃음을 나타내는 낱말 '빙그레'에 대한 설명으로 알맞은 것을 골라 ○표 하세요.

[1] 웃으면서 소리가 (난다/나지 않는다).

[2] 입모양이 (변하는 웃음이다/변하지 않는 웃음이다).

시간　**끝난 시간** [　] 시 [　] 분　 **채점** 독해 7문제 중 [　] 개

1회분 푸는 데 걸린 시간 [　] 분　 어법·어휘 8문제 중 [　] 개

← 스스로 붙임딱지
문제를 다 풀고
맨 뒷장에 있는
붙임딱지를
붙여보세요.

만듬(×) / 만듦(○)

> 서영이는 오늘 일기를 쓰려고 오늘 있었던 일들을 공책에 정리하고 있습니다.
>
> • 오늘 있었던 일
>
>   – 아침에 학교에 감.
>
>   – 체육 시간에 축구를 함.
>
>   – 실과 시간에 샌드위치를 **만듬**.
>
>   – 집으로 돌아와서 숙제를 함.
>
>   – 어머니가 해주신 맛있는 저녁을 먹음.

서영이가 공책에 쓴 글 중에서 무엇이 잘못되었을까요? '샌드위치를 만듬'은 '만듬'이 아니라 '만듦'으로 써야 맞습니다. '하다'가 '함'으로 쓰일 때는 '하다'의 '하-'에 '-ㅁ'이 붙어서 '함'이라고 씁니다. 이와 같이 '만들다'의 '만들-'에 '-ㅁ'이 붙으면 '만듦'이라고 써야 합니다. '살다', '알다', '갈다', '얼다'도 '만들다'처럼 '-ㅁ'이 붙을 때는 '삶', '앎', '갋', '얾'으로 쓰는 것이 바른 표현입니다.

바르게 고쳐 보세요.

1. 올 겨울 첫 번째 얼음이 ☐ . (얼다)

2. 영미의 생일 선물을 ☐ . (사다)

3. 두부를 만들기 위해 맷돌로 콩을 곱게 ☐ . (갈다)

7주차

주간학습계획표

한 주 간의 계획을 먼저 세워보세요. 매일 학습을 마친 후 맞힌 문제의 개수를 쓰세요!

회차	영역	학습내용	학습계획일	맞은 문제수
31회	독서 과학	갯벌 갯벌에 대한 글입니다. 갯벌의 종류와 기능에 대해 파악하며 독해하는 회차입니다.	월 일	독해 7문제 중 □개 어법·어휘 8문제 중 □개
32회	독서 기타	신사임당의 그림 우리나라를 빛낸 위인인 신사임당의 그림 몇 가지를 소개하는 글입니다. 각 그림들의 특징과 신사임당의 예술관을 이해해보며 독해하는 회차입니다.	월 일	독해 7문제 중 □개 어법·어휘 9문제 중 □개
33회	독서 기타	음정의 두 가지 이름 음정에 관한 간단한 음악적 지식을 담은 글입니다. 음이름과 계이름의 관계를 파악하며 독해하는 회차입니다.	월 일	독해 7문제 중 □개 어법·어휘 8문제 중 □개
34회	문학 동시	조개껍데기 한국 대표 시인 윤동주의 작품입니다. 시에 쓰인 표현법과 주제를 파악해보며 독해하는 회차입니다.	월 일	독해 7문제 중 □개 어법·어휘 10문제 중 □개
35회	문학 편지	사랑하는 젊은이들에게 독립 운동가 안창호 선생님이 당시 젊은이들에게 남긴 편지글입니다. 안창호 선생님의 주장을 파악하며 독해하는 회차입니다.	월 일	독해 7문제 중 □개 어법·어휘 7문제 중 □개

 바닷가 갯벌에 나가 조개를 캤던 기억이 있나요? 바닷물로 가득 찼던 바닷가가 물이 빠지면서 갯벌로 변하는 모습은 정말 신기합니다. 갯벌은 어떻게 생기는 걸까요?

 갯벌이 생기는 원리를 알기 위해서는 우선 밀물과 썰물에 대해 알아야 합니다. **해수면**①이 높아져 바닷물이 육지 쪽으로 들어오는 것을 '㉠밀물', 반대로 해수면이 낮아져 바닷물이 바다 쪽으로 빠지는 것을 '㉡썰물'이라고 합니다. 밀물과 썰물은 하루에 두 번씩 생깁니다. 썰물 때는 바닷물이 바다 쪽으로 빠져 바닷가의 땅이 드러나게 됩니다. 이 땅이 바로 갯벌입니다.

 갯벌에는 여러 종류가 있습니다. 갯벌은 바닥에 쌓인 퇴적물의 **입자**② 크기에 따라 펄 갯벌과 모래 갯벌, 혼합 갯벌로 나눌 수 있습니다. 우선 펄 갯벌은 물살이 느린 바닷가나 강 아래의 구석진 곳에 발달합니다. 펄 갯벌의 흙은 찰흙처럼 매우 부드럽습니다. 그래서 펄 갯벌 위를 걷다 보면 발은 물론 허벅지까지 흙 속에 빠지게 됩니다. 모래 갯벌은 모래가 대부분인 갯벌입니다. 물살이 빨라서 굵은 모래도 실려 올 수 있는 바닷가에서 주로 나타납니다. 혼합 갯벌은 펄 갯벌과 모래 갯벌 사이에 나타나는 갯벌입니다. 따라서 펄 갯벌과 모래 갯벌의 특징을 모두 갖고 있습니다. 혼합 갯벌에서는 육지에 가까울수록 펄 갯벌, 멀수록 모래 갯벌이 나타납니다.

 그렇다면 우리나라에서 갯벌은 잘 생기는 편일까요? 우리나라의 서해와 남해는 갯벌이 만들어질 수 있는 **최적**③의 조건을 갖추고 있습니다. 평균 수심이 55m 정도로 얕고, 밀물과 썰물이 뚜렷하게 나타나며, 여러 강들이 모여 있기 때문에 강을 통해 계속해서 흙과 모래가 흘러들기 때문입니다. 또 서해와 남해는 해안선이 매우 구불구불하게 이어져 있습니다. 그래서 파도의 힘을 **분산**④시키기 때문에 모래와 흙 등이 넓게 쌓이게 되어 넓고 완만한 갯벌이 생길 수 있습니다.

 또한 갯벌은 많은 생물들이 살아갈 수 있도록 하는 데에 중요한 역할을 합니다. 갯벌은 식물 플랑크톤을 포함한 식물 200여종, 동물 700여종이 살아가는 곳입니다. 거기다가 전 세계적으로 멸종 위기에 처한 물새의 절반 정도가 갯벌에서 살아가고 있습니다. 갯벌에서는 이토록 다양한 생물들을 볼 수 있는 데다가 우리나라는 갯벌이 잘 나타나기 때문에 우리나라의 갯벌은 세계적으로도 유명하다고 합니다.

↑ 드넓게 펼쳐진 갯벌의 모습

1
중심
생각

이 글은 무엇에 대한 글인가요?

....

2
어휘
표현

㉠밑물, ㉡썰물처럼 낱말의 뜻이 서로 반대되는 관계가 <u>아닌</u> 것을 고르세요. ·············· [   ]

① 온수 – 냉수   ② 대량 – 소량   ③ 설탕 – 가루

④ 입금 – 출금   ⑤ 출발 – 도착

3
세부
내용

위 글의 내용과 <u>다른</u> 것을 고르세요. ··· [   ]

① 갯벌은 썰물 때에 드러난다.

② 우리나라 동해는 갯벌이 잘 나타난다.

③ 혼합 갯벌에는 펄 갯벌과 모래 갯벌이 나타난다.

④ 서해와 남해는 해안선이 매우 구불구불하게 이어져있다.

⑤ 갯벌은 다양한 종류의 생물들이 살고 있는 중요한 공간이다.

4
구조
알기

글의 중심 내용이 잘 나타나도록 빈칸에 알맞은 말을 본문에서 찾아 써 보세요.

> 갯벌이 생겨나는 까닭은 밀물과 [   ] 의 작용 때문이다. 갯벌은 [   ] 때
>
> 생겨난다. 갯벌은 크게 [   ] 갯벌과 [   ] 갯벌, 그리고 [   ]
>
> 갯벌로 나눌 수 있다. 우리나라의 [   ] 와(과) [   ] 은(는) 구불구불한
>
> 해안선이 이어져 있어서 갯벌이 잘 나타나는 바닷가이다. 한편 갯벌은 많은 생물들이 살아갈
>
> 수 있도록 하는 데에 중요한 역할을 하기도 한다.

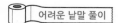 **어려운 낱말 풀이**   ① **해수면** 바닷물의 표면 海바다 해 水물 수 面면 면 ② **입자** 물질을 구성하는 미세한 크기의 물체 粒알 입 子아들 자
③ **최적** 가장 알맞음 最가장 최 適맞다 적 ④ **분산** 갈라져 흩어짐 分나누다 분 散흩어지다 산

5

위 글을 바탕으로 아래 글을 읽고 알맞은 대답을 한 친구에게 ○표를, 적절하지 않은 대답을 한 친구에게 ×표를 해 보세요.

> 갯벌은 우리에게 많은 이점을 줍니다. 갯벌은 땅에서 배출된 오염물질이 바다로 배출되는 것을 막아줍니다. 많은 오염물질이 갯벌을 통과하지 못하기 때문입니다. 게다가 갯벌의 다양한 생명체들이 오염물질을 분해합니다. 또한 갯벌에서는 머드(진흙) 축제가 열리기도 합니다. 머드 축제는 사람들이 몸에 진흙을 바르며 즐기는 축제입니다. 갯벌의 진흙은 피부에도 좋다고 합니다.
>
> 그런데 갯벌이 위험에 처했습니다. 땅을 넓히려는 간척 사업 때문입니다. 간척 사업은 갯벌에 바닷물이 들어오지 못하게 막은 다음 육지로 만드는 사업입니다. 간척 사업을 통해 우리나라 국토가 넓어질 수는 있습니다. 그러나 그만큼 갯벌이 줄어들기 때문에 너무 지나친 간척 사업에 대해선 생각해 보아야 합니다.

지우 : 갯벌이 있는 곳에서 머드 축제를 볼 수도 있겠군. ------------------------------ [   ]

태진 : 갯벌이 사라지면 바다 오염이 심해질 수도 있겠군. ---------------------------- [   ]

효민 : 간척 사업을 하게 되면 갯벌의 넓이가 넓어지겠군. --------------------------- [   ]

6

위 글을 읽고 알 수 있는 내용이 <u>아닌</u> 것을 고르세요. -------------------------- [   ]

① 서해와 남해 중 남해에 더 많은 갯벌이 나타난다.
② 갯벌이 만들어지기 위해서는 수심이 얕아야 한다.
③ 강은 바다로 퇴적물을 운반하는 역할을 할 것이다.
④ 펄 갯벌은 물살이 느린 바닷가에서 잘 나타날 것이다.
⑤ 갯벌이 오염되면 멸종되는 생물들이 생기게 될 것이다.

7

이 글에는 우리나라에서 갯벌이 잘 나타나게 되는 최적의 조건 세 가지가 쓰여 있습니다. 그 조건들을 쓰세요.

1)

2)

3)

[1단계] 아래의 낱말에 알맞은 뜻을 선으로 이어 보세요.

[1] 입자 •　　　　　　　　• ㉠ 가장 알맞음

[2] 최적 •　　　　　　　　• ㉡ 갈라져 흩어짐

[3] 분산 •　　　　　　　　• ㉢ 물질을 구성하는 미세한 크기의 물체

[2단계] 아래 문장의 빈칸에 알맞은 낱말을 [보기]에서 찾아서 써넣으세요.

> [보 기]　　　　　입자　　　　최적　　　　분산

[1] 이 식물을 심기 위한 ☐☐ 의 조건을 가진 흙을 찾아보자.

[2] 구불구불하게 이어진 해안선은 파도의 힘을 ☐☐ 시킨다.

[3] 이 모래는 정말 ☐☐ 이(가) 고운 편이다.

[3단계] 밑줄 친 부분을 바르게 읽은 것을 고르세요.

[1] 밀물과 썰물이 **뚜렷하게** 나타나며 --------------------------------- [　　　]
　　① [뚜려타게]　　　　② [뚜려차게]　　　　③ [뚜렫차게]

[2] 갯벌은 많은 식물들이 살아가는 데에 중요한 **역할을** 합니다. ------------------ [　　　]
　　① [역칼를]　　　　② [역하를]　　　　③ [여카를]

시간　끝난 시간 ☐시 ☐분　　채점　독해 7문제 중 ☐개
1회분 푸는 데 걸린 시간 ☐분　　　　어법·어휘 8문제 중 ☐개

← 스스로 붙임딱지
문제를 다 풀고
맨 뒷장에 있는
붙임딱지를
붙여보세요.

7주 31회

해설편 017쪽

↑ 신사임당의 〈수박과 들쥐〉
(국립중앙박물관 소장)

(가) 신사임당은 **조선 중기**①의 여류 예술가입니다. 그녀는 어렸을 때부터 ㉠여러 방면으로 재능이 많았다고 합니다. 그중 그림에 대한 재능이 가장 두드러졌지요. 여성이 그림을 그리기 힘들었던 시대였지만 신사임당은 그림을 열심히 그렸습니다.

(나) 당시에는 중국풍의 그림이 유행하였습니다. 대부분의 화가들은 **사신**②을 통해 들여온 중국의 그림을 그대로 베꼈습니다. 하지만 신사임당은 중국의 그림을 그대로 베끼는 것이 못마땅했습니다. 조선 사람은 조선의 그림을 그려야 한다고 생각했기 때문입니다. 다른 조선의 화가들이 중국 그림 속에 있는 중국의 쏘가리를 베낄 때, 신사임당은 우리나라에 사는 쏘가리를 직접 보고 그렸습니다.

(다) 신사임당은 꽃과 풀과 벌레를 소재로 하는 그림인 '초충도'를 많이 그렸습니다. 앞마당과 뒤뜰에 핀 꽃과 나비, 벌 같은 벌레들을 마치 살아 숨쉬는 것처럼 매우 사실적으로 표현했습니다. 신사임당의 그림 〈수박과 들쥐〉에서도 이러한 특징을 볼 수 있습니다. 다른 화가들은 조금 **볼품없게**③ 생긴 수박을 실제 수박보다 더 보기 좋게 그리곤 했습니다. 하지만 신사임당은 보이는 그대로 그렸습니다. 볼품없는 수박의 색깔을 그대로 관찰하여 윗부분은 짙게, 아랫부분은 옅게 채색하였습니다.

(라) 신사임당은 빨간 맨드라미도 그렸습니다. 맨드라미는 꽃의 모양이 벼슬한 사람이 쓰는 모자와 비슷하게 생겼습니다. 그래서 당시 조선 화가들은 관직을 얻어 성공하기를 바라는 마음으로 맨드라미를 그렸습니다. 하지만 그림 속 맨드라미는 빨갛지 않았습니다. 당시에는 먹의 **농담**④만을 사용한 수묵화를 좋은 그림이라 여겼기 때문입니다. 하지만 신사임당은 이런 맨드라미를 보이는 그대로 빨갛게 채색하여 그렸습니다. 이러한 특징은 〈맨드라미와 쇠똥구리〉라는 그림에 잘 나타나 있습니다.

↑ 신사임당의 〈맨드라미와 쇠똥구리〉
(국립중앙박물관 소장)

1 이 글은 누구에 관한 글인가요?

중심
생각

....

2 이 글에 나온 인물의 직업은 무엇인가요? ———————————————————— [   ]

세부
내용

① 사신   ② 선생님   ③ 예술가

④ 변호사   ⑤ 디자이너

3 이 글을 읽고 알 수 있는 것은 무엇인가요? ———————————————————— [   ]

세부
내용

① 신사임당은 벼슬길에 나아갔다.

② 신사임당의 부모님도 그림에 재능이 있었다.

③ 신사임당은 집안의 반대를 무릅쓰고 그림을 그렸다.

④ 신사임당은 중국의 작품을 따라 그리는 것을 무조건 반대했다.

⑤ 신사임당은 그림 속 대상을 보이는 대로 관찰하여 표현하기도 했다.

해설편
0
1
7
쪽

4 빈칸에 알맞은 낱말을 넣어 표를 완성하세요.

구조
알기

```
                        ┌─────────────────────┐
                        │    신사임당의 그림     │
                        └─────────────────────┘
```

┌──────────────────┬──────────────────┬──────────────────┐
│ - □□□ 의 그림 │ - 신사임당은 대상을 보이는 │ - 빨간색 □□□ │
│ 이 유행했지만 신사임당은 │ 그대로 □□□ │ □ 이(가) 등장하는 그림 │
│ 조선의 그림을 그려야 한다 │ (으)로 그림 │ 을 실제와 같이 빨갛게 채 │
│ 고 생각 │ │ 색하여 그림 │
├──────────────────┼──────────────────┼──────────────────┤
│ 신사임당은 조선의 │ 대표작품 │ 대표작품 │
│ □□□ 을(를) │ ──────────────── │ ──────────────── │
│ 직접 보고 그림 │ 〈 □□ 와(과) 들쥐〉 │ 〈 □□□□ │
│ │ │ 와(과) 쇠똥구리〉 │
└──────────────────┴──────────────────┴──────────────────┘

🧻 어려운 낱말 풀이   ① **조선 중기** 16세기에서 17세기 중반의 조선의 역사 시기 朝아침 조 鮮고울 선 中가운데 중 期기간 기 ② **사신** 임금
이나 국가의 명령을 받고 외국에 파견되는 신하 使하여금 사 臣신하 신 ③ **볼품없게** 겉으로 드러나 보이는 모습이
초라하게 ④ **농담** 색깔이나 명암 따위의 짙음과 옅음 濃짙을 농 淡맑을 담

5

어휘
표현

밑줄 친 ⊙과 같은 경우를 뜻하는 사자성어로 알맞은 것을 고르세요. ----------------------------------- [   ]

① 다재다능(多才多能)   ② 일석이조(一石二鳥)   ③ 대기만성(大器晚成)

④ 고진감래(苦盡甘來)   ⑤ 다다익선(多多益善)

6

내용
적용

다음은 신사임당의 이야기입니다. (가)~(라) 중 어느 문단과 관련이 있나요?

> 그 당시의 선비들은 먹만으로 간결하게 그리는 일을 좋게 생각하고, 색깔을 사용하여 화려하게 또 꼼꼼하게 그리는 일은 번잡한 일로 여겨 아주 싫어하였습니다. 그러나 신사임당은 검은색만으로 표현되는 수묵화 대신에 색을 칠하여 그렸습니다.

☐ 문단

7

추론

(국립중앙박물관 소장)

이 작품은 신사임당의 〈산차조기와 사마귀〉입니다. 작품을 보고 아래의 친구들이 이야기를 나눴습니다. 다음 중 신사임당의 그림을 올바르게 이해하지 <u>못한</u> 친구는 누구일까요?

--- [   ]

① 기원 : 대상을 세밀하게 관찰한 다음에 그렸을 거야.

② 희주 : 실제보다도 더 아름답게 그리려고 했을 거야.

③ 민하 : 조선 중기에는 이런 그림을 그린 여성 화가가 많지 않았을 거야.

④ 동규 : 중국의 그림을 베끼지 않고 우리나라에 있는 사마귀를 그렸을 거야.

⑤ 수지 : 사마귀가 마치 살아있는 것처럼 사실적이고 생동감 있게 그려졌어.

32회 어법·어휘편 본문에 나온 어휘들만 따로 모아 복습하는 순서입니다.

[**1단계**] 아래의 낱말에 알맞은 뜻을 선으로 이어 보세요.

[1] 중기 •　　　　　• ㉠ 임금이나 국가의 명령을 받고 외국에 파견되는 신하

[2] 사신 •　　　　　• ㉡ 색깔이나 명암 따위의 짙음과 옅음

[3] 농담 •　　　　　• ㉢ 가운데 시기

[**2단계**] 아래 문장의 빈칸에 알맞은 낱말을 [보기]에서 찾아서 써넣으세요.

[보 기]　　　　　중기　　　　　사신　　　　　농담

[1] 대부분의 화가들은 ☐☐ 을(를) 통해 들여온 중국의 그림을 그대로 베꼈습니다.

[2] 신사임당은 조선 ☐☐ 의 예술가입니다.

[3] 조선 시대에는 먹의 ☐☐ 만을 사용한 수묵화를 좋은 그림이라 여겼습니다.

[**3단계**] 빈칸에 알맞은 낱말을 이 글에서 찾아 넣어 문장을 완성해 보세요.

[1] 그는 이 ☐ㅂ ☐ㅁ 에서 최고의 전문가이다.

[2] 그녀의 목소리는 ☐ㅁ ☐ㅊ 천상에서 울리는 음악 소리 같다.

[3] 그 상황을 ☐ㅈ ☐ㅈ 본 것은 아니고 전해 들었다.

시간 **끝난 시간** ☐시 ☐분
 1회분 푸는 데 걸린 시간 ☐분

채점 **독해** 7문제 중 ☐개
 어법·어휘 9문제 중 ☐개

 ← 스스로 붙임딱지
문제를 다 풀고 맨 뒷장에 있는 붙임딱지를 붙여보세요.

7주 | 32회 149

　(가) 우리가 자주 듣는 음악은 여러 가지 높낮이의 음정으로 이루어져 있습니다. 음정은 어떠한 음정이든 두 개의 이름을 가지고 있는데, 하나는 음이름이고 하나는 계이름입니다. 음이름은 각 나라별 **고유**①의 이름으로 되어 있는데, 우리말로는 순서대로 '다라마바사가나다'로 사용하며 영어로는 'CDEFGABC'의 순서로 사용합니다. 계이름은 '도레미파솔라시도'라고 하는데, 모든 나라가 같은 계이름을 사용하지만 **조성**②에 따라 모든 음이름에 '도레미파솔라시도'를 순서대로 ㉠붙일 수 있기 때문에 음정의 높낮이가 그때그때 바뀔 수 있습니다.

　(나) 예를 들면 다장조의 '도' 자리는 계이름도 '도'이지만, 라장조의 '도'는 계이름 '레'가 '도'입니다. 그래서 라장조는 '레'부터 계이름을 '도레미파솔라시도'로 붙여주어야 합니다. 이러한 규칙대로 마장조의 '도'는 계이름 '미'가 '도'라고 생각하면 됩니다. 이러한 계이름은 어떠한 곡을 익힐 때 음의 높낮이를 정확히 기억해내고 부를 수 있게 도움을 줍니다.

이탈리아, 프랑스 :	Do(도)	Re(레)	Mi(미)	Fa(파)	Sol(솔)	La(라)	Si(시)	Do(도)
영국, 미국 :	C(씨)	D(디)	E(이)	F(에프)	G(지)	A(에이)	B(비)	C(씨)
한국 :	다	라	마	바	사	가	나	다

　(다) 한편 오늘날 우리가 악보를 보고 노래할 때 계이름 '도레미파솔라시도'를 사용하지 않고 음이름 '다라마바사가나다'로 노래하는 것은 어느 정도의 **숙달**③이 된 사람이 아니면 어렵습니다. 다시 말해서 음이름으로 노래를 부르는 것보다 계이름으로 노래를 부르는 것이 훨씬 쉽습니다. 이렇게 쉽게 악보를 보고 노래 부르기 위하여 만들어진 창법을 '도레미 창법'이라고 합니다.

　(라) 이 도레미 창법은 중세 시기인 11세기 무렵에 이탈리아 출신의 **수도**④승인 구이도 다레초가 소년 성가대원을 연습시킬 때 쉽게 악보를 보고 노래 부를 수 있도록 하기 위하여 생각해 낸 것이라고 합니다. 그는 소년들이 악보를 보고도 정확한 음의 높낮이를 가늠하지 못하는 어려움을 보고 당시에 누구나 알고 있던 곡의 **선율**⑤을 응용하였습니다.

📃 어려운 낱말 풀이 ┃ ① **고유** 본래부터 가지고 있는 특유한 것 固굳을 고 有있을 유 ② **조성** 음악의 장조와 단조 등 주된 음에 따라 결정되는 곡조의 성질 調고를 조 性성품 성 ③ **숙달** 익숙하게 통달함 熟익을 숙 達통달할 달 ④ **수도** 도를 닦음 修닦을 수 道길 도 ⑤ **선율** 가락 旋돌 선 律법률 율

1

중심
생각

빈칸을 채워 글의 제목을 지어보세요.

.................................의 .... 가지 ....

2

세부
내용

이 글의 내용과 <u>다른</u> 것은 무엇인가요? ────────────────────────────[   ]

① 어떠한 음정이든 두 개의 이름을 가지고 있다.

② '도레미'라고 하는 말을 보통 계이름이라고 한다.

③ 음이름은 각 나라별로 고유의 이름으로 되어 있다.

④ 우리나라에서 음이름은 순서대로 '가나다라마바사'이다.

⑤ 조성에 따라 모든 음이름에 '도레미파솔라시도'를 순서대로 붙일 수 있다.

3

추론

이 글에 따르면 바장조의 '도'의 계이름은 무엇인가요?

....

4

어휘
표현

다음 중 ㉠과 같은 뜻으로 쓰인 문장은 어떤 것인가요? ────────────────[   ]

① 괜히 싸움 붙이지 말거라.

② 소민이도 합격자 명단에 붙여줄까?

③ 봉투가 벌어지지 않게 풀을 붙이자!

④ 경완이는 창문에 얼굴을 가까이 붙였다.

⑤ 내가 용준이에게 멋진 별명을 붙여주었어.

5 내용
적용 다음 악보를 보고 우리나라 음이름에 맞게 써 보세요.

....

6 추론 다음 글을 읽고 빈칸에 들어갈 알맞은 표현을 고르세요. ························· [   ]

> 음이름 '다라마바사가나다'는 조성과 상관없이 항상 일정한 음을 가집니다. 계이름 '도레미파솔라시도'는 조성에 따라 해당하는 음이 변합니다. 예를 들어 라장조는 첫째 음 '도'가 계이름 '레'부터 시작하는 것입니다. 마장조는 첫째 음 '도'가 계이름 '미'로 시작하는 것입니다. 다시 말해 음이름은 조성에 따라 변하지 않는 절대적인 성격을 지닌 반면 계이름은 조성에 따라 변하는 [   ] 성격을 지닌다고 볼 수 있습니다.

① 독창적   ② 상대적   ③ 반대적   ④ 선천적   ⑤ 후천적

7 추론 아래 대화에서 **틀린** 부분을 고르세요. ······································ [   ]

> 성훈 : '다마사 다마사 가가가사 바바바마마마라라라라다'
>
> 현일 : 지금 뭐 하는 거야?
>
> 성훈 : ①응, 노래를 음이름으로 부르는 거야.
>
> 현일 : ②그냥 계이름으로 부르지, 전 세계 공통적인 이름이잖아.
>
> 성훈 : ③나는 숙달되어서 이 정도는 그렇게 어렵지는 않아.
>
> 현일 : ④나는 숙달되지 않아서 역시 도레미 창법이 더 익숙해.
>
> 성훈 : ⑤계이름의 음정의 높낮이는 고정적이라는 장점도 있어서 쉽긴 하지.

[1단계] 아래의 낱말에 알맞은 뜻을 선으로 이어 보세요.

[1] 고유 •   • ㉠ 도를 닦음

[2] 숙달 •   • ㉡ 본래부터 가지고 있는 특유의 것

[3] 수도 •   • ㉢ 익숙하게 통달함

[2단계] 아래 문장의 빈칸에 알맞은 낱말을 [보기]에서 찾아서 써넣으세요.

[보기]	고유	숙달	수도

[1] 이 내용이 잘 ☐☐ 되어서 그런지 어떤 문제든 쉽게 풀리네.

[2] 스승님께선 지금 수련을 하느라 ☐☐ 원에 가 계십니다.

[3] 한글은 우리나라 ☐☐ 의 문자입니다.

[3단계] 아래를 참고하여 각 낱말을 소리 나는 대로 써 보세요.

> '붙이다'를 발음하면 '부티다'가 아니라 '부치다'가 됩니다. 이는 'ㄷ' 받침이나 'ㅌ'받침 뒤에 '이'가 오게 되면 'ㄷ'은 'ㅈ'으로, 'ㅌ'은 'ㅊ'으로 바뀌어 발음되기 때문입니다.

[1] 굳이 : _____

[2] 쇠붙이 : _____

시간 ⏰ 끝난 시간 ☐시 ☐분 / 1회분 푸는 데 걸린 시간 ☐분   채점 ★ 독해 7문제 중 ☐개 / 어법·어휘 8문제 중 ☐개

← 스스로 붙임딱지
문제를 다 풀고
맨 뒷장에 있는
붙임딱지를
붙여보세요.

7주 | 33회 153

7주 33회

해설편 018쪽

조개껍데기

윤동주

아롱아롱 조개껍데기
울 언니 바닷가에서
주워 온 조개껍데기

여긴 여긴 북쪽 나라요
조개는 귀여운 선물
장난감 조개껍데기

데굴데굴 굴리며 놀다
㉠짝 잃은 조개껍데기
한 짝을 그리워하네

아롱아롱 조개껍데기
㉡나처럼 그리워하네
물소리 바닷물 소리

1 이 시의 글감은 무엇인가요?

중심
생각

....

2

어휘
표현

밑줄 친 ㉠은 사람이 아닌 조개껍데기를 감정이 있는 사람처럼 표현한 것입니다. 다음 중 ㉠과 같은 표현이 쓰인 것을 고르세요. ────────────────── [　　　　]

① 벚꽃은 봄에 내리는 분홍 눈

② 다람쥐처럼 귀여운 우리 아가야

③ 독수리보다 빨리, 사자보다 사납게

④ 내려갈 때 보았네, 올라갈 때 못 본 그 꽃

⑤ 바람이 속삭이자 들꽃이 부끄러워 얼굴 붉히고

3

추론
적용

서술형

밑줄 친 ㉡은 원래 '물소리 바닷물 소리를 나처럼 그리워하네.'라고 써야 어순에 맞게 쓴 것입니다. 위 시의 ㉡처럼 어순을 달리 했을 때 얻을 수 있는 효과가 무엇일지 써보세요.

....

....

4

작품
이해

다음은 시를 읽고 친구들끼리 나눈 대화입니다. 시의 내용과 거리가 <u>먼</u> 의견을 말하는 친구를 고르세요. ────────────────────────────────── [　　　　]

① 혜인 : 나는 이 시를 읽고 그리운 느낌이 들었어. 이 시를 낭송할 때는 이런 느낌을 잘 살려서 읽어야 해.

② 창국 : 이 시의 또 다른 제목은 '바닷물 소리 듣고 싶어'야. 말하는 이는 지금 바닷물 소리를 그리워하고 있는 건가?

③ 슬아 : 마지막 연을 보면 말하는 이는 자신과 '조개껍데기'가 비슷하다고 생각하고 있어. 말하는 이와 '조개껍데기' 모두 무엇인가를 그리워하기 때문이야.

④ 예림 : 시를 읽어보면 말하는 이는 바닷가에서 조개껍데기 한 짝을 잃어버렸나봐. 그래서 잃어버린 조개껍데기 한 짝을 그리워하고 있음을 알 수 있어.

⑤ 용준 : 시를 읽어 보니까 말하는 이는 지금 북쪽 나라에 있는 것 같아. 북쪽 나라에는 바닷가가 없거나, 바다에 가기 힘들어서 바닷가를 그리워하는 것이 아닐까?

아래 [보기]의 (가), (나)를 보고 물음에 답하시오.

[보 기]　(가) 〈조개껍데기〉는 윤동주 시인이 18살에 쓴 동시입니다. 윤동주 시인이 처음 쓴 동시로 알려져 있습니다. 시인은 〈조개껍데기〉라는 시에서 무언가를 그리워하는 마음을 그리고 있습니다. 시인은 중국의 북간도에서 태어나고 자랐습니다. 시인이 태어났던 1917년에는 많은 조선 사람들이 일제의 탄압을 피하거나 독립운동을 하기 위해 만주나 북간도로 이주해 살았습니다. 윤동주의 증조부도 같은 이유로 북간도에 이주해 살았습니다. 그렇기 때문에 윤동주 시인은 잃어버린 조국에 대한 그리움을 태어나면서부터 갖고 있었고, 그 그리움을 시로 표현했던 것입니다.

(나) 누나!
이 겨울에도
눈이 가득히 왔습니다.

흰 봉투에 눈을 한 줌 넣고
글씨도 쓰지 말고
우표도 붙이지 말고
말쑥하게 그대로
편지를 부칠까요?

누나 가신 나라엔
눈이 아니 온다기에.

– 윤동주, 「편지」

5
요소
(가)에 따르면 〈조개껍데기〉의 말하는 이가 있는 곳은 어디인가요?

....

6
세부
내용
(나)의 내용으로 적절하지 <u>않은</u> 것을 고르세요. -- [　　　]
① 시의 계절적 배경은 겨울이다.
② 말하는 이의 누나가 있는 곳은 눈이 내리지 않는다.
③ 말하는 이는 누나와 같은 나라에서 살고 있지 않다.
④ 말하는 이가 누나에게 자신이 있는 곳의 상황을 알려주고 있다.
⑤ 말하는 이는 누나에 대한 그리움을 편지에 글로 써서 눈과 함께 보내고자 한다.

7
추론
적용
〈조개껍데기〉와 (나)를 비교한 것으로 적절하지 <u>않은</u> 것을 고르세요. ------------------------------ [　　　]
① 두 시 모두 사람이 아닌 것을 사람처럼 표현했다.
② 두 시 모두 특정 낱말이 세 번 이상 반복해서 나온다.
③ 두 시 모두 말하는 이의 그리워하는 마음이 담겨 있다.
④ 〈조개껍데기〉와 달리 (나)에는 색깔을 나타내는 표현이 쓰였다.
⑤ (나)와 달리 〈조개껍데기〉에는 소리나 모양을 흉내 내는 표현이 쓰였다.

[**1**단계] 설명에 알맞은 낱말을 [보기]에서 찾아 쓰세요.

| [보 기] | 아롱아롱 | 데굴데굴 | 둥글둥글 |

[1] 여러 빛깔의 작은 점이나 무늬가 고르고 촘촘한 모양 ------------------ [   ]

[2] 모양이 둥그런, 성격이 모난 데 없이 원만한 ------------------ [   ]

[3] 사람이나 물건이 조금 빠르게 굴러가는 모양 ------------------ [   ]

[**2**단계] [1단계]에서 배운 낱말을 아래의 빈칸에 넣어 문장을 완성하세요.

[1] 성훈이는 전학 간 학교에서도 [   ] 하게 잘 지내고 있다.

[2] 보석함의 예쁜 보석들이 [   ] 빛나고 있었다.

[3] 구슬들이 쏟아져 바닥에 [   ] 굴러다녔다.

[**3**단계] 다음 [보기]를 참고하여 아래의 예시 중 알맞은 낱말을 고르세요.

| [보 기] | **껍질** : 물체의 겉을 싸고 있는 <u>단단하지 않은 물질</u>
| | **껍데기** : 물체의 겉을 싸고 있는 <u>단단한 물질</u>, 알맹이를 빼고 <u>겉에 남은 물건</u> |

[1] 달걀 (껍질 / 껍데기)은(는) 잘 분리해서 버려주세요.

[2] 과일 (껍질 / 껍데기)도 쓸만한 곳이 많이 있단다.

[3] 내 손바닥이 피부 (껍질 / 껍데기)이(가) 벗겨져서 약을 발랐어.

[4] 속에 든 과자는 다 먹고 (껍질 / 껍데기)만 남았다.

7주 34회

해설편 018쪽

시간 **끝난 시간** [   ]시 [   ]분   채점 **독해** 7문제 중 [   ]개   ◀ 스스로 붙임딱지
1회분 푸는 데 걸린 시간 [   ]분   **어법·어휘** 10문제 중 [   ]개   문제를 다 풀고 맨 뒷장에 있는 붙임딱지를 붙여보세요.

(가) 현재 우리는 민족적으로 위태로운 상황에 놓여 있습니다. 우리 고유의 가치관은 무너지고 새로운 질서는 바로 서지 않아 혼란한 상태에 있습니다. 오늘날, ⊙이와 같이 어려운 경우에 처한 대한 학생으로서 그 책임과 역할은 매우 큽니다. 학생들의 힘으로 가정이나 사회를 바로잡을 수 있고, 그렇지 못하면 우리는 영원히 멸망할 것입니다. 그러니 오늘의 대한 학생들은 무의식적으로 남의 흉내나 내지 말고 명확한 판단력을 가지고 나아가야 하겠습니다.

(나) 첫째, 남이 알거나 모르거나 나라와 민족에 대한 **헌신**①적이고 희생적인 정신을 길러야 합니다. 대한 민족을 다시 살릴 책임을 가진 자로서 이 정신이 없으면 안 됩니다. 자주, 독립, 평등이라고 하는 것은 모두 자기중심의 이기적인 것입니다. 어떤 때에 일시적 자극으로 떠들다가도 그 마음이 식으면 다시 이기심이 되살아납니다. 자기의 생명을 소중히 여기는 것이 진리이고 자연적인 현상인데, 자기의 몸과 목숨을 내놓고 부모나 형제나 동포나 국가를 건진다고 함은 **모순**②이 아니냐고요? 그렇지 않습니다. 헌신하고 희생하여야 부모와 형제를 지키고, 민족과 사회가 유지되는 동시에 자기의 몸과 생명도 지킬 수 있습니다.

(다) 둘째, **긍휼**③히 여기는 정신을 길러야 합니다. 학생들에게 이 정신이 특히 필요합니다. 무엇을 좀 알게 되면 교만한 마음이 생겨서 부모 형제나 웃어른을 **멸시**④하고 내 민족을 무시하게 됩니다. 그 결과, 동족을 저주하고 동족에게 무관심하게 됩니다. 자기보다 못한 사람을 무시할 것이 아니라 긍휼히 여겨야 옳고, 남이 잘못하는 것을 볼 때에 탓할 것이 아니라 감싸 주는 마음을 가져야 합니다. 긍휼히 여기는 마음이 없으면 동족을 위하여 헌신적, 희생적으로 힘쓸 마음이 우러나지 않습니다.

(라) 셋째, 서로 (ⓛ)하는 정신을 길러야 합니다. 대한의 일은 대한 사람 스스로 하는 것과 동시에 모두 역할을 나누어 함께하자는 말입니다. 어떤 사람은 무슨 일을 하든 자기 혼자 하겠다는 생각을 합니다. 그러면 자기 혼자만 잘되고 싶은 마음이 생겨 하려는 일은 되지 않고 오히려 다툼이 생깁니다. 혼자서 무엇을 다 하다가는 실망하기 쉽습니다. 혼자 하는 일이 잘 이루어지지 않으면 곧 **비관**⑤하여 실망합니다. 민족 전체에 관계되는 일은 어느 한두 사람의 손으로 되지 않고 온 민족의 힘으로만 됩니다. 이상은 정신적 면을 강조한 것입니다.

(마) 실질적인 면으로 누구나 한 가지 이상의 전문 지식을 가져야 합니다. 전문 지식을 가질 수 없다면, 한 가지 이상의 전문 기술이라도 가져야 합니다. 오늘은 **빈말**⑥로 살아가는 세상이 아니요, 살아갈 만한 능력을 가져야 살 수 있는 세상입니다. 그러려면 한 가지 이상의 전문적 학식이나 기술, 재주가 없어서는 안 됩니다. 이것이 있어야 자기와 가족, 그리고 사회를 지킬 수 있습니다.

(바) 우리에게는 대한 학생을 가르칠 만한 교사나 지도자가 없습니다. 이제 여기서 그 해결 방법을 말하려고 합니다. 오늘의 대한 학생은 뿔뿔이 흩어져 있지 말고, 다 함께 뭉쳐 그 뭉친 덩어리로 지도자를 삼아 모두가 자율적으로 공부하라고 말씀드립니다. 그렇게 하면 큰 힘을 가지게 될 것입니다. 이미 좋은 교육 **여건**을 가진 선진국의 학생들도 스스로 공부하고 있는데 아무것도 갖추지 못한 오늘의 대한 학생에게 어찌 이것이 필요하지 않겠습니까?

(사) 오늘날, 국내외에서 이러한 목적을 가진 교육 단체가 많이 일어나는 것은 좋은 일입니다. 이렇게 일어난 단체들이 흩어져 있지 않고 뭉쳐서 하나가 되면, 그 힘이 더욱 커지리라고 생각합니다. ⓒ한 사람의 촛불은 끄기 쉽지만 많은 사람의 촛불은 끄기 어려운 법입니다. 여러 사람의 정신이 담긴 촛불이 널리 빛을 발하여 많은 사람을 도울 것입니다.

-안창호, 「사랑하는 젊은이들에게」 中

1
중심
생각

이 편지의 제목에서 '젊은이'들은 누구를 가리키는지 지문에서 찾아 쓰세요.

....

2
작품
이해

이 편지의 성격으로 가장 알맞은 것을 고르세요. ─────────── [   ]

① 비난   ② 칭찬   ③ 질문   ④ 당부   ⑤ 거절

3
세부
내용

밑줄 친 ⓐ이 구체적으로 무엇을 말하는 것인지 지문에서 찾아 쓰세요.

서술형

....

....

어려운 낱말 풀이   ① **헌신** 몸과 마음을 바쳐 있는 힘을 다함 獻바칠 헌 身몸 신 ② **모순** 앞뒤가 맞지 않음 矛창 모 盾방패 순 ③ **긍휼** 불쌍히 여김 矜불쌍히 여길 긍 恤구휼할 휼 ④ **멸시** 업신여기거나 하찮게 여겨 깔봄 蔑업신여길 멸 視볼 시 ⑤ **비관** 상황을 슬프게 생각하고 절망적으로 여김 悲슬플 비 觀볼 관 ⑥ **빈말** 실속 없이 하는 헛된 말 ⑦ **여건** 주어진 조건 與줄 여 件사건 건

4

어휘
표현

빈칸 ⓒ에 들어갈 말로 알맞은 것을 고르세요. ----------------------------- [　　　]

① 협동 　　　② 희생 　　　③ 정복 　　　④ 다짐 　　　⑤ 긴장

5

세부
내용

편지의 내용과 일치하지 <u>않는</u> 것을 고르세요. ----------------------------- [　　　]

① 모순적인 정신을 길러야 한다.

② 우리 고유의 가치관이 무너지고 있다.

③ 헌신적이고 희생적인 정신을 길러야 한다.

④ 흩어지지 말고 뭉쳐서 하나가 되어야 한다.

⑤ 우리에게는 대한 학생을 가르칠 만한 교사나 지도자가 없다.

6

작품
이해

이 글에 대한 설명으로 옳지 <u>않은</u> 것을 고르세요. ----------------------------- [　　　]

① 질문을 하는 형식의 구절도 찾아볼 수 있다.

② 교육 단체에 대해 분석하면서 설명하고 있다.

③ 선진국의 학생들을 예시로 들며 주장을 전개하고 있다.

④ 정신적인 면과 실질적인 면으로 나누어서 주장을 하고 있다.

⑤ 첫째, 둘째, 셋째 등의 표현과 함께 주장을 말하고 강조하고 있다.

7

추론
적용

밑줄 친 ⓒ과 같은 의미를 가진 속담을 고르세요. ----------------------------- [　　　]

① 가재는 게 편이다.

② 공든 탑이 무너지랴.

③ 고래 싸움에 새우 등 터진다.

④ 구슬이 서 말이라도 꿰어야 보배다.

⑤ 개미 천 마리가 모이면 맷돌도 든다.

[1단계] 아래의 낱말에 알맞은 뜻을 선으로 이어 보세요.

[1] 헌신 •   • ㉠ 몸과 마음을 바쳐 있는 힘을 다함

[2] 여건 •   • ㉡ 불쌍히 여김

[3] 긍휼 •   • ㉢ 주어진 조건

[2단계] 빈칸에 알맞은 낱말을 [보기]에서 골라 쓰세요.

[보기]	헌신	여건	긍휼

[1] 만약 ☐☐ 만 된다면 더 많은 도움을 주고 싶구나.

[2] 그분은 우리 사회를 위해 평생을 ☐☐ 하신 분이야.

[3] 어려운 사람을 ☐☐ 히 여기는 마음을 가지도록 해라.

[3단계] 다음은 '모순'의 유래에 대한 글입니다. 빈칸을 완성하세요.

'모순'은 단순하게 풀이하면 ☐ 와(과) ☐☐ 라는 뜻이다. 이와 관련된 이야기는 다음과 같다. 옛날 한 상인이 '어떤 ☐☐ 든 뚫을 수 있는 ☐ '와(과) '어떤 ☐ 도 막아낼 수 있는 ☐☐ '을(를) 팔고 있었다. 그러자 지나가던 한 사람이 "그렇다면 당신의 ☐ (으)로 당신의 ☐☐ 을(를) 공격하면 어떻게 됩니까?"라고 물어보았다.

그 질문을 듣고 상인은 아무 말도 할 수가 없었다. 자신의 말이 앞뒤가 맞지 않았기 때문이다. ☐ 이(가) ☐☐ 을(를) 뚫는다고 해도, ☐☐ 이(가) 을(를) 막아낸다고 해도 자신의 말이 ☐☐ 이(가) 맞지 않기 때문이었다.

존경받는 독립 운동가 도산 안창호 선생님

여러분은 독립 운동가 중에 누구를 가장 존경하나요? 백범 김구 선생님? 안중근 의사? 윤봉길 의사? 우리나라에는 존경 받아 마땅할 독립 운동가들이 정말 많습니다. 도산 안창호 선생님 역시 그 분들 중 한 분이십니다.

안창호 선생님은 1878년 평안남도에서 태어나셨습니다. 어려서부터 굉장히 잘생긴 얼굴과 고운 목소리를 지니고 있었다고 합니다. 그래서 책을 소리 내어 읽을 때 그 목소리가 참 귀엽고 예뻐서 어른들의 귀여움을 독차지했다고 합니다.

1910년 우리나라는 일본에게 나라를 빼앗기고 맙니다. 그러자 안창호 선생님은 독립운동가가 되기로 결심하였습니다. 특히 안창호 선생님은 교육을 통해 국민의 실력을 키워 나라를 되찾고자 하였습니다. 이러한 운동을 애국 계몽 운동이라고 합니다.

안창호 선생님은 애국 계몽 운동을 위해 비밀 단체인 신민회에 참가해 대성 학교를 세웠습니다. 그리고 대성 학교에서 학생들이 공부를 할 수 있도록 힘쓰셨습니다. 일제의 탄압으로 신민회가 해체되자 흥사단을 만들어 독립운동을 이어나갔습니다.

1919년이 되자 우리나라에선 3·1 운동이 일어났습니다. 그 정신을 이어받아 대한민국 임시 정부가 세워졌습니다. 안창호 선생님은 중국으로 건너가 임시정부에 참가하였습니다. 1932년 윤봉길 의사의 홍커우 공원 폭탄 사건으로 함께 연루되어 2년 6개월 간 감옥살이도 하셨습니다. 그 후 1937년 다시 감옥살이를 했고, 1938년 병으로 끝내 사망하셨습니다.

비록 지금은 돌아가셨지만 안창호 선생님은 아직도 우리 국민들의 마음속에서 훌륭한 독립 운동가로 남아계십니다. 우리나라를 지키기 위해 큰 노력을 하신 독립 운동가를 우리는 계속해서 기억해야 할 것입니다.

독차지 혼자 다 가지는 것
애국 계몽 운동 민족을 교육해서 일본으로부터 독립하고자 했던 독립 운동 愛사랑 애 國나라 국 啓열 계 蒙어두울 몽 運옮길 운 動움직일 동
탄압 힘으로 많은 사람들을 억누르는 것 彈총알 탄 壓누를 압

8주차

한 주 간의 계획을 먼저 세워보세요. 매일 학습을 마친 후 맞힌 문제의 개수를 쓰세요!

회차	영역	학습 내용	학습계획일	맞은 문제수
36회	독서 기타	사마천의 사기 사마천의 사기 중 공자의 가르침을 간단히 소개하는 글입니다. 글은 짧지만 교훈적이고 핵심적인 글이므로 내용을 잘 파악하며 독해하는 회차입니다.	월 일	독해 7문제 중 □개 어법·어휘 10문제 중 □개
37회	독서 국어	관포지교 관포지교의 유래에 대해 설명하는 글입니다. 관포지교는 어떤 의미를 가지고 있고, 어째서 그러한 의미로 쓰이고 있는지 알아보는 회차입니다.	월 일	독해 7문제 중 □개 어법·어휘 8문제 중 □개
38회	독서 사회	독도 아름다운 우리 땅이지만, 국제 분쟁 쟁점 중 하나인 독도에 관한 글입니다. 독도에 관해 학습하는 회차입니다.	월 일	독해 7문제 중 □개 어법·어휘 9문제 중 □개
39회	문학 시조	훈민가 백성이 올바르게 살아가길 바라는 마음을 엿볼 수 있는 작품입니다. 각 연마다 어떤 주제를 담고 있는지 파악해보는 회차입니다.	월 일	독해 7문제 중 □개 어법·어휘 8문제 중 □개
40회	문학 신화	주몽 신화 고구려를 세웠다고 알려진 동명왕 주몽에 관한 신화입니다. 신화의 내용과 특징을 파악하는 회차입니다.	월 일	독해 7문제 중 □개 어법·어휘 9문제 중 □개

　공자는 상한 생선이나 **부패한**^① 고기나 또는 아무렇게나 잡아서 멋대로 잘라놓은 고기는 먹지 않았다. 자리가 바르지 않으면 앉지 않았고, **상**(喪)^②을 당한 사람 곁에서 식사할 때에는 배불리 먹은 일이 없었다. **곡**(哭)^③한 날은 종일 노래를 부르지 않았다. **상복**^④을 입은 사람이나 **맹인**^⑤을 보면 비록 그가 어린애라고 할지라도 반드시 표정을 바꾸어 **동정**^⑥을 ㉠표시하였다.

　"㉮세 사람이 걸어가면 그중에는 반드시 나의 스승이 될 사람이 있다."라고 하였으며, "덕을 닦지 않고, 학문을 **강습**^⑦하지 않고, 의로운 **이치**^⑧를 듣고도 좇아가 행하지 않고, 잘못이 있어도 고치지 않은 것, 이 몇 가지가 바로 내가 우려하는 바이다."라고 말하였다. 노래를 시켜보아서 잘 부르면 다시 부르게 하고, 그런 다음에는 그를 따라 불렀다. 공자는 **괴이한**^⑨ 것, 폭력, **문란한**^⑩ 것 그리고 귀신에 대해서는 말하지 않았다.

　– 사마천의 『사기(史記)』 中 공자세가(孔子世家)편
　　(출처: 정범진 역, 〈사기세가 하편〉, 까치)

중국 정안사에 있는 공자의 석상 ➡

1
중심
생각

이 글은 누가 누구에 대해 쓴 글인가요?

.... 이(가) .... 에 대해 쓴 글이다.

🧻 어려운 낱말 풀이

① **부패한** 썩은, 분해된 腐썩을 부 敗패할 패- ② **상** 가족이 죽었을 때 그를 생각하며 슬퍼하기 위하여 일정한 기간 동안 활동을 자제하고 몸가짐을 삼가는 일 喪잃을 상 ③ **곡** 제사나 장례를 지낼 때에 일정한 소리를 내며 욺 哭울 곡 ④ **상복** 부모나 조부모가 세상을 떠났을 때 입는 옷 喪죽을 상 服옷 복 ⑤ **맹인** 눈이 먼 사람, 눈이 보이지 않는 사람 盲소경 맹 人사람 인 ⑥ **동정** 남의 어려움을 딱하고 가엾게 여김 同한 가지 동 情뜻 정 ⑦ **강습** 옛글을 토론하며 익힘 講외울 강 習익힐 습 ⑧ **이치** 사물의 정당하고 당연한 일 理다스릴 이 致보낼 치 ⑨ **괴이한** 정상적이지 않고 별나며 괴상한 怪괴이할 괴 異다를 이- ⑩ **문란한** 도덕, 질서, 규범 따위가 어지러운 紊어지러울 문 亂어지러울 란-

2

세부
내용

공자에 대한 내용으로 맞는 것은 O, 틀린 것은 X로 표시하세요.

[1] 상한 음식은 먹지 않았다. --- [   ]

[2] 상을 당한 사람이 있으면 금식하였다. ------------------------------------ [   ]

[3] 잘못이 있어도 고치지 않는 것을 우려하였다. -------------------------- [   ]

[4] 괴이한 것, 폭력, 문란한 것, 귀신에 대해서는 말하지 않았다. ----------- [   ]

3

세부
내용

서술형

이 글에서 공자가 우려하는 바를 찾아 써 보세요.

[1]

....

[2]

....

[3]

....

[4]

....

4

구조
알기

이 글에서 공자에 대해 설명한 순서대로 나열해보세요.

가	곡(哭)한 날은 종일 노래를 부르지 않았다.
나	노래를 시켜보고 잘 부르면 다시 부르게 하고, 그를 따라 불렀다.
다	아무렇게나 잡아서 멋대로 잘라놓은 고기는 먹지 않았다.
라	덕을 닦지 않고, 학문을 강습하지 않는 것을 우려하였다.

[ ]→[ ]→[ ]→[ ]

5

어휘
표현

밑줄 친 ㉠ 대신 쓸 수 있는 표현을 고르세요. ------------------------------- [   ]

① 드러내었다   ② 강요하였다   ③ 자제하였다

④ 예상하였다   ⑤ 건네주었다

6 이 글에 나타난 공자의 행동을 바르게 실천한 사람은 누구인가요? ────────── [   ]

내용
적용

① 혜진 : 잘 익지 않은 풋과일도 먹으면 새콤하고 맛있어.

② 나래 : 어려움에 처한 사람을 가엾게 여기고 공감할 줄 알아야 해.

③ 준수 : 오늘 학교에서 부모님께 효도하라고 배웠지만 행동하기는 어려워.

④ 현민 : 오늘 친구들이랑 사이좋게 괴물을 해치우는 게임을 해서 재미있었어.

⑤ 아영 : 내 친구들은 모두 머리가 나빠서 배울 게 하나도 없어. 내가 가르쳐야지.

7 밑줄 친 ㉮와 [보기]의 공통점으로 가장 알맞은 설명을 고르세요. ────────── [   ]

추론

> [보 기]   사자성어 중에는 '불치하문(不恥下問)'이라는 말이 있습니다. 이는 지위나 나이, 학식
> 따위가 자기보다 못한 사람에게 묻는 것을 부끄러워하지 않아야 한다는 의미입니다. 따
> 라서 훌륭한 사람이 되기 위해서는 '불치하문(不恥下問)'하는 자세를 가지고 공부해야
> 합니다. 모르는 것이 있으면 상대방의 나이나 직업을 따지지 말고 배우는 자세로 물어
> 야 합니다.

① 여럿이 함께 공부해야 한다.

② 누구에게나 배울 점이 있다.

③ 배운 것은 항상 실천해야 한다.

④ 즐거운 마음으로 학습해야 한다.

⑤ 항상 질문하는 자세를 가져야 한다.

배경지식 더하기

사마천의 사기(史記)

사기(史記)는 장장 52만 6,500여 자에 달하는 대기록으로 총 130권에 달하는 역
사서입니다. 옛 신화시대부터 전한 초기인 기원전 2세기 말 한무제 시대까지의 역
사를 다루고 있으며, 본래 명칭은 태사공기(太史公記)였으나 후한 말기에 현재의
이름으로 굳어져 쓰이고 있습니다.

사기(史記)의 저자 사마천은 문서를 정리하고 기록을 담당하는 관직인 태사령이
었습니다. 사마천과 같이 태사령이었던 사마천의 아버지 사마담은 아들인 사마천
에게 자신이 저술하던 역사서의 편찬을 완료해 달라고 부탁하였습니다. 당시 사
마천의 나이는 36세였고, 사마천이 〈사기〉를 완성한 것은 그때로부터 19년이 지
난 55세 때였다고 합니다.

[1단계] 아래의 낱말에 알맞은 뜻을 선으로 이어 보세요.

[1] 동정 •   • ㉠ 정상적이지 않고 별나며 괴상한

[2] 이치 •   • ㉡ 남의 어려움을 딱하고 가엾게 여김

[3] 괴이한 •   • ㉢ 사물의 정당하고 당연한 일

[2단계] 아래 문장의 빈칸에 알맞은 낱말을 [보기]에서 찾아서 써넣으세요.

[보 기]   동정   이치   괴이한

[1] 공자는 [   ] 것에 대해서는 말하지 않았다.

[2] 공자는 상복을 입은 사람을 보면 [   ] 을(를) 표시하였다.

[3] 공자는 의로운 [   ] 을(를) 듣고도 행하지 않는 것을 우려했다.

[3단계] 주어진 뜻풀이를 읽고, 알맞은 낱말에 동그라미 하세요.

좇다 : 목표, 이상, 행복 따위를 추구하다.

쫓다 : 어떤 대상을 잡거나 만나기 위하여 뒤를 급히 따르다.

[1] 어머니는 아들을 (좇아 / 쫓아) 방에 들어갔다.

[2] 사람은 늘 좋은 것, 편한 것을 (좇아 / 쫓아) 가고 싶어 한다.

[3] 우리는 선생님의 마음을 (좇는 / 쫓는) 착한 어린이.

[4] 지금 (좇으면 / 쫓으면) 범인을 잡을 수 있을지도 몰라.

시간 끝난 시간 [   ]시 [   ]분   채점 독해 7문제 중 [   ]개

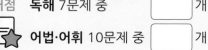 1회분 푸는 데 걸린 시간 [   ]분   어법·어휘 10문제 중 [   ]개

 ◀ 스스로 붙임딱지
문제를 다 풀고
맨 뒷장에 있는
붙임딱지를
붙여보세요.

(가) 중국 춘추시대 제나라에 관중과 포숙아라는 사람이 살았습니다. 관중과 포숙아는 둘도 없는 친구 사이였습니다. '관포지교(管鮑之交)'라는 고사성어로도 유명한 이 둘의 사이를 잘 보여주는 이야기가 있습니다.

(나) 관중과 포숙아는 벼슬길에 오르기 전에 함께 생선 장사를 하였습니다. 둘이 함께 장사를 하였으나 관중은 늘 포숙아보다 더 많은 돈을 가져갔습니다. 이를 의아하게 여긴 다른 사람이 포숙아에게 이에 대해 물어보았습니다. 그러자 포숙아는 "관중은 집안이 가난하고 식구가 많으니 내가 사양한 것이다."라고 대답했습니다. 관중과 포숙아는 함께 **참전**하기도 하였습니다. 싸움이 시작되면 관중은 항상 맨 뒤에 숨었고, 싸우면서도 혼자 세 번이나 도망쳤습니다. 이를 **질타**하는 사람들에게 포숙아는 "관중은 늙은 어머니를 혼자 돌보아야 하기 때문에 몸을 아낀 것이다."라고 말하며 함부로 비난하지 말라고 경고하기도 했습니다.

(다) 시간이 흘러 두 사람은 벼슬길에 올라 관중은 공자 규를 섬기게 되었고, 포숙아는 규의 아우인 소백을 섬기게 되었습니다. 그런데 얼마 안 가서 두 공자는 왕위를 둘러싸고 대립하게 되었고, 관중과 포숙아는 **본의** 아니게 서로 적이 되었습니다. 결국 소백이 이 싸움에서 승리하게 되었는데, 그는 형인 규를 죽이고 그 측근이었던 관중도 죽이려고 하였습니다. 그때 포숙아가 나서 소백을 설득하기 시작하였습니다.

"관중의 재능은 저의 재능보다 훨씬 뛰어납니다. 이 나라를 다스리는 것으로 만족하신다면 저만으로도 충분하시겠지만, 천하를 다스리고자 하신다면 관중을 들이셔야 합니다."

계속되는 포숙아의 설득에 결국 소백은 포숙아의 의견을 받아들였고, 관중은 포숙아 덕분에 **재상**이 되어 자신의 능력을 마음껏 발휘하게 되었습니다. 훗날 크게 성공하게 된 관중은 포숙아에 대한 고마운 마음을 담아 다음과 같이 말했습니다.

"내가 가난했을 때 포숙아와 함께 장사를 하면서 나는 언제나 그보다 더 많은 이득을 ㉠취했지만 그는 나를 욕심쟁이라고 말하지 않았다. 내가 싸움터에서 홀로 도망쳐 나왔을 때도 그는 나를 겁쟁이라고 하지 않았다. 나를 낳아준 이는 부모지만 나를 진정으로 알아준 사람은 포숙아다."

(라) 관중과 포숙아의 이야기에서 나온 '관포지교(管鮑之交)'라는 고사성어는 사이가 매우 다정하고 허물없이 지내는 친구들을 가리킬 때 쓰는 말입니다. 이 밖에도 어린 시절 대나무 말을 타며 함께 놀던 친구라는 뜻의 '죽마고우(竹馬故友)', 서로 허물이 없거나 거스르지 않는 관계를 뜻하는 '막역지우(莫逆之友)'라는 말도 있습니다.

1

중심
생각

이 글의 내용에 어울리는 제목을 붙여보세요.

고사성어 ....의 유래

2

세부
내용

이 글에 나오지 않은 내용은 무엇인가요? ─────────────────── [   ]

① 관포지교의 뜻

② 관중과 포숙아가 살던 나라

③ 관중과 포숙아가 섬겼던 사람의 이름

④ 관포지교와 반대의 뜻을 가진 사자성어

⑤ 관중과 포숙아가 벼슬에 오르기 전에 했던 일

3

세부
내용

서술형

'죽마고우'가 무슨 뜻인지 이 글에서 찾아 쓰세요.

....

....

8
주
37
회

해설편
020
쪽

4

구조
알기

빈칸을 채워 표를 완성하세요.

문단	내용
(가)	둘도 없는 ☐☐ 사이였던 관중과 포숙아
(나)	☐☐의 처지를 이해해 준 ☐☐☐
(다)	포숙아의 믿음과 도움 덕분에 크게 성공하여 ☐☐이 된 관중
(라)	☐☐☐☐와 비슷한 의미의 사자성어

어려운 낱말 풀이 ① **참전** 전쟁에 참여함 參간여할 참 戰전투 전   ② **질타** 큰소리로 꾸짖음 叱꾸짖을 질 咤꾸짖을 타   ③ **본의** 꾸밈이
나 거짓이 없는 참마음 本근본 본 意뜻 의   ④ **재상** 임금을 돕고 모든 관원을 지휘하고 감독하는 일을 맡아보던
이품 이상의 벼슬 宰재상 재 相서로 상

5 밑줄 친 ⊙과 바꿔 쓸 수 있는 표현을 고르세요. ------------------------------- [   ]

어휘
표현

① 심했지만   ② 막았지만   ③ 좋아했지만
④ 멀리했지만   ⑤ 가져갔지만

6 이 글을 읽고 바르게 이해하지 <u>못한</u> 친구는 누구일까요? ------------------------- [   ]

추론

① 현웅 : 관중과 포숙아처럼 친구들과 좋은 관계를 유지해야겠어.
② 석주 : 나도 포숙아처럼 친구가 어려울 때 적극적으로 도와주어야겠어.
③ 은석 : 포숙아를 죽이려고 했던 소백을 설득한 관중의 행동이 감동적이었어.
④ 정욱 : 관중을 질타하는 사람들에게 경고한 포숙아의 행동은 정말 멋진 것 같아.
⑤ 대성 : 맞아. 게다가 포숙아는 식구가 많은 관중이 돈을 더 가져가도록 배려해 주기도 했지.

7 [보기]를 읽고 밑줄 친 ⓐ와 같은 의견을 골라 ○표를 해 보세요.

내용
적용

어려운
문제
★

[보 기] 포숙아의 추천으로 목숨을 지킨 관중은 이후에 가장 높은 관직인 재상 자리를 맡게 되
었습니다. 하지만 관중은 포숙아를 관리로 추천하지 않았습니다. 관중이 나이가 들어
더 이상 재상의 역할을 할 수 없게 되자 왕이 관중에게 포숙아를 다음 재상으로 삼는 것
이 어떨지 물었습니다. 관중은 '포숙아는 재상의 역할을 하기에 부족한 인물입니다'라
고 말하며 끝까지 반대했습니다. ⓐ이러한 까닭으로, 이 둘의 관계가 참된 친구 관계라
고 할 수 없다는 견해도 있습니다.

포숙아는 관중의 과거의 모든 행동을 이해해주었고, 관중은 이에 고마워하고 있어. 이게 바로 진정한 우정이야.	결국 포숙아의 일방적인 희생을 강요하는 둘의 이기적인 관계를 진정한 우정이라고 할 수 있을지 의문이 들어.	포숙아는 일찍이 관중의 능력을 알아보고 그를 인정해주었어. 둘은 역시 잘 맞는 친구야.
[ ]	[ ]	[ ]

[**1단계**] 아래의 낱말에 알맞은 뜻을 선으로 이어 보세요.

[1] 참전 •   • ㉠ 꾸밈이나 거짓이 없는 참마음

[2] 질타 •   • ㉡ 전쟁에 참여함

[3] 본의 •   • ㉢ 큰소리로 꾸짖음

[**2단계**] 아래 문장의 빈칸에 알맞은 낱말을 [보기]에서 찾아서 써넣으세요.

> [보 기]   참전   질타   본의

[1] 너무 당황한 나머지 ☐☐ 아니게 거짓말을 해 버렸어.

[2] 이곳은 한국 전쟁 ☐☐ 용사들을 기리는 곳입니다.

[3] 사람의 잘못을 무조건 ☐☐ 하기만 하는 행동은 옳지 않습니다.

[**3단계**] 문장을 읽고 빈칸에 들어갈 낱말을 알맞게 써넣으세요.

[1] ☐ㅊ☐ ☐ㅎ☐ 을(를) 다스리고자 하신다면 관중을 들이셔야 합니다.

→ 하늘과 땅이라는 뜻으로 '온 세상'을 의미함

[2] 나를 ☐ㅈ☐ ☐ㅈ☐ (으)로 알아준 사람은 포숙아다.

→ 거짓이 없이 참됨

시간 **끝난 시간** ☐ 시 ☐ 분   채점 **독해** 7문제 중 ☐ 개   ← 스스로 붙임딱지
       1회분 푸는 데 걸린 시간 ☐ 분   **어법·어휘** 8문제 중 ☐ 개   문제를 다 풀고 맨 뒷장에 있는 붙임딱지를 붙여보세요.

8주 37회

해설편 020쪽

(가) 독도는 우리나라 가장 동쪽에 있는 섬입니다. 울릉도 동남쪽에서 87.4킬로미터 떨어진 곳에 위치하고 있습니다. 흔히 독도를 하나의 섬으로 알고 있지만, 독도는 두 개의 큰 섬과 89개의 작은 바위섬으로 이루어져 있습니다. 두 개의 큰 섬은 동도와 서도로 불리고, 작은 바위섬 역시 모양에 따라 군함바위, 넙덕바위, 부채바위, 지네바위, 가제바위, 삼형제굴바위 등의 이름을 가지고 있습니다. ⊙독도의 주소는 '경상북도 울릉군 울릉읍 독도리 1-96번지'입니다. 이러한 주소가 붙은 까닭은 독도는 **엄연한**_① 우리나라 땅이기 때문입니다.

(나) 이웃나라 일본은 독도를 '다케시마'라고 부릅니다. 심지어 독도를 한국 땅이 아닌 일본 땅이라고 주장하고 있습니다. 일본이 그런 주장을 하는 까닭은 동해 때문입니다. 독도가 일본의 영토가 되면 우리나라의 **영해**_②인 동해의 상당 부분도 일본에 속하게 됩니다. 국제법에 따르면 해안선에서 12해리(약 22.2킬로미터)까지를 영해로 인정합니다. 또 해안선에서 200해리(약 370.4킬로미터)까지를 **배타적**_③ 경제 **수역**_④이라 하는데, 그 수역에서는 수산 자원이나 광물 자원에 대한 경제적 권리를 갖습니다. 그렇기 때문에 독도가 어느 나라 땅이냐에 따라서 해안선의 경계가 달라지고 영해와 배타적 경제 수역의 넓이도 달라집니다. 우리나라와 일본이 독도를 두고 분쟁하는 것은 실질적인 경제적 이득과 관련이 있습니다.

(다) 그러나 독도가 오랜 옛날부터 우리나라의 땅이란 근거는 우리나라의 역사 곳곳에 있습니다. 신라 지증왕 시절인 512년, 이사부 장군이 울릉도 지역에 있던 나라인 '우산국'을 정복했습니다. 이때 우산국에 속해 있던 독도 역시 신라의 영토가 되었습니다. 이러한 사실은 고려 시대 김부식이 쓴 역사서 〈삼국사기〉에 기록되어 있습니다. 고려시대 역사를 기록한 책인 〈고려사〉에서도 독도에 대해 언급하고 있습니다. 〈고려사〉에 기록된 내용은 다음과 같습니다. "1018년 우산국 사람들이 여진족의 침입으로 어려움을 겪자 나라에서 농기구를 보내주었다." "1141년 울릉도를 고려의 행정 구역으로 삼았다."

(라) 조선 시대 문서에서도 독도에 대한 기록을 찾아볼 수 있습니다. 세종대왕의 명으로 만들어진 〈세종실록지리지〉에는 "강원도 울진현 동쪽 바다에 우산과 무릉이 있다. 두 섬은 거리가 멀지 않아 맑은 날에는 **가히**_⑤ 바라볼 수 있다."라고 기록되어 있습니다. 여기서 우산은 바로 독도를 말합니다. 1530년에 제작된 〈신증동국여지승람〉에는 우리나라 전체를 나타낸 지도 중 가장 오래된 것인 '팔도총도'가 실려 있습니다. 이 지도에는 울릉도와 독도 모두 우리 영토로 기록

되어 있습니다. 1846년 김대건 신부가 제작한 '조선전도'에도 독도의 옛 이름인 '우산'이란 지명이 등장합니다.

(마) 독도와 관련된 역사적인 기록은 이밖에도 많습니다. 하지만 이러한 사실을 국제사회에서 인정받기 위해서는 독도가 엄연한 대한민국의 영토임을 전세계에 알리는 노력을 해야 합니다. 또한 우리나라 국민들도 독도를 자주 방문하고 더 많은 관심을 가져서 우리 스스로도 독도가 대한민국의 영토임을 알고 느끼는 노력을 해야 합니다.

↑ 하늘에서 바라본 독도의 모습(출처: 연합뉴스)

해설편 020쪽

1
중심 생각

가장 중심이 되는 낱말을 찾아 동그라미 하세요.

일본　　울릉도　　우산국　　독도　　신라　　고려사

2
세부 내용

이 글의 내용과 일치하는 것을 고르세요. ────────────── [　　]

① 독도는 우리나라 가장 남쪽에 위치한 섬이다.

② 독도는 최근에 들어서야 우리나라 땅이 되었다.

③ 조선 시대 문서에서 독도에 대한 기록은 찾아볼 수 없다.

④ 독도는 두 개의 큰 섬과 89개의 작은 바위섬으로 이루어져 있다.

⑤ 일본은 독도를 '우산'이라 부르면서 자기네 땅이라 주장하고 있다.

3
세부 내용

[보기]에서 빈칸에 들어갈 말을 이 글에서 찾아 쓰세요.

[보 기]　□□□□□은 특정 국가가 어업이나 광물 등에 관한 경제적 권리를 갖는 구역을 말한다. 이 권한을 갖는 국가는 천연자원을 탐사하고 경제적 목적으로 그 지역을 개발할 수 있다. 또한 해양 과학을 조사하고 해양 환경을 보호하는 권리를 갖는다.

어려운 낱말 풀이 ① **엄연한** 어떠한 사실이나 현상이 부인할 수 없을 만큼 뚜렷한 儼엄연할 엄 然그럴 연- ② **영해** 한 나라의 주권이 미치는 바다 領거느릴 영 海바다 해 ③ **배타적** 남을 배척하는 排밀칠 배 他다를 타 的과녁 적 ④ **수역** 수면의 일정한 구역 水물 수 域지경 역 ⑤ **가히** '능히', '넉넉히'의 뜻을 나타내는 말 可옳을 가-

4 다음의 내용으로 이 글을 보충하려고 합니다. 이 내용이 들어가기에 알맞은 문단을 고르세요.

[   ]

독도는 한류와 난류가 만나는 지점이어서 다양한 수산 자원이 풍부합니다. 차가운 물에서 사는 명태와 대구, 따뜻한 물에서 사는 고등어와 오징어, 삼치 등을 잡을 수 있습니다. 전복, 홍합 등의 조개류, 미역, 다시마, 김 등의 해조류도 풍부합니다. 또한 독도에 희귀한 동식물이 많이 살고 있어 섬 전체를 천연기념물로 보호할 정도입니다.

① (가)   ② (나)   ③ (다)   ④ (라)   ⑤ (마)

5 ⊙의 설명 방식을 바르게 말한 것을 고르세요. ────── [   ]

① 원인과 결과를 밝혀 설명하였다.   ② 구체적인 예를 들어 설명하였다.

③ 전체를 부분으로 나누어 설명하였다.   ④ 두 가지 대상의 차이점을 설명하였다.

⑤ 기준에 따라 비슷한 것을 분류하여 설명하였다.

6 다음은 이 글의 내용을 정리한 것입니다. 빈칸에 알맞은 내용을 고르세요. ─────── [   ]

독도의 위치	울릉도 동남쪽에서 87.4킬로미터 떨어진 곳
독도의 구성	동도, 서도, 89개의 작은 바위섬
독도의 가치	독도가 어느 나라 땅이냐에 따라 독도 주변 수산 자원이나 광물 자원에 대한 권리가 달라짐
독도가 우리나라 땅인 까닭	

① 국제법상 독도를 우리나라 땅으로 인정하고 있다.

② 독도는 지리적으로 일본보다 우리나라에 더 가깝다.

③ 역사적으로 독도가 우리나라 땅이라는 증거가 많다.

④ 일본에서 과거 독도를 자기네 나라 땅으로 편입시켰다.

⑤ 독도를 통해 수산 자원이나 광물 자원을 확보할 수 있다.

7 이 글을 읽고 실천할 행동으로 알맞지 않은 것을 고르세요. ────── [   ]

① 독도 사랑에 관한 홍보 활동을 한다.

② 독도를 지키려고 노력한 위인들을 기린다.

③ 독도를 방문하여 독도가 우리 땅임을 알린다.

④ 일본과 전쟁을 하여 독도를 확실히 차지한다.

⑤ 독도가 우리나라 땅임을 밝히는 역사적 증거를 찾는다.

[1단계] 아래의 낱말에 알맞은 뜻을 선으로 이어 보세요.

[1] 엄연한 •　　　• ㉠ 능히, 넉넉히

[2] 가히　 •　　　• ㉡ 어떠한 사실이나 현상이 부인할 수 없을 만큼 뚜렷한

[3] 배타적 •　　　• ㉢ 남을 배척하는

[2단계] 아래 문장의 빈칸에 알맞은 낱말을 [보기]에서 찾아서 써넣으세요.

> [보 기]　　　엄연한　　　가히　　　배타적

[1] 이번 공부의 성과는 [　　　　　　　] 놀라웠다.

[2] 자신의 생각만 옳다는 [　　　　　　　] 인 태도를 버려야 합니다.

[3] 독도는 [　　　　　　　] 우리나라 땅입니다.

[3단계] 빈칸에 들어갈 알맞은 한자를 [보기]에서 찾아서 써 보세요.

> [보 기]　　　土　　　海　　　空
> 　　　　　　　흙 토　　바다 해　　빌 공

[1] 領 [　　] / 다스릴 영 ： 한 나라에 속해 그 나라가 다스리는 땅

[2] 領 [　　] / 다스릴 영 ： 한 나라에 속한 땅과 바다 위의 하늘

[3] 領 [　　] / 다스릴 영 ： 영토와 맞닿은 바다로서 한 나라가 다스릴 수 있는 바다

8
주
38
회

해설편 020쪽

훈민가^①

정철

어버이 살아 계실 때 ㉠섬기기를 다 하여라

지나간^② 후면 ㉡애달프다 어이하리

평생에 다시 못 할 일이 이뿐인가 하노라

이고 진^③ 저 ㉢늙은이 짐 풀어 나를 주오

나는 젊었으니 돌인들 무거울까

늙기도 ㉣서러운 것인데 짐까지 ㉤지실까

1
중심
생각

이 시의 1연의 주제는 무엇인가요? ┈┈┈┈┈┈┈┈┈┈┈┈┈┈┈┈┈┈┈┈┈ [　　　]

① 우정　　　② 효도　　　③ 성실　　　④ 절약　　　⑤ 정직

어려운 낱말 풀이 ┊ ① **훈민가** 조선 시대에 송강 정철이 백성의 바람직한 행동을 이끌기 위하여 지은 시조 訓가르칠 훈 民백성 민 歌노래 가 ② **지나간** 돌아가신 ③ **이고 진** 무언가를 머리에 이고 등에 진

2
중심
생각

이 시의 2연의 주제는 무엇인가요? --[   ]

① 사랑   ② 인내^①   ③ 공경   ④ 희망   ⑤ 절제^②

3
어휘
표현

이 시에서 밑줄 친 ㉠~㉤ 중 뜻이 <u>잘못된</u> 것을 고르세요. -----------------------------[   ]

① ㉠ : 모시기
② ㉡ : 어설프다
③ ㉢ : 노인
④ ㉣ : 슬픈
⑤ ㉤ : 짊어질까

4
작품
이해

이 시에 대한 설명으로 옳지 <u>않은</u> 것을 고르세요. -------------------------------------[   ]

① 두 개의 연으로 구성되어 있다.
② 옛날에 쓰던 말투나 표현이 나온다.
③ 시의 작가가 누구인지 정확하게 알 수 있다.
④ 후각, 청각 등 다양한 감각적 표현을 사용했다.
⑤ 누군가에게 말을 건네는 듯한 구절이 등장한다.

8주
39
회

해설편
021
쪽

5
작품
이해

이 시의 제목을 생각해 봤을 때 이 시의 목적으로 가장 적절한 것을 고르세요. ----------------[   ]

① 사람들에게 질문하는 것
② 사람들에게 깨달음을 주려는 것
③ 사람들의 업적을 기리기 위한 것
④ 사람들의 행동을 칭찬하기 위한 것
⑤ 사람들의 질문에 답해주기 위한 것

어려운 낱말 풀이   ① **인내** 괴로움이나 어려움을 참고 견딤 **忍**참을 인 **耐**견딜 내   ② **절제** 정도에 넘지 아니하도록 알맞게 조절하여 제한함 **節**마디 절 **制**마를 제

6

추론
적용

이 시를 읽은 친구들의 반응으로 적절하지 <u>않은</u> 것을 고르세요. ─────────── [   ]

① 부모님이 살아계실 때 효도해야겠어.

② 나도 나이가 들어서 늙으면 서러워해야겠어.

③ 나는 젊기 때문에 노인분들을 분명 도와드릴 수 있을 거야.

④ 무거운 물건을 들고 계신 어르신이 있으면 대신 들어드려야지.

⑤ 부모님이 돌아가시면 잘해 드리지 못한 것을 평생 후회할 것 같아.

7

추론
적용

이 시의 1연과 2연을 비교한 내용으로 가장 적절한 것을 고르세요. ─────────── [   ]

① 1연은 늙은이, 2연은 어버이에 관한 내용이다.

② 1연과 달리 2연에서는 말하는 이의 주장이 나타나있다.

③ 2연과 달리 1연에서는 말하는 이가 정확하게 누구인지 알 수 있다.

④ 2연과 달리 1연에서는 신나고 즐거운 분위기의 내용을 볼 수 있다.

⑤ 1연과 2연 모두 웃어른에 대한 존경의 마음을 엿볼 수 있다.

작가 소개

↑ 송강 정철

훈민가(訓가르칠 훈 民백성 민 歌노래 가)

조선시대 유명한 충신인 정철이 지은 훈민가는 정철이 관찰사로 있을 때 백성들을 옳은 방향으로 이끌고 가르치기 위해 지은 작품으로 교훈적인 의미를 담고 있는 시조입니다. 따라서 어떻게 사는 삶이 진정으로 올바른 삶인지가 잘 제시되어 있으며, 백성들이 그렇게 살아가길 바라는 정철의 마음을 엿볼 수 있는 작품입니다. 훈민가는 일상적인 언어 사용, 정감이 넘치는 어조와 백성들의 생활과 직결되는 항목들로 내용이 구성되어 있습니다.

[1단계] 아래의 낱말과 관련 있는 것끼리 선으로 이어 보세요.

[1] 공경 •   • ㉠ 제한

[2] 인내 •   • ㉡ 존중

[3] 절제 •   • ㉢ 오래 참음

[2단계] [보기]의 훈(訓)과 관련된 단어들을 학습한 후 아래 빈칸에 알맞은 낱말을 쓰세요.

> [보 기] **훈민**(訓가르칠 훈 民백성 민) : 백성을 가르침
>
> **훈수**(訓가르칠 훈 手손 수) : 바둑이나 장기 등에서 끼어들어 방법을 가르쳐 줌
>
> **훈계**(訓가르칠 훈 戒경계할 계) : 타일러서 잘못이 없도록 주의를 줌
>
> **훈화**(訓가르칠 훈 話말할 화) : 교훈을 주기 위해 하는 말
>
> **훈련**(訓가르칠 훈 練익힐 련) : 무술이나 기술 따위를 가르치고 연습시켜 익히게 함

[1] 철수는 군대에 가서 사격, 수류탄 등 많은 ☐☐ 을(를) 받았다.

[2] 수업시간에 자꾸 떠들어서 선생님께 엄한 ☐☐ 을(를) 들었다.

[3] 열심히 체스를 두고 있는데, 민성이가 ☐☐ 을(를) 두어서 싸움이 일어났다.

[4] 오늘 교장 선생님의 ☐㉠ 말씀은 정말 유익한 내용이었다.

[5] 조선시대 정철이 지은 시조 중 ☐☐ 가라는 시조가 있다.

8주 39회 해설편 021쪽

시간 **끝난 시간** ☐ 시 ☐ 분   채점 **독해** 7문제 중 ☐ 개

1회분 푸는 데 걸린 시간 ☐ 분   **어법·어휘** 8문제 중 ☐ 개

← 스스로 붙임딱지
문제를 다 풀고
맨 뒷장에 있는
붙임딱지를
붙여보세요.

동부여의 금와왕이 태백산 남쪽 우발수 못가를 지나가고 있었다. 그러던 중에 아름다운 여인을 만나게 되었다. 여인의 아름다움에 **심취**한 금와왕은 여인에게 물었다.

"그대는 이곳에 왜 혼자 있는가?"

그러자 여인이 대답했다.

"㉠저는 물의 신 하백의 딸, 유화라고 합니다. 동생들과 나들이를 나왔다가 해모수라는 한 남자를 만나게 되었지요. 그는 **천제**의 아들이라고 제게 말했습니다. 얼마나 잘생겼던지, 첫눈에 반하고 말았지요. 그리고 그도 저를 좋아하였습니다. 그는 곧바로 제게 혼인을 청했고 저는 **승낙**했습니다. 그는 웅신산 아래 압록강 가에 있는 집으로 저를 데리고 갔고, 그곳에서 우리는 혼인을 했습니다. 혼인을 한 후 해모수는 제게 집에 가 있으면 곧 데리러 올 것이라고 하고는 하늘로 올라가 버렸습니다. 하지만 그는 약속을 지키지 않았습니다. 제 아버지, 하백은 그 사실을 아셨고 불같이 노하셨습니다. 그래서 저를 이곳 우발수 못가로 **귀양**을 보내셨습니다."

유화의 안타까운 사연을 들은 금와왕은 유화를 궁으로 데려갔다. 유화는 궁궐의 햇빛이 잘 들지 않는 방에서 지내게 되었다. 그런데 이상한 일이 일어났다. 햇빛이 들지 않던 방에 햇빛이 찾아들어와 유화의 몸을 비추었다. 유화가 움직이자 햇빛도 유화를 따라다녔다. 그런 일이 있고 난 후 유화의 배가 점점 불러 왔다. 그리고 유화는 커다란 알 하나를 낳았다. 그 소식을 들은 금와왕은 깜짝 놀라며 말했다.

"유화가 알을 낳았다고? 괴상한 일이로다! 그 알을 돼지에게 주도록 해라!"

유화가 낳은 알은 금와왕의 명령대로 돼지우리에 버려지게 되었다. 그런데 돼지는 슬슬 알을 피해 다녔다. 마치 그 알을 밟을까 두려워하는 듯이 보였다. 그러자 금와왕은 알을 개에게 던져주라고 명했다. 하지만 개에게 주어도 마찬가지였다. 그래서 왕은 알을 길에 버리도록 했다. 그러나 마찬가지로 길가의 말과 소들 역시 알을 밟지 않으려고 멀리 피해 다녔다. 그러자 왕은 알을 들판에 버리도록 했다. 그랬더니 이번엔 새와 짐승들이 모여들어 깃털과 몸으로 알을 덮어 보호해 주기 시작했다.

화가 난 금와왕은 알을 도끼로 찍어 보았다. 그러나 알은 깨지지 않았다. 창으로도 찔러 보았지만 알은 깨지지 않았다. 무엇으로도 알을 깨뜨릴 수 없었다. 이에 무언가 심상치 않음을 깨달은 금와왕은 유화에게 알을 돌려주기로 마음먹었다.

"이는 분명 하늘의 뜻이다. 알을 유화에게 돌려주어라."

알이 무사히 돌아오자, 유화는 기뻐하며 포근히 감싸서 따뜻한 곳에 놓아두었다. 얼마 후, 알에서 ⓐ늠름하고 영특하게 생긴 아기가 태어났다. 그 아이는 일곱 살이 되자 활과 화살을 만들어 쏘곤 했는데, 백 번을 쏘면 백 번 다 맞히는 실력이었다. 그래서 사람들은 아이를 주몽이라고 불렀다. 부여에서는

'활 잘 쏘는 사람'을 주몽이라고 부르곤 했기 때문이었다. 주몽은 자라서 고구려를 세운 동명왕이 되었다.

– 건국⑤신화 「주몽 신화」 中

1
중심
생각

이 신화의 주인공은 누구인지 쓰세요.

....

2
요소

금와왕이 유화를 만난 곳을 쓰세요.

....

3
세부
내용

이 이야기의 사건들을 일어난 순서대로 바르게 나열해 보세요.

> ㉠ 금와왕이 알을 버리도록 명령함.
> ㉡ 귀양 와 있던 유화가 금와왕을 만남.
> ㉢ 햇빛이 유화의 몸을 따라다니며 비춤.
> ㉣ 유화가 알을 다시 돌려받음.
> ㉤ 유화가 알을 낳음.
> ㉥ 나들이를 나온 유화가 해모수를 만나 혼인함.
> ㉦ 알에서 아이가 태어남.

☐ → ☐ → ☐ → ☐ → ☐ → ☐ → ☐

4
어휘
표현

밑줄 친 ⓐ를 말해주는 속담을 고르세요. ———————————————————— [   ]

① '어' 다르고, '아' 다르다.
② 세 살 버릇 여든까지 간다.
③ 고래 싸움에 새우 등 터진다.
④ 말 한 마디에 천 냥 빚을 갚는다.
⑤ 될성부른 나무는 떡잎부터 알아본다.

어려운 낱말 풀이 | ① **심취** 어떤 일이나 사람에 깊이 빠져 마음을 빼앗김 心마음 심 醉취할 취 ② **천제** 하늘의 황제(옥황상제, 하느님 등) 天하늘 천 帝임금 제 ③ **승낙** 상대가 부탁하는 바를 들어줌 承받들 승 諾대답할 낙 ④ **귀양** 죄인을 먼 곳으로 보내어 일정한 기간 동안 죄를 뉘우치며 살도록 하던 형벌 ⑤ **건국** 나라를 세움 建세울 건 國나라 국

[5~7] 아래 [보기]의 (가), (나)를 보고 물음에 답하시오.

> [보 기]
>
> (가) 환인(하느님)의 아들 환웅은 늘 지상 세계에 내려오고 싶어 했다. 아버지의 허락을 얻은 환웅은 삼천 명의 무리를 거느리고 태백산으로 내려와 인간 세상을 다스렸다. 어느 날, 곰과 호랑이가 사람이 되게 해달라며 환웅을 찾아왔다. 환웅은 곰과 호랑이에게 쑥과 마늘만 먹고 100일 동안 버티면 사람이 되게 해주겠노라고 약속했다. 호랑이는 참지 못하고 중간에 뛰쳐나갔지만, 곰은 마늘과 쑥을 먹으며 버텨 결국 여자가 되었다. 여자가 된 곰은 환웅과 결혼해 단군왕검을 낳았다. 단군왕검은 훗날 고조선을 세웠다.
>
> (나) 건국 신화에는 나라를 세운 영웅을 더욱 특별하게 보이도록 하기 위한 많은 요소들이 숨어있다. 우선 영웅은 평범한 부모가 아니라 특별한 부모에게서 태어난다. 그 부모들은 보통 신이거나 신비한 능력을 가진 자들이다. 또한 태어날 때에도 평범하게 태어나지 않고, 신성함을 상징하는 물건을 통해서 태어나기도 하는데, '알'이 대표적이다. 그리고 영웅은 태어나서부터 다른 인물들과는 차별되는 신비한 능력을 가지고 있는 편이다.

5

작품
이해

🖋서술형

이 글의 '주몽'과 같은 역할을 하는 인물을 [보기]의 (가)에서 찾아 쓰고, 까닭도 함께 쓰세요.

[1] 인물 :

[2] 까닭 :

6

작품
이해

이 글과 [보기]의 (가)를 비교한 것으로 옳은 것을 고르세요. ─────────── [   ]

① 윗글과 달리 (가)는 중요한 인물이 알에서 태어난다.

② 윗글과 달리 (가)는 소원을 이루기 위해 지켜야 할 조건이 제시된다.

③ 윗글과 달리 (가)는 주인공을 위기로부터 구해주는 사람이 존재한다.

④ (가)와 달리 윗글에는 천제와 환인(하느님)과 같은 신성한 인물이 등장하지 않는다.

⑤ (가)와 달리 윗글에는 주인공이 태어나기까지의 과정에서 특별한 어려움을 겪는 내용은 없다.

7

추론
적용

🖋서술형

윗글의 밑줄 친 ㉠은 [보기]의 (나)의 어느 부분과 관련된 내용인지 쓰세요.

40회 어법·어휘편 본문에 나온 어휘들만 따로 모아 복습하는 순서입니다.

[1단계] 아래의 낱말에 알맞은 뜻을 선으로 이어 보세요.

[1] 심취 •   • ㉠ 상대가 부탁하는 바를 들어줌

[2] 승낙 •   • ㉡ 나라를 세움

[3] 건국 •   • ㉢ 어떤 일이나 사람에 깊이 빠져 마음을 빼앗김

[2단계] 아래 문장의 빈칸에 알맞은 낱말을 [보기]에서 찾아서 써넣으세요.

[보 기]   심취   승낙   건국

[1] 온조왕은 백제를 ☐☐ 한 사람이야.

[2] 여기까지가 제 의견입니다. 부디 ☐☐ 해 주시면 감사하겠습니다.

[3] 요즘 그는 자신의 취미에 완전히 ☐☐ 해 있어.

[3단계] 밑줄 친 부분을 소리 나는 대로 바르게 읽은 것을 고르세요.

[1] 유화는 궁궐의 **햇빛이** 잘 들지 않는 방에서 지내게 되었다. ┈┈┈┈┈┈[   ]
  ① [핻비시]   ② [핻빗시]   ③ [해삐치]

[2] 하지만 말과 소들도 알을 **밟지** 않으려고 멀리 피해 다녔다. ┈┈┈┈┈┈[   ]
  ① [밥찌]   ② [밥지]   ③ [발지]

[3] 늠름하고 **영특하게** 생긴 아이가 태어났다. ┈┈┈┈┈┈┈┈┈┈[   ]
  ① [영특아게]   ② [영트카게]   ③ [영트가게]

시간 **끝난 시간** ☐시 ☐분   채점 **독해** 7문제 중 ☐개
  1회분 푸는 데 걸린 시간 ☐분   **어법·어휘** 9문제 중 ☐개

↖ 스스로 붙임딱지
문제를 다 풀고
맨 뒷장에 있는
붙임딱지를
붙여보세요.

6급 本(근본 본)은 근본(바탕), 책·서류를 뜻하는 한자입니다.
글자에 붙어서 '본래의 ~' 또는 '~한 책(또는 서류)'란 뜻으로 쓰입니다.

본명(**本**名): 본래의 진짜 + 이름
└ 이름 명

본의(**本**意): 꾸밈없는 본래의 + 마음
└ 뜻, 마음 의

원**본**(原**本**): 원래의 + 서류
└ 원래 원

뜻	음
근본	본

쓰는 순서 | 一 十 才 木 本

한자를 칸에 맞춰 써 보세요.

本	本	本	本					

준7급 要(중요할 요)는 중요한 또는 요구를 뜻하는 한자입니다.
다른 글자에 붙어서 '중요한 ~' 또는 '~이 요구되는'이란 뜻으로 쓰입니다.

요약(**要**約): 말이나 글의 중요한 점만 + 간추려서 줄임
└ 묶을, 줄일 약

요직(**要**職): 중요한 + 직책 또는 벼슬
└ 벼슬, 직책 직

강**요**(強**要**): 강제로 + 요구함
└ 강할 강

뜻	음
중요할	요

쓰는 순서 | 一 厂 冂 両 西 西 要 要 要

한자를 칸에 맞춰 써 보세요.

要	要	要	要					

뿌리깊은 초등국어 독해력

낱말풀이 놀이

놀이를 하면서 그동안 공부했던 낱말을 복습해 보세요.

놀이 준비하기

뒤쪽에 있는 카드는 **점선에 따라 자른 후**
문제가 있는 면을 위로 하여 쌓아 두세요.

자른 카드는
**낱말풀이 카드
두는 곳**에
쌓아 두세요.

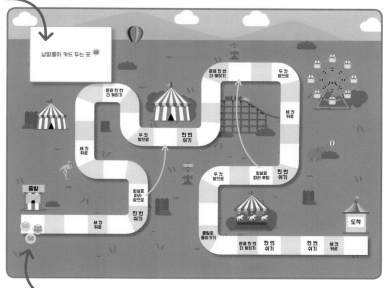

놀이 방법 설명서 뒤쪽에
놀이판이 있습니다.

카드가 있는 쪽의 첫 번째 칸에
놀이용 말 🐰 🐱 🐭 🐑 🐹 🐨이 있습니다.
사람 수대로 잘라 **출발 칸**에 두세요.

※칼이나 가위를 쓸 때는 꼭 부모님과 함께 하세요.

놀이하는 방법

① 가위바위보 등을 하여 순서를 정하세요.

② 순서대로 가장 위에 있는 카드의 문제를 보고 맞히세요.

③ 처음 문제를 본 친구가 문제를 풀지 못하면 다음 순서로 넘어갑니다.

④ 문제를 풀었다면 카드에 적힌 숫자만큼 놀이말을 움직이세요.

⑤ 만약 모든 친구가 문제를 풀지 못했다면 그 카드를 맨 밑에 넣으세요.

⑥ 가장 먼저 도착한 친구가 승리하는 놀이입니다.

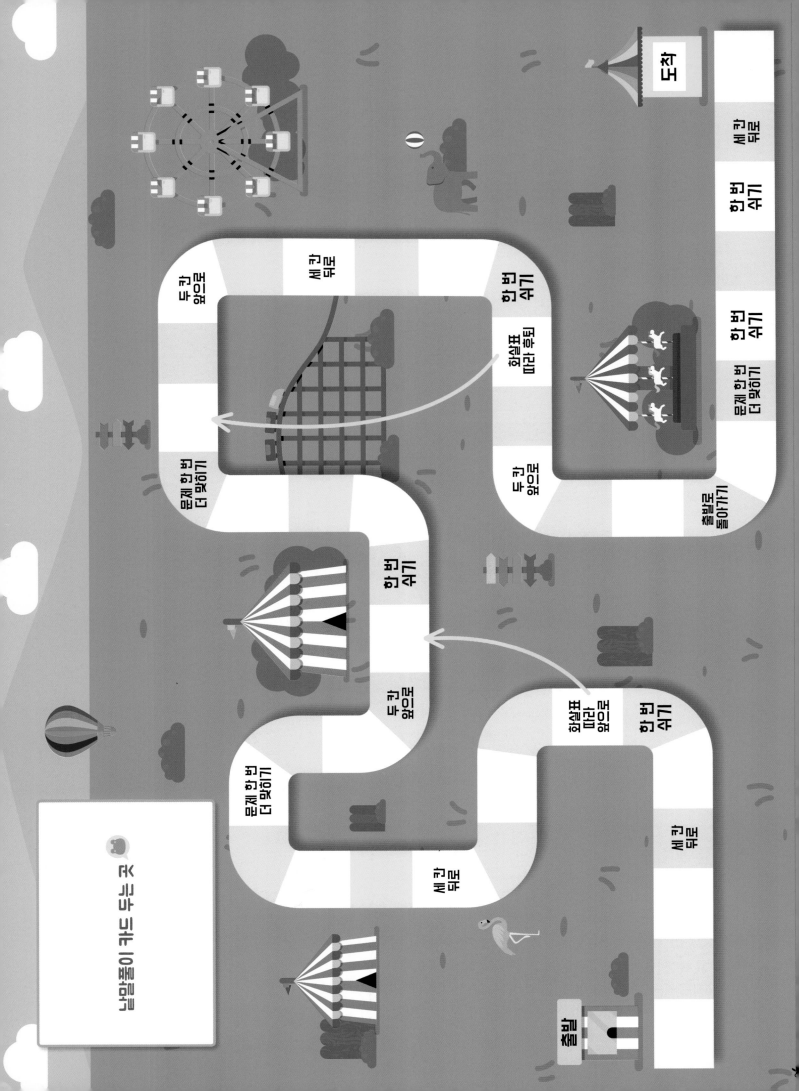

하루 15분 국어 독해력의 기틀을 다지는

뿌리깊은
초등국어
독해력
정답과 해설

5단계

초등 5·6학년
대상

MOTHERTONGUE
마더텅출판사
since1999.4.1.

이 책에 실린 작품

회차	제목	지은이	나온 곳	쪽수
9	수도꼭지	김용희	리잼 〈실눈을 살짝 뜨고〉	44쪽
25	원숭이 꽃신	정휘창	한국문학예술저작권협회	114쪽
30	사랑 손님과 어머니	주요섭	한국문학예술저작권협회	136쪽
36	사마천의 사기	정범진	까치글방 〈사마천 사기 4 - 사기세가 하편〉	164쪽

이 책에 쓰인 사진 출처

회차	제목	출처	쪽수
1	시치미	http://www.cha.go.kr/	10쪽
4	검은 새끼 고양이	https://www.gettyimagesbank.com/	22쪽
6	해례본	https://ko.wikipedia.org/	32쪽
7	존로스	http://www.mayfieldsalisbury.org/	36쪽
8	왕비 테오도라와 시녀들	https://commons.wikimedia.org/ (이탈리아 산비탈레 성당 소장)	40쪽
8	아테네 학당	https://commons.wikimedia.org/ (이탈리아 바티칸 미술관 소장)	40쪽
8	우주의 지배자 예수	https://commons.wikimedia.org/ (이탈리아 산비탈레 성당 소장)	42쪽
8	모나리자	https://commons.wikimedia.org/ (프랑스 루브르 박물관 소장)	42쪽
11	평대문	http://todamnongga.tistory.com/111 (토담농가)	54쪽
12	헬렌 켈러	https://commons.wikimedia.org/	58쪽
13	환화, 건원중보, 조선통보, 상평통보, 당백전	한국은행 사이트 (https://www.bok.or.kr/museum/main/main.do)	63~64쪽
부록	걸리버 여행기 그림	https://en.wikipedia.org/ (빅토리아 알버트 미술관 소장)	74쪽
부록	걸리버 여행기 그림	https://en.wikipedia.org/	74쪽
16	애덤 스미스	https://commons.wikimedia.org/	78쪽
23	인제뉴어티	https://www.nasa.org	106쪽
27	머라이언상	https://commons.wikimedia.org/	125쪽
32	수박과 들쥐	http://www.culturecontent.com (한국콘텐츠진흥원)	146쪽
32	맨드라미와 쇠똥구리	http://www.culturecontent.com (한국콘텐츠진흥원)	146쪽
32	산차조기와 사마귀	http://www.culturecontent.com (한국콘텐츠진흥원)	148쪽
부록	안창호 사진	https://ko.wikipedia.org	162쪽
36	사마천	https://commons.wikimedia.org/	166쪽
39	정철	https://commons.wikimedia.org/	178쪽

마더텅 학습 교재 이벤트에 참여해 주세요. 참여해 주신 모든 분께 선물을 드립니다.

🎁 이벤트 ① 1분 간단 교재 사용 후기 이벤트

마더텅은 고객님의 소중한 의견을 반영하여 보다 좋은 책을 만들고자 합니다.
교재 구매 후, 〈교재 사용 후기 이벤트〉에 참여해 주신 모든 분께는 감사의 마음을 담아 모바일 문화상품권 1천 원권 을
보내 드립니다. 지금 바로 QR 코드를 스캔해 소중한 의견을 보내 주세요!

🎁 이벤트 ② 학습계획표 이벤트

STEP 1 책을 다 풀고 SNS 또는 수험생 커뮤니티에 작성한 학습계획표 사진을 업로드

필수 태그 #마더텅 #초등국어 #뿌리깊은 #독해력 #학습계획표 #공스타그램
SNS/수험생 커뮤니티 페이스북, 인스타그램, 블로그, 네이버/다음 카페 등

▶ **STEP 2** 왼쪽 QR 코드를 스캔하여 작성한 게시물의 URL 인증

참여해 주신 모든 분께는 감사의 마음을 담아 CU 모바일 편의점 상품권 1천 원권 및 B 북포인트 2천 점 을 드립니다.

🎁 이벤트 ③ 블로그/SNS 이벤트

STEP 1 자신의 블로그/SNS 중 하나에 마더텅 교재에 대한 사용 후기를 작성

필수 태그 #마더텅 #초등국어 #뿌리깊은 #독해력 #교재리뷰 #공스타그램
필수 내용 마더텅 교재 장점, 교재 사진

▶ **STEP 2** 왼쪽 QR 코드를 스캔하여 작성한 게시물의 URL 인증

참여해 주신 모든 분께는 감사의 마음을 담아 CU 모바일 편의점 상품권 2천 원권 및 B 북포인트 3천 점 을 드립니다.
매달 우수 후기자를 선정하여 모바일 문화상품권 2만 원권 과 B 북포인트 1만 점 을 드립니다.

B 북포인트란? 마더텅 인터넷 서점 http://book.toptutor.co.kr에서 교재 구매 시 현금처럼 사용할 수 있는 포인트입니다.

※자세한 사항은 해당 QR 코드를 스캔하거나 홈페이지 이벤트 공지글을 참고해 주세요.
※당사 사정에 따라 이벤트의 내용이나 상품이 변경될 수 있으며 변경 시 홈페이지에 공지합니다. ※만 14세 미만은 부모님께서 신청해 주셔야 합니다.
※상품은 이벤트 참여일로부터 2~3일(영업일 기준) 내에 발송됩니다. ※동일 교재로 세 가지 이벤트 모두 참여 가능합니다. (단, 같은 이벤트 중복 참여는 불가합니다.)
※이벤트 기간: 2024년 12월 31일까지 (*해당 이벤트는 당사 사정에 따라 조기 종료될 수 있습니다.)

하루 15분 국어 독해력의 기틀을 다지는

뿌리깊은 초등국어 독해력 정답과 해설

5단계
초등 5·6학년
대상

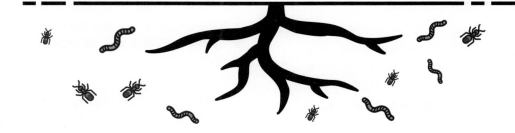

01회 본문 10쪽

1 시치미, 떼다   2 ①   3 ①
4 매, 시치미, 시치미, 이름, 시치미, 시치미, 떼다
5 ③
6 매 주인을 표시하는 일종의 이름표, 자기가 하고도 하지 않은 척하다, 알고 있으면서도 모르는 체하다
7 ③

어법·어휘편

[1단계]
(1) 길들이다 - ⓒ 어떤 일에 익숙하게 하다
(2) 호사스럽다 - ⓒ 호화롭게 필요한 것보다 더 …
(3) 빈번하다 - ㉠ 번거로울 정도로 자주 일어나다

[2단계]
(1) 호사스러운   (2) 빈번한   (3)길들인

[3단계]
(1) ②   (2) ③   (3) ①   (4) ④

---

1. 이 글은 '시치미를 떼다'라는 관용 표현이 어디서 유래가 되었는지 설명하는 글입니다. 시치미는 사냥매의 꼬리 부분에 매의 이름, 종류, 나이, 주인 이름 등을 적어 놓은 일종의 이름표였습니다. 이 이름표를 떼어버리고 자신의 매인 것처럼 속이던 행동으로부터 '시치미를 떼다'라는 관용 표현이 생겼다고 합니다.

2. 이 글에는 매의 종류에 대한 설명은 나와 있지 않습니다. 이 글은 '매'에 대한 글이 아니라 '시치미'와 '시치미를 떼다'라는 관용표현에 대한 글입니다.

3. 시치미는 매의 주인이 매의 꽁지 위 털 속에 매달아 놓고 자신이 주인임을 표시하는 일종의 이름표입니다.

4. 이 글의 흐름을 간단하게 요약한 표입니다. 이 글은 매를 사냥하던 시절의 이야기로 시작하여, '시치미'가 무엇인지 설명하고 그 당시의 이야기를 통하여 '시치미를 떼다'라는 말의 유래에 대해 설명하였습니다.

5. 시치미를 매다는 부분인 '꽁지'는 새의 꽁무니에 붙은 깃털입니다.

6. '시치미를 떼다'라는 말은 원래는 매의 이름표를 떼어버리고 모르는 척한다는 뜻이었으나 지금은 그와 비슷하게 자기가 한 것을 모르는 척하는 것을 의미합니다.

7. 시치미를 매의 꽁지 부분에 매다는 것은 이미 이 글에서 자세히 설명하였습니다. 글을 읽고 좀 더 알고 싶은 내용을 책 등의 다양한 매체를 통하여 살펴보는 습관을 가지도록 합시다.

어법·어휘편 해설

[1, 2단계] '호사스럽다'는 필요 이상으로 돈이나 물건을 사용하거나 그렇게 보이도록 치장한 것을 말하는 것으로 부정적인 의미로 사용됩니다.

[3단계] '떼다'라는 낱말은 문장의 흐름에 따라 각각 다른 뜻으로 해석될 수 있습니다.

02회 본문 14쪽

1 일기 예보
2 (1) O   (2) O   (3) X   (4) X
3 (ㄹ), (ㄷ), (ㄴ), (ㄱ)   4 ①
5 (1) 일기 예보란?   (2) 일기 예보의 역사
  (3) 기상청의 역할   (4) 일기 예보의 과정
6 (예시 답안) 어부들이 날씨를 미리 확인하고 배를 띄운다.
7 (다)

어법·어휘편

[1단계]
(1) 예측 - ㉠ 미리 헤아려 짐작함
(2) 운항 - ⓒ 배나 비행기가 정해진 목적지를 …
(3) 전보 - ⓒ 전기를 이용해 알리고 싶은 내용을 보내는 것

[2단계]
(1) 운항   (2) 전보   (3) 예측

[3단계]
(1) 신속히   (2) 역할

---

1. 각 문단의 중심생각을 찾으면서 글을 읽으면 제목이나 주제를 찾는데 도움이 됩니다. 첫 번째 문단은 일기 예보가 무엇이고 어떻게 쓰이는지, 두 번째 문단은 일기 예보의 역사, 세 번째 문단은 기상청의 주요 업무, 네 번째 문단은 일기 예보의 과정을 설명하였습니다.

2. (3) 조선시대의 측우기는 비의 양을 측정하던 기구입니다.

3. 바빌로니아에서 구름의 움직임으로 날씨를 예측하였고 우리나라에서는 측우기를 발명하여 과학적인 일기 예보가 시작되었습니다. 1837년 유럽에서 전보가 발명된 이후 근대와 같은 일기 예보 시스템을 갖추게 되었습니다. 우리나라에서는 1904년 최초의 임시 관측소를 설치하였으며 1949년 현재의 기상청인 국립 중앙 관상대를 지었습니다.

4. '일기'는 '날씨'와 같은 의미의 낱말입니다. '이'와 '치아' 역시 같은 의미의 낱말입니다. '남자'와 '여자', '작다'와 '크다'는 반대되는 의미의 낱말이고 '나무'와 '소나무'는 전체와 부분의 낱말입니다.

5. 각 문단의 중심생각을 파악하여 알맞게 연결하면 됩니다. (가)에서는 일기 예보란 무엇인지를, (나)에서는 일기 예보의 역사를, (다)에서는 기상청의 역할을, (라)에서는 일기 예보의 과정을 설명하고 있습니다.

6. 이 글의 첫째 문단에 생활에 도움을 주는 일기 예보 사례가 나옵니다. 사례를 참고하여 어울리는 내용을 쓰면 됩니다.

7. 기상청에서는 지진, 화산, 해일 등이 일어날 것을 예측하여 사람들이 안전하게 생활할 수 있도록 알려줍니다. 이 내용은 (다) 문단에 나타나 있습니다.

어법·어휘편 해설

[1, 2단계] '전보'는 전기를 이용해 알리고 싶은 내용을 보내는 것입니다. 전기통신설비를 이용하여 문자의 형태로 알리는 것이 보통입니다.

1 날씨 (또는 기상)
2 ①
3 열대야 현상
4 ⑤
5 많은 비가 내린데다, 비가 더 내릴, 불어날 우려가 있기 때문입니다.
6 ①
7 ④

어법·어휘편

[1단계]
(1) 전망 - ⓒ 앞날을 헤아려 내다봄
(2) 각별히 - ㉠ 어떤 일에 대하여 특별한 마음가짐이나 자세로
(3) 만반 - ⓛ 마련할 수 있는 모든 것

[2단계]
(1) 각별히   (2) 전망   (3) 만반

[3단계]
(1) ②   (2) ①

1. 이 글은 늦여름의 '말복'인 8월 11일의 날씨를 예보하는 글입니다.

2. 이 글의 네 번째 문단을 살펴보면, 일부 남부지방과 제주도에는 폭염 특보가 발효 중이라 낮 최고기온이 33도 내외로 매우 더운 날씨가 이어질 것임을 알 수 있습니다.

3. 이 글의 네 번째 문단에서 밤사이 기온이 25도 이상으로 유지되는 열대야 현상에 대해 언급하고 있습니다.

4. '당분간'은 '앞으로 얼마의 기간 동안'이라는 뜻으로 '얼마간', '한동안', '얼마 동안', '며칠 동안'이라고 바꾸어 쓸 수 있습니다. '찰나'는 아주 짧은 시간을 뜻합니다.

5. 이 글을 통하여 강원도 지역은 전날 많은 비가 내렸으며 밤사이에도 비가 더 내릴 수 있음을 알 수 있습니다. 비가 많이 내리면 계곡이나 하천이 불어날 수 있어 위험합니다.

6. 이 글은 여름철 날씨를 미리 예보하는 글입니다.

7. 이 글의 네 번째 문단에서 제주도는 밤에도 기온이 높은 열대야 현상이 예상된다고 하고 있습니다.

어법·어휘편 해설

[1, 2단계] '만반'은 미리 준비할 수 있는 모든 것을 의미합니다. 비슷한 의미의 낱말로는 '전부', '제반', '갖가지' 등이 있습니다.

[3단계] '일다'는 없던 것이 생기거나 약하던 것이 왕성해진다는 의미입니다. 비슷한 의미의 낱말로는 '번창하다', '번성하다', '부풀다' 등이 있습니다.

1 검은 새끼 고양이
2 ②
3 ④
4 (1) 예) 발톱을 세워 뛰어올랐다.
(2) 예) 꼬리를 치며 따른다.
5 ①, ②
6 예) 힘껏 노력하여 쥐 떼들을 다 없애기를
7 ④

어법·어휘편

[1단계]
(1) 양식 - ⓒ 사람이 사는 데 필요한 먹을거리
(2) 중년 - ⓛ 40살 전후의 나이, 또는 그 나이의 …
(3) 형편 - ㉠ 살림살이나 재산의 상태

[2단계]
(1) ①   (2) ②   (3) ③   (4) ①

[3단계]
(2)에 ○

1. 이 시는 '검은 새끼 고양이'에 대해 쓴 시입니다.

2. 이 시의 고양이는 점점 길들여지고 나서야 말하는 이를 따르기 시작했습니다.

3. 이 시에 나오는 고양이의 모습을 통해 이 시의 말하는 이가 ㉠, ⓔ과 같은 말을 했을 것이라고 생각할 수 있습니다.

4. 이 시의 말하는 이가 고양이를 길들이기 전에는 발톱을 세워 뛰어올랐지만 길들인 후에는 꼬리를 치며 따랐습니다.

5. 이 시에 나오는 쥐는 말하는 이가 모아 둔 양식을 갉아 먹고, 말하는 이의 집 벽을 갉아 구멍을 뚫어 놓았습니다.

6. 이 시의 말하는 이는 시의 마지막 부분에서 고양이가 힘껏 노력해서 쥐 떼들을 다 없애주기를 바라고 있습니다.

7. 작가의 바람과 달리 작가의 고양이는 집에 있는 쥐 떼들을 없애지 않았습니다. 그러자 작가는 고양이를 나무라기 위해 [보기]의 내용과 같은 시를 썼습니다.

어법·어휘편 해설

[1단계] (1) '양식'의 뜻은 '사람이 사는 데 필요한 먹을 거리'입니다. (2) '중년'의 뜻은 '40살 전후의 나이, 또는 그 나이의 사람'입니다. (3) '형편'의 뜻은 '살림살이나 재산의 상태'입니다

[2단계] (1) 달빛이 희미하다는 뜻이므로 ①입니다. (2) 피아노 소리가 작게 들렸다는 뜻이므로 ②입니다. (3) 그윽한 꽃향기가 가득하다는 뜻이므로 ③입니다. (4) 희미한 불빛이 방안을 비추었다는 뜻이므로 ①입니다.

[3단계] '기를 펴다'의 뜻은 '억누르는 것이 없어 자신감을 가지고 당당하게 행동하다.'입니다.

1 ① 2 ② 3 ③ 4 ④ 5 ② 6 ② 7 ⑤

어법·어휘편

[1단계]
(1) 동일 - ⓒ 똑같음
(2) 모범 - ⓒ 본받아 배울만한 본보기
(3) 영문 - ㉠ 일이 돌아가는 형편이나 그 까닭

[2단계]
(1) 모범   (2) 영문   (3) 동일

[3단계]
(1) ①   (2) ②

1. '탈무드'는 BC 2000년경 이스라엘 등지에 살고 있던 사람들인 유대인들의 지혜를 적어 놓은 책입니다. 이 두 글은 교훈을 주는 글입니다.

2. 제자들은 스승의 두 질문에 각각 다른 답을 말하였습니다. 하지만 스승은 그 대답을 듣고는 좀 더 지혜롭게 생각할 수 있도록 조언을 해 주었습니다.

3. 같은 일을 하고 난 뒤 서로의 얼굴을 보고는 자신의 얼굴도 상대방의 얼굴과 같을 것이라고 생각해서입니다. 친구는 자신의 거울이라는 말이 있습니다. 다른 사람의 말이나 행동 속에서 자신의 모습을 찾을 수 있다는 뜻입니다.

4. 이어지는 말을 통해 왜 서로 다른 주문에도 같은 재료의 요리를 사 온 것인지 궁금하여 물어 본 것임을 알 수 있습니다.

5. 두 이야기는 공통적으로 '말'의 중요성에 대한 교훈을 가지고 있습니다. 이 이야기에서 '혀'는 신체의 일부인 '혀'를 말하기도 하지만 숨은 뜻은 '사람이 하는 말이나 말의 태도'를 뜻합니다. 말을 하기 전에 깊이 생각을 해보고 말을 하는 습관을 가지라는 교훈을 주는 글입니다.

6. '그런데'는 화제를 앞의 내용과 관련시키면서 다른 방향으로 이끌어 나갈 때 쓰는 낱말입니다. 빈칸에는 '그런데'가 가장 어울립니다.

7. (가)의 ⓐ는 제자들이 문제에 대해 깊게 생각해볼 수 있도록 질문을 반복하며 가르치고 있습니다. 직접 알려주고 암기를 시킨다는 의견은 적절하지 않습니다.

어법·어휘편 해설

[1, 2단계] '영문'은 일이 돌아가는 형편이나 까닭을 뜻하는 말로 '원인', '사정', '까닭'과 같은 비슷한 뜻을 가진 낱말이 있습니다.

[3단계] 예사소리인 'ㄱ, ㄷ, ㅂ, ㅈ'이 거센소리인 'ㅋ, ㅌ, ㅍ, ㅊ'으로 발음되는 현상을 '거센소리되기'라고 합니다.

1 ⑤   2 ⑤   3 ④   4 (라), (나), (가), (다)
5 임의   6 정확히 언제 한글을 반포했는지 알 수 없었기   7 ③

어법·어휘편

[1단계]
(1) 창제 - ⓒ 전에 없던 것을 처음으로 만듦
(2) 반포 - ⓒ 세상에 널리 퍼뜨려 모두 알게 함
(3) 지정 - ㉠ 특정한 자격을 주어 정함

[2단계]
(1) 창제   (2) 반포   (3) 지정

[3단계]
(1) 은밀하게   (2) 공휴일

1. 이 글은 한글날이 오늘날과 같이 10월 9일이 된 과정을 적어 놓았습니다. 글쓴이는 한글날이 정해진 과정을 알리고 한글날이 되었을 때 사람들로 하여금 한글의 고마움을 느껴보도록 하기 위하여 이 글을 썼습니다.

2. 〈훈민정음 해례본〉은 세종 28년 9월 상순에 반포되었다고 하였습니다. 안동에서는 1940년 〈훈민정음 해례본〉이 발견되었습니다.

3. 세종대왕은 한글을 비공개적으로 은밀하게 창제하였다고 하였습니다. 처음에는 한글날이 임의로 10월 28일로 정해졌으나 이후 〈훈민정음 해례본〉이 발견되고 지금의 10월 9일로 바뀌었습니다.

4. 이 글은 한글날이 오늘날과 같이 10월 9일이 되기까지의 과정을 시간의 흐름에 따라 설명하였습니다. 그 내용은 둘째 문단부터 셋째 문단까지 나와 있습니다.

5. 한글날의 날짜는 임의로 10월 28일로 정해졌습니다. 특별한 근거나 까닭을 찾지 못하여 하고 싶은 대로 10월 28일로 정해졌다는 뜻입니다.

6. 한글은 정확히 언제 반포되었는지 알 수 없었습니다. 한글은 비공개적으로 은밀하게 창제되었기 때문입니다. 그 당시 글은 중국의 배우기 어려운 한자를 사용하고 있었고 이는 양반들만 공부할 수 있었습니다.

7. 〈보기〉의 글은 한글날이 만들어진 또 다른 이야기입니다. 한글날은 처음에는 '가갸날'이라는 이름으로 한글을 지키기 위한 날이었다고 합니다. 본문에서 한글날은 처음부터 10월 9일이 아니었던 것으로 미루어 볼 때, 가갸날도 처음에는, 처음부터 10월 9일은 아니었을 것입니다.

어법·어휘편 해설

[1, 2단계] 창제와 반포는 다른 의미입니다. 처음으로 만든 것은 '창제'이고 그것을 세상에 널리 퍼트리는 것이 '반포'입니다. 세종대왕은 한글을 창제하여 반포하였습니다.

[3단계] 국가에서 정하여 다 함께 쉬는 날을 공휴일이라고 합니다. 국가에서 특별히 축하하거나 애도하기 위하여 다 함께 쉬면서 그 뜻을 기리기로 한 날입니다.

1 띄어쓰기, 도입　　　　　 2 ④
3 조선어 첫걸음
4 (나), (라), (가), (다)　　　 5 ③
6 한글은 소리글자로 이루어져 있으며 자음과 모음만 배우면 누구나 읽고 배울 수 있는 글자, 우수성
7 ③

어법·어휘편

[1단계]
(1) 도입 - ⓒ 기술, 방법 따위를 끌어 들임
(2) 반영 - ㉠ 다른 것에 영향을 받아 어떤 현상이 나타남
(3) 정립 - ⓛ 정하여 바로 세움

[2단계]
(1) 정립　　　 (2) 도입　　　 (3) 반영

[3단계]
(1) 高(높을 고)　 (2) 初(처음 초)　 (3) 惡(악할 악)

1. 이 글은 최초의 한글 띄어쓰기를 도입한 존 로스라는 선교사에 대한 이야기를 담고 있습니다. 우리나라로 선교 활동을 와서 한글로 된 성경을 만들면서 처음으로 띄어쓰기를 도입하였습니다.

2. 〈초등소학〉은 대한국민교육회에서 발간한 책입니다.

3. 두 번째 단락을 보면, 로스는 '이응찬'이라는 상인의 도움을 받아 최초의 한글 띄어쓰기가 도입된 한국어 교재인 〈조선어 첫걸음〉을 만들었다고 합니다.

4. 존 로스가 한글 띄어쓰기를 도입한 과정입니다. 제일 처음 첫 선교지인 중국에서 한자와 중국어를 공부하였고 1874년 '고려문'이라는 중국의 국제 무역장소로 향했습니다. 조선에서의 선교를 결심하고 성경을 번역해 줄 사람을 찾았으며 이응찬의 도움을 받아 최초의 한글 띄어쓰기가 도입된 책을 만들었습니다.

5. '확신'은 굳게 믿는다는 뜻의 낱말입니다. 확충은 무언가를 늘리고 넓혀서 좀 더 충실하고 내실있게 한다는 뜻입니다.

6. 존 로스는 '조선어 첫걸음'이라는 책에 한글은 소리글자로 이루어져 있으며 자음과 모음만 배우면 누구나 읽고 배울 수 있는 글자라면서 한글의 우수성을 소개했습니다. 소리글자라는 것은 소리 나는 것을 글자로 옮긴 것입니다. 이와 반대로 한자는 뜻글자로, 글자 한 자 한 자에 의미가 담겨있는 글자입니다.

7. 1933년 조선어학회가 한글 맞춤법 통일안을 만들면서 띄어쓰기 관련 어문 규정이 하나씩 정립되기 시작하였습니다. 그 후에 발표된 책에는 띄어쓰기가 되어 있을 것으로 짐작할 수 있습니다.

어법·어휘편 해설

[1, 2단계] '정립'은 정하여 바로 세운다는 뜻의 낱말입니다. '관계를 정립한다.', '가치관을 정립한다.' 등으로 활용됩니다.

[3단계] 한자는 글자마다 뜻을 가지고 있습니다. 한자가 가지고 있는 뜻을 알고 있으면 다양한 낱말의 뜻을 문맥 속에서 추측할 수 있습니다.

1 ⑤　　　　　　　　　　 2 ⑤
3 ① 중세 시대　　　　　 ② 바티칸 궁전
　 ③ 테오도라 왕비(와 시녀들)　 ④ 아니요
4 기법
5 [1] 중세 시대　　　　 [2] 르네상스 시대
　 [3] 중세 시대　　　　 [4] 르네상스 시대
6 '부활'이란 뜻으로, 르네상스 시대는 말 그대로 유럽에서 고대 그리스 문화를 되살리려는 문화 운동이 일어났던
7 ③

어법·어휘편

[1단계]
(1) 기록 - ⓒ 훗날에 남길 목적으로 어떤 사실을 …
(2) 시기 - ㉠ 어떤 일이 벌어지는 때
(3) 구도 - ⓛ 여러 가지가 어울려 이루는 …

[2단계]
(1) 구도　　　 (2) 기록　　　 (3) 시기

[3단계]
(1) 遠(멀 원)　 (2) 近(가까울 근)

1. 이 글에서는 중세 시대에 그려진 〈왕비 테오도라와 시녀들〉과 르네상스 시대에 그려진 〈아테네 학당〉 두 작품의 특징을 설명하며 비교하고 있습니다.

2. 라파엘로의 작품 〈아테네 학당〉은 1509년부터 그리기 시작해 2년에 걸쳐 그려졌으므로 1511년에 완성되었습니다.

3. 〈왕비 테오도라와 시녀들〉의 특징은 두 번째 문단, 〈아테네 학당〉의 특징은 세 번째 문단에 각각 소개되어 있습니다.

4. 어떤 일을 하는 특별한 솜씨나 방법을 뜻하는 말은 '기법'입니다. 이 글에 등장하는 모자이크 기법은 미술에서 종이나 타일을 조각조각 붙여 작품을 만드는 독특한 양식을 말합니다.

5. 약 5세기에서 13세기에 해당하는 중세 시대에는 원근법이 발달되지 못했습니다. 〈아테네 학당〉은 르네상스 시대 작품으로 이 시대에는 사람도 신과 마찬가지로 아름답게 그렸습니다.

6. '르네상스 시대'의 어원과 특징에 대한 설명입니다. 세 번째 문단 5~7째 문장을 살펴보면 답을 찾을 수 있습니다.

7. 원근법이 발달하기 전에 그려진 중세 시대 작품들은 평면적으로 보이는 그림이 많습니다. (가)는 인물들이 멀고 가까움에 상관없이 같은 크기로 그려진 중세 시대 작품입니다.

어법·어휘편 해설

[1단계] '기록'은 '훗날에 남길 목적으로 어떤 사실을 적는 것이나 그런 글'을, '시기'는 어떤 일이 벌어지는 때를, '구도'는 '여러 가지가 어울려 이루는 틀이나 짜임새'를 뜻하는 낱말입니다.

[2단계] [1] 대상들이 이루는 모양에는 '구도', [2] 일기에 적는 행동에는 '기록', [3] 나무를 심기 좋은 봄에는 '시기'가 알맞습니다.

[3단계] [1] '멀리' 보이는 경치는 遠(멀 원)과 어울려 원경(遠景), [2] '가까운' 곳은 近(가까울 근)과 어울려 근처(近處)라 합니다.

09회 본문 44쪽

2주차

1 수도꼭지
2 ③
3 ②
4 ②
5 6, 12
6 ④
7 ①

어법·어휘편

[1단계]
(1) 벼락 - ⓒ 천둥, 번개처럼 하늘에서 전기 …
(2) 탄성 - ㉠ 감탄하는 소리
(3) 안달 - ⓛ 속을 태우며 조급하게 구는 일

[2단계]
(1) 안달 (2) 벼락 (3) 탄성

[3단계]
(1) ① (2) ②

1. 이 시는 수도꼭지를 틀면 물이 나오는 모습을 여러 가지로 비유하여 표현하였습니다.

2. 이 시에서 말한 꾹 참고 참았다가 쏟아 낸 재채기는 수도꼭지에서 물이 쏟아져 나오는 소리와 모습을 빗대어 표현한 것입니다. 실제로 재채기를 한 것은 아닙니다.

3. '터지다'는 다양한 뜻을 가진 낱말입니다. 이런 낱말은 문맥에서 그 뜻을 찾아야 합니다. 수도꼭지에서 물이 나오는 소리를 박수 소리가 터져 나온다고 표현하였으므로 '물, 소리가 갑자기 쏟아지다.'와 같은 뜻입니다.

4. 이 시는 말하는 이가 나타나 있지 않습니다.

5. 시에서 행은 시의 한 줄을 뜻하고, 연은 시에서 몇 행을 하나로 묶은 것을 뜻합니다. 이 시는 6연과 12행으로 이루어져 있습니다.

6. 이 시는 다양한 청각적 표현과 시각적 표현이 활용되었습니다. 수돗물이 터져 나오는 모습과 소리가 박수 소리, 벼락, 탄성, 재채기, 폭포수와 같이 다양하게 빗대어 표현되었습니다. 문항에 제시된 글에서도 사과를 빨간색 피에, 하늘을 파란 바다에, 하얀 구름을 양 떼에 비유한 감각적 표현을 많이 사용하였습니다.

7. '시원한'은 촉각의 표현이라 할 수 있습니다.

어법·어휘편 해설

[1, 2단계] '벼락'은 천둥, 번개 같은 자연 현상을 말합니다. 이 낱말은 주로 '벼락같다', 즉 갑자기 놀랄 정도의 상황이나 모습을 표현할 때 주로 활용됩니다.

[3단계] '탄성'은 같은 낱말이지만 전혀 상반된 분위기를 나타내는 말로 활용될 수 있습니다. [1]의 탄성은 몹시 잘하는 장면을 보고 감탄하는 소리이고 [2]의 탄성은 실망이나 공포를 나타내는 탄식하는 소리입니다.

10회 본문 48쪽

2주차

1 허생
2 ④
3 ①
4 ㉳, ㉮, ㉰, ㉴, ㉲, ㉱, ㉯
5 ②
6 ③
7 경제, 불안정

어법·어휘편

[1단계]
(1) 좌우 - ⓛ 어떤 일에 영향을 주어 지배함
(2) 풍성 - ㉠ 넉넉하고 많음
(3) 안목 - ⓒ 사람이나 사물을 보고 분별하는 능력

[2단계]
(1) 안목 (2) 좌우 (3) 풍성

[3단계]
(1) ① (2) ②

1. 이 이야기의 제목은 '허생'전입니다. 또한 이야기에서 중심적으로 다뤄지는 인물 또한 '허생'이며 '허생'을 중심으로 이야기가 진행되고 있습니다. 따라서 이야기의 주인공은 '허생'임을 쉽게 알 수 있습니다.

2. 허생은 변씨에게 빌린 만 냥을 십만 냥으로 갚았습니다. 따라서 ④번이 정답임을 알 수 있습니다.

3. 전혀 알지 못하는 사람에게 변씨가 큰 돈을 빌려주는 것에 대해 가족들이 이상하게 여겨 묻는 것이므로 '깜짝 놀라며'가 가장 적절합니다.

4. 이야기를 읽어가며 순서를 정리하면 됩니다.

5. 허생이 과일을 사자 우리나라의 과일 값이 흔들린 내용이 있으므로 ②번이 정답임을 알 수 있습니다.

6. 허생은 과일을 열 배의 가격으로 사들인 것이 아니라 과일을 열 배의 가격으로 팔았습니다.

7. 허생은 만 냥의 돈으로 나라의 과일 값을 뒤흔들어 놓았습니다. 따라서 허생은 나라의 경제가 매우 불안정적이라고 생각했을 것입니다.

어법·어휘편 해설

[1, 2단계] '좌우'는 어떤 일에 영향을 주어 지배함, '풍성'은 넉넉하고 많음, '안목'은 사람이나 사물을 보고 분별하는 능력을 뜻합니다.

[3단계] '좌우'의 뜻을 살펴보고 문맥상 알맞은 정답을 골라내면 됩니다.

11회 본문 54쪽

1 기와집   2 ⑤   3 초가집, 너와집, 기와집
4 높은, 사람, 바깥, 안, 곡식, 마당, 장독대
5 담장
6 솟을대문은 담장보다 높은 문으로 보통 높은 관리들 집의 대문이었습니다. 말이 자주 지나가기 때문에 높은 문이 필요했고 문 뒤에 가마나 말을 보관하였습니다. 평대문은 담장과 높이가 비슷한 문이었습니다.
7 앞마당

어법·어휘편

[1단계]
(1) 타작 - ⓒ 곡식을 떨어서 낟알을 거두는 일
(2) 잔치 - ㉠ 기쁜 일이 있을 때에 음식을 차려 …
(3) 장독대 - ⓛ 간장, 된장, 고추장 등을 담아 …

[2단계]
(1) 타작   (2) 장독대   (3) 잔치

[3단계]
(1) ②   (2) ①

---

1. 이 글에서는 우리 고유의 집 종류 중 하나인 기와집에 대해서 살펴보았습니다. 각 문단별로 기와집의 대문, 사랑채, 안채, 마당에 대해서 자세히 설명하였습니다.

2. 사랑채는 남자들이 생활하는 곳입니다. 남자들은 이곳에서 책을 읽고, 손님을 맞고, 집안의 문제를 이야기합니다. 부엌이 있어 음식을 준비하는 곳은 안채, 장독대를 놓아 젓갈 등을 보관하는 곳은 마당입니다.

3. 첫 번째 문단에서 우리 고유의 집은 지붕의 형태에 따라서 초가집, 너와집, 기와집 등으로 나뉜다고 하였습니다.

4. 이 글의 전체적인 구조를 간략하게 나타낼 수 있는 일종의 개요입니다. 기와집의 모양이나 쓰임새에 대해 설명한 글인데 제일 앞부분은 대문의 모양과 쓰임새, 그다음으로는 사랑채와 안채의 위치와 쓰임새, 마지막으로는 마당의 모습과 쓰임새를 설명하였습니다.

5. 담장은 집의 둘레나 일정한 공간을 둘러서 집의 경계를 정하거나 외부로부터의 침입을 막기 위하여 쌓아 올린 것입니다. 이 글의 둘째 문단에 담장에 대한 이야기가 대문과 함께 나옵니다.

6. 솟을대문과 평대문의 차이는 두 번째 문단을 정리하면 됩니다. 솟을대문과 평대문은 문의 높이에 따라 구분할 수 있고 이렇게 높이가 다른 것은 집에 사는 사람의 계급이나 계층에 따른 집의 쓰임새가 다르기 때문입니다.

7. 앞마당에서는 집안의 중요한 행사를 했습니다. 이모의 결혼식과 같은 중요한 행사는 앞마당에서 진행하였을 것입니다.

어법·어휘편 해설

[1, 2단계] 타작은 곡식을 떨어서 낟알을 거두는 일입니다. 벼나 보리 같은 곡식은 껍질이 둘러싸고 있기 때문에 조상들은 이를 떨어서 껍질이 벗어지게 하여 낟알을 얻었습니다.

[3단계] 관직에 있는 사람을 관리라고 불렀습니다. 관료, 벼슬아치, 관헌 등이 비슷한 뜻을 가진 낱말입니다.

12회 본문 58쪽

1 ②
2 ③
3 작가, 사회운동가
4 시각, 사하이, 촉각, 대학
5 ④
6 지호
7 ⑤

어법·어휘편

[1단계]
(1) 짐작 - ㉠ 사정이나 형편을 어림잡아 헤아림
(2) 극복 - ⓛ 악조건이나 고생을 이겨 냄
(3) 기여 - ⓒ 도움이 되도록 도와줌

[2단계]
(1) 극복   (2) 기여   (3) 짐작

[3단계]
(1) 극복   (2) 연상

---

1. 이 글에는 헬렌 켈러와 그녀의 인생을 토대로 만든 영화 〈블랙〉에 관한 정보가 실려 있습니다.

2. 헬렌 켈러는 태어난 지 19개월이 되었을 때 뇌척수막염으로 짐작되는 병을 앓고 나서 시각과 청각을 잃게 되었습니다.

3. 마지막 문단에 헬렌 켈러는 신체적인 어려움을 가지고 있었지만 그 어려움을 극복하고 작가이자 사회운동가가 되어 사회에 기여한 인물로 사람들에게 기억되고 있다고 나와 있습니다.

4. 이 글의 내용을 요약한 글입니다. 〈블랙〉에서 미셸이 가진 장애와 극복 방법, 그리고 사하이 선생님의 도움에 대한 내용이 이 글의 주요 내용입니다.

5. '자만'은 자신과 관련된 일을 스스로 자랑하며 뽐낸다는 뜻입니다. 헬렌 켈러는 장애를 가졌으나 절망(희망을 끊다)하지 않고 다른 사람들에게 희망을 주었습니다.

6. 미셸의 삶에서 배울 수 있는 점은 장애라는 어려움을 극복하고 훌륭한 업적을 남겼다는 것입니다. 그 과정에서 미셸이 얼마나 많이 노력했을지 생각해보고 의지를 다진 지호가 가장 바르게 말하였습니다.

7. 베토벤은 헬렌 켈러처럼 어린 시절에 청력을 잃은 것은 아니지만 유망한 작곡가로 작곡 활동을 하다 청력을 잃었습니다. 하지만 절망하지 않고 후세에 남을만큼 훌륭한 음악들을 작곡하였습니다. 자신에게 주어진 장애 때문에 좌절하지 않고 더 열심히 노력하여 큰 업적을 남긴 것이 헬렌 켈러와의 공통점입니다.

어법·어휘편 해설

[1, 2단계] '기여'란 도움이 되도록 이바지한다는 뜻의 낱말입니다. 공헌, 이바지 등의 낱말과 비슷한 뜻을 가지고 있습니다.

13회 본문 62쪽

1 화폐
2 곡물, 건원중보, 저화, 조선통보, 한국은행, 전자 화폐
3 ㉣, ㉠, ㉢, ㉡
4 ①
5 ④
6 ①
7 ④

어법·어휘편

[1단계]
(1) 지불 - ㉡ 값을 내어 줌, 돈을 치러 줌
(2) 발행 - ㉢ 화폐 등을 만들어 효력을 발생…
(3) 세공 - ㉠ 잔손을 많이 들여 정밀하게 만듦

[2단계]
(1) 세공   (2) 지불   (3) 발행

[3단계]
(1) ②   (2) ①

14회 본문 66쪽

1 ③
2 소인들이 머리카락을 포함한 온몸을 가느다란 끈으로 땅에 묶어 놓았기 때문이다.
3 ⑤   4 ㄱ → ㄹ → ㅁ → ㄷ → ㄴ
5 ①   6 ④   7 ②

어법·어휘편

[1단계]
(1) 지위 - ㉡ 어떤 사람이 사회에서 갖고 있는 …
(2) 중년 - ㉠ 청년과 노년 사이의 나이대
(3) 경청 - ㉢ 남의 말을 주의 깊게 듣는 것

[2단계]
(1) 지위   (2) 중년   (3) 경청

[3단계]
(1) 바라건대   (2) 보건대

---

1. 이 글은 우리나라 '화폐'의 변화에 대해 설명하는 글입니다.

2. 삼국 시대에는 곡물과 직물이 화폐의 역할을 했으며, 고려 시대에는 건원중보라는 화폐가 만들어졌습니다. 조선 시대에는 저화, 조선통보, 상평통보 등이 발행되었고, 근대에는 한국은행이 화폐를 발행하였습니다. 또한 현대에는 수표, 신용카드,. 전자 화폐 등이 널리 쓰이고 있습니다.

3. 글에 명시된 시간의 흐름에 따르면 조개껍데기, 쌀, 화폐 '원', 신용카드 순서입니다.

4. 한국은행은 1953년 '환'이라는 단위를 사용하는 화폐를 발행했습니다.

5. "노력을 기울이다."와 같은 뜻으로 쓰인 '기울이다'는 힘을 들여 최선을 다한다는 의미를 지닌 ④번입니다.

6. '조선통보'는 조선 시대 최초의 지폐가 아니라 최초의 동전입니다. 조선 시대 최초의 지폐는 '저화'입니다.

7. '당백전'은 조선 후기에 발행된 돈입니다. 따라서 '당백전'에 대한 문단은 시간 순서상 (라)에 오는 것이 알맞습니다.

어법·어휘편 해설

[1, 2단계] '지불'은 '값을 내어 줌, 돈을 치러줌', '발행'은 '화폐 등을 만들어 효력을 발생시키는 것', '세공'은 '잔손을 많이 들여 정밀하게 만듦'이라는 뜻을 갖고 있습니다.

[3단계] '상류층'에서의 '상류'는 '의미상 수준이나 정도가 높은 지위나 생활'이 알맞습니다. 물고기들이 헤엄쳐 올라가는 '상류'는 의미상 '물이 흐르는 시작점에 가까운 곳'이 알맞습니다.

1. 어느 섬 해안가에 표류한 걸리버가 눈을 떴을 때 벌어진 이야기입니다. 어느 섬의 해안가에서 다른 장소로 이동하지 않았습니다.

2. ㉠은 걸리버가 꼼짝없이 하늘만 바라보고 있는 상황을 묘사한 부분입니다. 걸리버가 꼼짝도 할 수 없었던 이유는 소인들이 걸리버의 머리카락과 온몸을 땅에 묶어 놓았기 때문입니다.

3. 8문단에서 소인들은 대표자의 말을 걸리버가 고개를 돌려 잘 들을 수 있도록 머리 왼쪽을 묶은 줄들만 잘라 주었습니다. 걸리버는 나머지 몸이 묶인 채 대표자가 하는 연설을 경청했습니다.

4. 1문단에서 걸리버는 온몸이 묶여 있음을 알아차렸고(ㄱ), 3문단에서 소인들이 걸리버 몸 위로 올라 접근을 시도하며(ㄹ), 6문단에서 걸리버가 소인들을 붙잡으려 했고(ㅁ), 이에 소인들이 화살 공격을 했으며(ㄷ), 8~9문단에서 소인의 대표자가 탑 위에서 연설을 하는(ㄴ) 순서로 이 이야기가 전개됩니다.

5. '남짓'은 크기, 수 따위가 어느 기준에 차고 조금 남는 정도를 뜻합니다. '15센티미터 남짓한'이라는 표현은 '15센티미터가 조금 넘는'이라는 뜻입니다.

6. 걸리버가 소인들을 잡으려 하자 소인들이 도망쳤고, 그 다음에 "톨고 포낙"이라고 외치는 소리가 들렸으며, 이어 소인들의 화살 공격이 시작된 것으로 볼 때, "톨고 포낙"의 뜻은 걸리버의 공격에 대해 대응 공격을 하라는 뜻으로 미루어 짐작할 수 있습니다.

7. 이 글에서 인물이 과거에 있었던 일들을 추억하는 장면이나 내용은 나타나 있지 않습니다.

어법·어휘편 해설

[1, 2단계] (1) 장군은 군에서 최고로 높은 '지위'이므로 빈칸에 '지위'가 들어가야 하고, (2) 나이가 사십 정도 되어 보이는 남성은 '중년'이며, (3) 상대의 말을 주의 깊게 듣는 행동은 '경청'이 알맞은 표현입니다.

[3단계] (1) '바라다'에 '-건대'라는 어미가 합쳐지면 '바라건대'가 되고, (2) '보다'에 '-건대'가 합쳐지면 '보건대'라 됩니다. '바라건데', '보건데' 등으로 잘못 쓰지 않도록 주의해야 합니다.

1 ②　　　**2** ④　　　**3** ④　　　**4** ②
5 헤키나 데굴　**6** ①　　　**7** ④

어법·어휘편

[1단계]
(1) 신임 - ㉠ 믿고 일을 맡기는 것
(2) 호송 - ㉡ 목적지까지 보호 또는 감시하면서 …
(3) 허기 - ㉢ 매우 배가 고픈 느낌

[2단계]
(1) 허기　　　(2) 신임　　　(3) 호송

[3단계]
(1) ②　　　(2) ①　　　(3) ②

1. 이 글의 중심 내용은 걸리버가 소인국에 표류하여 겪은 일입니다. 따라서 이 이야기가 수록된 편은 '작은 사람들의 나라'라는 소제목을 가진 '제1부'가 가장 적절합니다.

2. 걸리버와 소인은 서로의 말을 이해하지 못했지만 서로의 뜻은 어느 정도 알맞게 짐작했고(①), 소인들이 걸리버에게 대접한 고기는 종달새 날개만 했지만 그 정체는 나와 있지 않으며(②), 걸리버는 소인들에게 음료를 요청했을 뿐 특별히 프랑스 와인을 주문하진 않았고(③), 걸리버 앞에서 전방을 가리키며 연설을 한 소인은 황제의 신임장을 가지고 온 대표였습니다(⑤).

3. '간에 기별도 안 가다'라는 관용구는 '먹은 것이 너무 적어 먹으나 마나 하다'라는 뜻입니다.

4. 소인 대표가 연설을 할 때 '종종' 전방을 손가락으로 가리켰는데, 이때 쓰인 '종종'은 '가끔' 또는 '때때로'라는 뜻의 부사로 읽어야 어색하지 않습니다.

5. 소인들은 걸리버가 거대한 음료 통을 가볍게 공중으로 던지는 모습을 보고 감탄하는 마음으로 ㉡이라고 '다시 한 번' 소리쳤습니다. 그렇다면 앞부분에서 이와 비슷한 상황에서 소인들이 외친 말을 찾으면 ㉡에 들어갈 말이 무엇인지 추론할 수 있습니다. 앞서 걸리버가 거대한 음료 통(걸리버에는 맥주 한 잔도 안 되는)을 단번에 마시는 모습에 놀란 소인들이 "헤키나 데굴"이라고 외쳤다는 내용으로 짐작해 볼 때, ㉡에 들어갈 말로 적당한 것은 "헤키나 데굴"입니다.

6. 2문단 첫 문장에서 '허고'의 뜻이 나옵니다. '고관대작'은 지위가 높은 사람을 뜻합니다.

7. 걸리버와 소인들은 서로 말이 통하지 않았지만 몸짓(음식과 음료를 달라는 몸짓)과 태도(연설하는 대표의 말투) 등을 통해 서로가 하는 말의 의미를 올바르게 짐작하며 의사소통을 했습니다.

어법·어휘편 해설

[1, 2단계] (1) 하루 종일 먹지 못해 드는 느낌은 '허기'가 적당하고, (2) 중요한 일은 믿을만한 사람에게 맡겨야 하므로 '신임'이 적절하며, (3) 구급대원이 부상자를 아무 일 없게 옮기는 행동으로는 '호송'이 알맞은 표현입니다.

[3단계] (1), (3)은 음식을 손님에게 주는 내용이므로 ②번, (2)는 지위 때문에 받게 되는 대우이므로 ①번의 뜻으로 쓰였습니다.

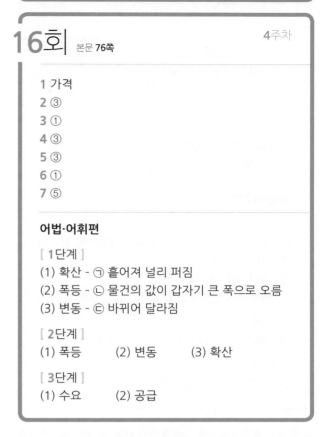

1 가격
2 ③
3 ①
4 ③
5 ③
6 ①
7 ⑤

어법·어휘편

[1단계]
(1) 확산 - ㉠ 흩어져 널리 퍼짐
(2) 폭등 - ㉡ 물건의 값이 갑자기 큰 폭으로 오름
(3) 변동 - ㉢ 바뀌어 달라짐

[2단계]
(1) 폭등　　　(2) 변동　　　(3) 확산

[3단계]
(1) 수요　　　(2) 공급

1. 이 글은 수요와 공급에 의해서 결정되는 가격에 관한 이야기입니다.

2. 수요와 공급에 의하여 가격이 결정됩니다. 수요가 그대로인데 공급이 늘어나면 가격이 낮아지고, 반대로 공급이 적어지면 가격은 높아집니다. 공급은 그대로인데 수요가 늘어나면 가격은 높아지며, 반대로 수요가 줄어들면 가격이 낮아집니다.

3. 겨울에 백화점에서 여름옷을 할인 판매하는 것은 여름옷에 대한 수요가 적으니 가격을 낮춘 것입니다. 그러나 나머지 네 가지의 상황은 가격이 오른 것에 대한 예시입니다.

4. 보기의 글은 마스크에 대한 수요가 늘어나서 가격이 오른 이야기입니다. 이는 수요와 공급의 변화에 의하여 가격이 변한 것이므로 (다)에 해당됩니다.

5. 수요와 공급에 의하여 가격이 결정된다는 이 글의 중심내용을 간략하게 요약하였습니다.

6. 고구마의 생산이 줄어든 것은 공급이 줄어든 것입니다. 그럼에도 수요가 여전하다면 가격이 오르게 됩니다.

7. 조류인플루엔자로 인하여 공급이 불안해지거나 수요가 늘어나는 현상에 의하여 가격은 변동합니다.

어법·어휘편 해설

[1, 2단계] '확산'이라는 단어는 널리 퍼진다는 의미입니다.

[3단계] '수요'와 '공급'은 이처럼 일상생활에서도 활용되는 낱말입니다.

17회 | 본문 80쪽

1 ⑤
2 (1) 과다한 농약 사용
  (2) 기후 변화 (순서 바뀌어도 무관)
3 ⑤
4 ③
5 ㄴ, ㄹ, ㄷ, ㄱ, ㅁ
6 독침이 없기 때문에
7 꽃이 멀리 있다는 의미이다.

어법·어휘편

[1단계]
(1) 취급하다 - ㄴ 물건이나 일을 대상으로 삼거나 처리하다
(2) 과다하다 - ㄷ 너무 많다
(3) 예견하다 - ㄱ 앞으로 일어날 일을 미리 짐작…

[2단계]
(1) 과다   (2) 예견   (3) 취급

[3단계]
(1) 보존   (2) 방부제

---

1. 이 글은 꿀벌의 생김새, 종류에 따라 하는 일, 우리 인간과의 관계 등의 다양한 특징과 멸종 위기에 대해 설명한 글입니다.

2. 마지막 단락을 통하여 우리 인류와 함께해 온 꿀벌이 과다한 농약의 사용과 기후변화 등으로 멸종 위기에 처해 있음을 알 수 있습니다.

3. 꿀벌의 가슴에는 세 쌍의 다리와 두 쌍의 날개가 달려 있습니다.

4. 멸망은 망하여 없어진다는 뜻입니다. 종말, 패망, 몰락 등과 비슷한 의미를 가진 낱말로, 주로 어떤 국가나 문명이 없어질 때 쓰는 말입니다. 멸종은 어떤 생물의 종류가 사라지는 것을 말합니다.

5. 이 글에서는 꿀벌의 생김새부터 꿀벌 집단의 특징, 꿀벌의 의사소통, 인류와 함께한 꿀벌에 대한 소개와 멸종 위기에 처한 꿀벌에 대한 경각심의 순서로 설명하고 있습니다.

6. 두 번째 문단을 통하여, 우리가 흔히 수벌은 병정벌이라고 생각하고 있다는 고정관념을 없애 줍니다. 수벌은 독침이 없기 때문에 집을 지키는 일을 할 수 없다는 것입니다.

7. 벌은 꽃을 발견하면 비행하는 춤을 추는데 가까이에 있는 꽃을 발견했을 때에는 원형 춤을 추지만 멀리 있는 꽃을 발견했을 때에는 8자 모양의 춤을 춥니다.

어법·어휘편 해설

[1, 2단계] '예견하다'와 비슷한 뜻을 가진 낱말은 '내다보다, 선견하다, 예감하다' 등이 있습니다.

18회 | 본문 84쪽

1 ①
2 (1) O   (2) X
  (3) X   (4) X
3 ①
4 ③
5 수료증
6 어린이 경제학교 홈페이지 접속 후 홈페이지 하단 '어린이 경제학교 신청 바로가기'를 통해 신청한다.
7 ③

어법·어휘편

[1단계]
(1) 개요 - ㄷ 간단하고 깔끔하게 골라 낸 주요 내용
(2) 기한 - ㄴ 미리 한정하여 놓은 시기
(3) 엄수 - ㄱ 명령이나 약속 따위를 어김없이 지킴

[2단계]
(1) 기한   (2) 개요   (3) 엄수

[3단계]
(1) 代 (시대 대)
(2) 職 (직분 직)
(3) 場 (마당 장)

---

1. 이 글은 어린이 경제학교 3~4기를 모집하기 위하여 관련된 내용과 신청하는 방법 등의 정보를 자세히 전달하는 글입니다.

2. 경제학교의 수료증은 5회 모두 수료를 해야 전달한다고 합니다. 신청은 홈페이지를 통하여 이루어지며 현직 사무관의 특강은 '애덤 스미스관'에서 이루어집니다.

3. 이전의 경제학교에 참여했던 학생은 참여가 불가능하므로 2기에 참여했던 5학년 현지는 참여할 수 없습니다.

4. 정해진 날짜에 신청하지 못하였다는 것은 신청 기간을 놓쳤다는 것이므로 신청 기한을 공지하는 글 다음에 넣는 것이 적절합니다.

5. 5회를 모두 수료한 학생은 '수료증'을 증정한다고 하였습니다.

6. '신청 방법'이 적힌 단락을 간략히 정리하면 됩니다.

7. 안내문을 살펴보면 외국 돈에 대한 내용을 배운다는 부분은 찾아볼 수 없습니다.

어법·어휘편 해설

[1, 2단계] '개요'는 간단하고 깔끔하게 골라낸 주요 내용을 말합니다. 요점, 줄거리, 요약과도 같은 의미의 낱말입니다.

[3단계] 한자어의 뜻을 알면, 한글을 꼭 외우지는 않아도 낱말의 의미를 유추해볼 수 있습니다.

19회 본문 88쪽

1 ②	2 ①
3 꿈	4 ①
5 ③	6 ②

7 (예시 답안) [보기]와 (나) 모두 누군가에게 물건을 전달하고, 그 물건을 통해 자신을 떠올리길 바라고 있다.

어법·어휘편

[1단계]
(1) 이른 - ㉠ 기준보다 앞서거나 빠른
(2) 무렵 - ㉢ 대략 어떤 시기와 일치하는 즈음
(3) 버들 - ㉡ 버드나뭇과의 식물을 통틀어 …

[2단계]
(1) 보고 싶은   (2) 불가능   (3) 먹고 싶은

[3단계]
그대가 주무시는 방의 창가에 심어 두고 보시옵소서.

---

1. (가)와 (나) 모두 사랑하는 사람을 생각하며 쓴 글입니다.

2. (가)는 편지글입니다. 이를 알 수 있는 장치로서 받는 대상인 '원이 아버지께'가 있으며 '이만 줄이겠습니다.'의 마침 글이 있습니다.

3. (가)의 글쓴이는 사랑하는 임을 '꿈'에서 뵙기를 기원하고 있습니다.

4. 질문을 하는 것 같으면서 뒤에 나올 말을 강조하는 것은 ⓐ로써, '저와 제 아이는 누구에게 기대어 어찌 살겠습니까.'입니다. 다시 말해 우리는 당신이 없이 어떻게 살고, 당신이 그리워서 살기 힘들다는 뜻입니다.

5. (가)는 떠나간 남편과의 추억을 생각하며 그리는 시입니다.

6. 버들가지를 전달하는 내용은 (나)뿐입니다.

7. (나)에서 홍랑은 사랑하는 임에게 '버들가지'를 꺾어서 보냈습니다. [보기]에서도 떠나가는 친구에게 '샤프'를 주어 보냈습니다. 결국 모두 누군가에게 물건을 전달하고, 그 물건을 통해 자신을 떠올리길 바라고 있습니다.

어법·어휘편 해설

[1단계] 해설 생략

[2단계] (1) '보고픈'은 '보고 싶은'이 되나 (2) '배고픈'은 '배고 싶은'이 될 수 없어 '불가능'입니다. (3) '먹고픈'은 '먹고 싶은'이 됩니다.

[3단계]

	그	대	가		주	무	시	는		방
의		창	가	에		심	어		두	고
보	시	옵	소	서	.					

20회 본문 92쪽

1 수, 존시, 베어만, 의사 (존시와 의사는 순서 상관 없음)
2 화가
3 존시, 나뭇잎
4 ④
5 ②
6 ③
7 ⑤

어법·어휘편

[1단계]
(1) 가망 - ㉡ 가능성 있는 희망
(2) 의지 - ㉢ 어떠한 일을 이루고자 하는 마음
(3) 걸작 - ㉠ 매우 훌륭한 작품

[2단계]
(1) 걸작   (2) 의지   (3) 가망

[3단계]
(1) 세고   (2) 낳기   (3) 어젯밤

---

1. 이 연극의 등장인물은 수, 존시, 베어만, 의사입니다.

2. 연극의 대본을 살펴보면 베어만 씨는 아래층에서 그림을 그리는 나이 많은 '화가'라고 되어 있습니다.

3. 존시는 창밖의 나뭇잎이 모두 떨어지면 자신도 죽게 될 것이라고 생각하고 있습니다. 이처럼 수는 '존시'가 창밖의 '나뭇잎'을 동일시하는 것을 보고 안타까워하면서, 정말로 나뭇잎이 모두 떨어지면 존시가 희망을 놓을까 봐 걱정하였습니다.

4. '절망'은 희망을 완전히 놓아 버렸다는 뜻인데, '절차'는 일을 치르는데 거쳐야 하는 순서나 방법이라는 뜻으로, 두 단어는 서로 아무런 관련이 없습니다.

5. 베어만 씨는 나뭇잎을 하나만 그렸으므로 신혜는 옳지 않은 말을 하고 있습니다.

6. 이야기의 흐름상 '깜짝 놀란' 상황입니다. 깜짝 놀랐을 때 하는 행동과 가장 어울리는 것은 ③번입니다.

7. 밑줄 친 ㉢과 [보기]는 잘 될 것이라는 생각을 가지고 살아가면 정말로 그렇게 될 수 있는 원동력이 생길 가능성이 있다는 내용을 담고 있습니다. 따라서 ⑤번이 가장 적절한 답입니다.

어법·어휘편 해설

[1, 2단계] '가망'은 가능성 있는 희망, '의지'는 어떠한 일을 이루고자 하는 마음, '걸작'은 매우 훌륭한 작품이라는 뜻을 갖고 있습니다.

[3단계] '새고'는 '세고'로, '낳기'는 '낫기'로, '어제밤'은 '어젯밤'으로 고쳐 써야 합니다. 특히 혼동하기 쉬운 '낳다'와 '낫다'는 전혀 다른 의미로, '낳다'는 아이를 '낳다'라고 할 때 쓰는 표현입니다.

21회 본문 98쪽

1 은행
2 ④
3 ②
4 이자, 공과금, 세금, 환전, 보관
5 ①
6 ④
7 이자

어법·어휘편

[1단계]
(1) 이익 - ㉢ 물질적으로나 정식적으로 보탬이 되는 것
(2) 제공 - ㉠ 갖다 주어 이바지 함
(3) 화폐 - ㉡ 물건을 사고 팔 때 물건 값으로 주고받는 …

[2단계]
(1) 이익   (2) 화폐   (3) 제공

[3단계]
(1) ②   (2) ①

1. 이 글은 '은행'이 하는 일에 대해 설명하고 있습니다.

2. 은행은 일정한 돈을 받고 물건을 보관해줍니다.

3. ㉠은 은행과 사람이 서로 돕게 되어 모두에게 도움이 된다는 의미입니다. 즉 서로서로 돕는다는 뜻의 '상부상조'가 가장 어울립니다.

4. 글의 내용을 잘 정리해가면서 빈 칸을 채우면 됩니다.

5. '세금이나 등록금 같은 것을 정해진 곳에 내는 것'은 '납부'입니다.

6. 물건을 중고로 팔기 위해서는 은행이 아닌 나눔장터나 중고시장에 가야 합니다.

7. 은행에 돈을 보관하면 나중에 '이자'가 붙어서 더 많은 금액으로 돈을 찾을 수 있기 때문에 사람들은 돈을 은행에 보관합니다.

어법·어휘편 해설

[1, 2단계] '이익'은 물질적으로나 정신적으로 보탬이 되는 것, '제공'은 갖다 주어 이바지 함, '화폐'는 물건을 사고 팔 때 물건 값으로 주고받는 종이나 쇠붙이로 만든 돈을 의미합니다.

[3단계] '부치다'의 뜻을 살펴보고 문맥상 알맞은 정답을 골라내면 됩니다.

22회 본문 102쪽

1 ①
2 ④
3 로맨틱 튀튀
4 낭만적인, 여성, 고전, 클래식 튀튀, 주제, 성별
5 요정들이 하늘을 둥둥 떠다니는 느낌을 연출하기 위해 발끝을 수직으로 세우고 추는 춤입니다.
6 ②
7 ②

어법·어휘편

[1단계]
(1) 기틀 - ㉠ 어떤 일의 가장 중요한 계기나 조건
(2) 기교 - ㉢ 아주 교묘한 기술이나 솜씨
(3) 도약 - ㉡ 몸을 위로 솟구치는 일

[2단계]
(1) 기교   (2) 기틀   (3) 도약

[3단계]
(1) 악상   (2) 악성

1. 이 글은 발레의 역사와 형식 등에 대해 설명한 글입니다.

2. 발레는 프랑스가 아닌 이탈리아의 궁중 무용이며, 고전 발레는 러시아에서 시작되었습니다. 또한 발레는 시대적 흐름에 따라 형식과 표현이 바뀌고 있습니다.

3. 여성 무용수들이 입는 하늘하늘하고 여러 겹으로 된 발레복의 이름은 '로맨틱 튀튀'입니다.

4. 글을 읽어 가며 차근차근 알맞은 낱말을 찾아 채워 넣으면 됩니다.

5. 요정들이 하늘을 둥둥 떠다니는 느낌을 연출하기 위해 무용수들은 발끝을 수직으로 세우고 춤을 춥니다. 우리는 이를 '포인트 동작'이라고 부릅니다.

6. '꽃을 피우다'는 '어떤 일의 결실을 보거나 번성하게 되다'라는 뜻입니다.

7. (가)는 로맨틱 튀튀, (나)는 클래식 튀튀입니다. 형수가 말한 내용은 모던 발레이기에 낭만 발레의 '로맨틱 튀튀'와 어울리지 않습니다.

어법·어휘편 해설

[1단계] '기틀'이란 기초, 터전의 뜻으로 '어떤 일의 가장 중요한 계기나 조건'을 뜻합니다. '기교'는 '기술이나 솜씨가 아주 교묘함'을 뜻하며, '도약'은 '몸을 위로 솟구치는 일'을 의미합니다.

[2단계] (1) 무엇인가를 보여준다는 의미이기에 '기교'가 [보기] 중에서 가장 적절합니다. (2) 낭만 발레는 프랑스에서 그 '기틀'이 다져졌습니다. (3) 발레의 동작과 관련된 단어는 '도약'입니다.

[3단계] (1) 즉흥적으로 떠오른 생각으로 트럼펫을 연주하는 것이므로 '악상'이 적절하며 (2) 베토벤과 같이 뛰어난 음악가를 '악성'이라고 부릅니다.

23회 | 본문 106쪽

1 인제뉴어티   2 ③
3 기발한 재주   4 ②
5 양력
6 인제뉴어티의 무게를 최대한 줄이고, 프로펠러
를 빠른 속도로 회전시켜 양력을 만들어 냈습니다.
7 ①

어법·어휘편

[1단계]
(1) ㉡   (2) ㉠   (3) ㉢

[2단계]
(1) 진전   (2) 기발한   (3) 제약

[3단계]
(1) 지표면   (2) 대기   (3) 밀도

1. 이 글은 NASA가 개발한 새로운 무인 드론인 '인제뉴어티'에 관한 뉴스입니다.

2. (나)의 네 번째~여섯 번째 문장에서 화성에서는 지구보다 대기의 밀도가 낮아 비행체가 날 수 있을 만큼 양력이 만들어지지 않는다고 설명하고 있습니다.

3. 이 글의 첫 번째 문단에서 인제뉴어티의 뜻에 대해 설명하고 있습니다. 인제뉴어티는 '기발한 재주'라는 뜻의 영어 단어입니다.

4. (나)에서 인제뉴어티의 프로펠러 회전 속도에 대해 '분당 2,400번으로, 보통 헬리콥터보다 약 8배 빠른 속도입니다.'와 같이 보통 헬리콥터의 프로펠러 회전 속도와 비교하여 설명하고 있습니다. 따라서 '보통 헬리콥터의 프로펠러는 분당 약 300회 정도 회전합니다.'와 잘 어울리는 문단은 (나)입니다.

5. '양력'이란 '액체나 기체 속에서 물체가 운동할 때, 직각으로 작용하는 힘'입니다.

6. (나)의 여덟 번째 문장에서 NASA는 화성의 낮은 대기 밀도에서도 공중에 뜰 수 있도록 인제뉴어티의 무게를 최대한 줄이고, 프로펠러를 빠른 속도로 회전시켜 양력을 만들어 냈다고 설명하고 있습니다.

7. 이 글은 기사문으로 '사람들에게 새로운 정보를 알려 주는 글'입니다.

어법·어휘편 해설

[1단계] '기발한'이란 '생각이나 재치가 있고 뛰어난'이라는 뜻입니다. '진전'이란 '어떤 일이 다음 단계로 나아가거나 발전하는 것'이라는 뜻이며, '제약'이란 '조건을 붙여서 자유롭게 생각하거나 움직이지 못하게 막는 것'이라는 뜻입니다.

[2단계] (1) 어젯밤부터 계속 숙제를 하였으나 아직도 끝내지 못했으므로 '진전'이 적절합니다. (2) 지금까지 없던, 재치가 있고 뛰어난 발명품을 만들어 발명대회에서 1등을 하였으므로 '기발한'이 어울립니다. (3) SNS에서는 다른 사람과 같은 곳에 있지 않아도 이야기를 나눌 수 있으므로 '제약'이 적절합니다.

[3단계] (1) '지표면'이란 '땅의 겉면'을 뜻합니다. (2) '대기'란 '산소, 이산화탄소 등, 행성의 표면을 둘러싸고 있는 기체'를 뜻합니다. (3) '밀도'란 '일정한 공간 속에 사람이나 사물이 빽빽하게 들어찬 정도'를 뜻합니다.

24회 | 본문 110쪽

1 ②
2 냇가
3 ④
4 아리랑
5 ④
6 ②
7 ④

어법·어휘편

[1단계]
(1) 리 - ㉡ 거리
(2) 근 - ㉠ 무게
(3) 뼘 - ㉢ 길이

[2단계]
(1) 함니적   (2) 범니적

[3단계]
(1) 차, ㅅ, 잔, 찻잔
(2) 수, ㅅ, 염소, 숫염소

1. (가)와 (나)는 '이별'을 노래한 민요와 시조입니다.

2. (나)의 말하는 이는 '냇가'에 앉아 있습니다.

3. (가)는 아리랑으로, 사랑하는 임을 떠나보내는 이의 슬픔을 잘 표현하고 있습니다.

4. (가)에서 '아리랑'이 반복되면서 노래적 느낌이 더해집니다.

5. '십 리도 못 가서 발병난다'는 얼마 가지 못하고 발에 병이 나 버릴 것이라는 뜻입니다. 여기서 십 리란 짧은 거리로서 약 4Km를 뜻합니다.

6. 내 마음과 같이 울면서 밤길을 흐르는 것은 '냇물'입니다. 마찬가지로 눈물을 흘리면서 속이 타들어가는 것은 '촛불'입니다.

7. (나)의 '임'은 '다시 돌아오겠다.'는 약속을 하지 않았습니다.

어법·어휘편 해설

[1단계] '리'는 '거리'를 나타내는 단어로 1리는 약 400미터입니다. '근'은 '무게'를 나타내며 1근은 600그램입니다. 마지막으로 '뼘'은 한 뼘, 두 뼘과 같이 '길이'를 나타냅니다.

[2단계] 십 리의 'ㅂ'과 'ㄹ'이 만나서 'ㄹ'이 'ㄴ'이 됩니다. 그리고 '십 리'의 '십 니'가 다시 '심 니'가 되는데 이는 '십 니'의 'ㅂ'이 뒤의 'ㄴ'의 영향을 받아 'ㅁ'으로 바뀌게 된 것입니다. 조금은 복잡하지만 이는 발음을 편하게 하기 위함입니다. (1) 합리적은 '함니적' (2) 법리적은 '범니적'이 됩니다.

[3단계] 찻잔은 '차'와 '잔'이 합쳐져서 이루어진 단어로 사이시옷이 추가되었습니다. 숫염소 역시 남성을 뜻하는 '수'와 '염소'가 만나 사이시옷이 추가되었습니다.

25회 본문 114쪽

1 원숭이, 오소리
2 꽃신
3 다섯 송이, 열 송이, 스무 송이, 백 송이
4 값
5 ④
6 ②
7 ④

어법·어휘편

[1단계]
(1) 연신 - © 잇따라 자꾸
(2) 동상 - © 심한 추위로 피부가 얼어서 상하는
일. 또는 …
(3) 물가 - ㉠ 물건의 가격

[2단계]
(1) 물가   (2) 동상   (3) 연신

[3단계]
③

1. 이 글은 '원숭이'와 '오소리'가 등장하는 동화입니다.

2. 오소리가 원숭이에게 준 '꽃신'과 연관된 이야기입니다.

3. 맨 처음 원숭이는 무료로 꽃신을 받았지만, 나중에는 꽃신을 가지기 위해 잣을 지불해야 했습니다. 그리고 그 가격 역시 '5송이'에서 '10송이', '20송이', '100송이'로 점차 늘어났습니다.

4. '물가'는 '물건의 가격'으로 비슷한 단어로서 '값'이 있습니다.

5. 오소리는 꽃신을 가지고 있고, 원숭이는 꽃신이 필요하기 때문에 '머뭇거리는' 모습이 아니라 당당하거나 거만한 모습 등이 상상됩니다.

6. 원숭이가 꽃신을 신고 다니는 사이에 발바닥의 굳은살이 다 없어졌습니다. 따라서 처음에는 발에 굳은살이 많이 있었음을 생각해낼 수 있습니다.

7. ③번은 원숭이의 시점에서 잘 쓰여 졌지만, 심정까지는 잘 나타내지 못하였습니다. 따라서 심정까지 잘 표현한 ④번이 답이 됩니다.

어법·어휘편 해설

[1단계] '연신'이란 '잇따라 자꾸'를 뜻하며, '동상'이란 '심한 추위로 피부가 얼어서 상하는 일'을 의미합니다. '물가'란 '물건의 가격'으로 '값'과 비슷한 의미입니다.

[2단계] (1) 경제생활과 관련된 [보기]의 단어는 '물가'입니다. (2) '무엇인가를 예방한다'와 관련된 단어는 '동상'입니다. (3) '고개를 갸웃거리다'를 꾸미는 말로 '연신'이 적절합니다.

[3단계] 정답은 '무김치'로서 '무로 만든 김치'입니다. 솜사탕은 솜과 같은 모양을 가진 사탕, 꽃나무는 꽃이 피는 나무, 꽃무늬는 꽃의 모양을 가진 무늬를 뜻합니다. 까막눈은 글을 깨우치지 못한 사람을 뜻합니다.

26회 본문 120쪽

1 ③
2 ④
3 ③
4 [1] 경제재   [2] 자유재   [3] 경제재
5 ④
6 자유재, 희소성, 경제재
7 ②

어법·어휘편

[1단계]
(1) 욕구 - © 욕망: 무언가를 갖거나 무슨 일을 …
(2) 분배 - ㉠ 배분: 각자의 몫을 나눔
(3) 풍족 - © 풍요: 넉넉하고 여유로움

[2단계]
(1) 욕구   (2) 풍족   (3) 분배

[3단계]
상대적

1. 희소성의 정도를 결정하는 기준은 자원의 양이 아닌 인간의 욕구입니다. 자원의 양이 풍족하더라도 원하는 사람의 수가 훨씬 많다면 얼마든지 희소성이 높아질 수 있습니다.

2. 인간의 무한한 욕구에 비해 자원이 부족한 것을 자원의 '희소성'이라고 합니다. 희소성의 정도를 결정하는 기준은 자원의 양이 아닌 인간의 '욕구'입니다. 그리고 인간의 '욕구'에 비해 양이 부족한 자원을 '경제재'라고 부릅니다.

3. '인간의 무한한 욕구'를 잘 표현하는 속담은 '바다는 메워도 사람 욕심은 못 메운다.'입니다. 이 속담은 바닷물을 아무리 쏟아 부어도 채울 수 없을 만큼 인간의 욕심이 크다는 뜻을 가지고 있습니다.

4. '반지'와 '생수'는 돈을 줘야만 살 수 있는 자원이기 때문에 '경제재'입니다. 반면 '햇볕'은 누구나 이용 가능하므로 '자유재'입니다.

5. 자원의 희소성은 인간의 욕구에 의해 결정된다고 했으므로, 마을 사람들이 딸기에 대한 욕구보다 귤에 대한 욕구가 더 크기 때문이라고 말하는 ④번이 가장 적절합니다.

6. 옛날에 모래는 누구나 얻을 수 있는 '자유재'였지만 모래를 필요로 하는 사람들의 욕구가 높아짐에 따라 모래에 '희소성'이 생겨나면서 결국 '경제재'가 되었습니다. 이처럼 시대와 환경에 따라 자원의 희소성은 달라집니다.

7. 모래는 과거에는 자유재였지만 시간이 흘러감에 따라 경제재로 바뀌었으므로 ②번이 가장 적절합니다.

어법·어휘편 해설

[1, 2단계] '욕구'는 '욕망', '분배'는 '배분', '풍족'은 '풍요'와 비슷한 뜻을 가졌으며, 그 뜻에 따라 알맞게 선을 잇고, 빈칸을 채우면 됩니다.

[3단계] '절대적'과 반대되는 뜻을 가진 낱말은 '상대적'입니다.

27회 | 본문 124쪽

```
1 싱가포르
2 ⑤
3 싱가포르, 쇼, 싱가포르, 머라이언 상, 리버크루즈
4 주롱 새 공원
5 야행성
6 영어로 인어를 뜻하는 'mermaid'와 사자를 뜻하는 'lion'이 합쳐진
7 ②
```

어법·어휘편

[1단계]
(1) 인상 - ⓒ 어떤 대상에 대하여 새겨지는 느낌
(2) 열대 - ⓒ 더운 지방
(3) 명소 - ㉠ 유명한 장소

[2단계]
(1) 명소　　　(2) 인상　　　(3) 열대

[3단계]
(1) 상징물　　　(2) 야경

---

1. 이 글은 혜정이의 '싱가포르' 이야기입니다.

2. '리버크루즈' 유람선을 탄 친구는 혜정이입니다.

3. 혜정이는 여름 방학 때 '싱가포르' 주롱 새 공원에 가서 각종 '쇼'를 보았습니다. 또한 '싱가포르'를 대표하는 '머라이언상'도 보았습니다. 밤에는 '리버크루즈'라는 유람선도 탔습니다.

4. 혜정이가 방문한 싱가포르의 3대 동물공원 중 하나는 '주롱 새 공원'입니다.

5. '야행성'이란 '낮에는 쉬고 밤에 활동하는 습성'을 뜻합니다. 반대말로 '주행성'이 있습니다.

6. 머라이언 상의 이름은 영어로 인어를 뜻하는 'mermaid'와 사자를 뜻하는 'Lion(사자)'이 합쳐진 단어에서 유래했습니다.

7. 이 글은 여행 후에 쓰는 기행문이기에 '경험한 일을 바탕으로 기억할만한 일을 중심으로 소개'하듯 말하고 써야 합니다.

어법·어휘편 해설

[1, 2단계] '인상'이란 '어떤 대상에 대하여 새겨지는 느낌'을 뜻하며, '열대'란 '더운 지방', '명소'란 '유명한 장소'를 뜻합니다.

[3단계] (1) '상징물'이란 추상적인 개념을 구체적으로 나타낸 물체이며 (2) '야경'란 밤의 경치입니다.

28회 | 본문 128쪽

```
1 ⑤
2 ④
3 (1) 온도 (2) 압력
4 (다) → (가) → (나) → (라) → (마)
5 가설
6 ⑤
7 ②
```

어법·어휘편

[1단계]
(1) 용해 - ⓒ 녹거나 녹이는 일
(2) 동기 - ⓒ 어떤 일이나 행동을 일으키게 …
(3) 설정 - ㉠ 새로 만들어 정해 둠

[2단계]
(1) 설정　　　(2) 동기　　　(3) 용해

[3단계]
(1) 달라질까?　(2) 틀렸다.
(3) 다르게　　　(4) 달라서

---

1. 이 글의 제목 '온도에 따른 기체의 용해도 비교'에서 알 수 있듯이 '물의 온도에 따라 기체가 녹는 정도'에 대한 글입니다.

2. 탄산음료라는 용액은 물을 용매로 하여 이산화탄소를 녹였습니다. 따라서 이산화탄소가 용질, 물이 용매, 탄산음료가 용액이 됩니다.

3. 기체의 용해도에 영향을 끼치는 요인은 '온도'와 '압력'입니다.

4. 실험과정은 (다), (가), (나), (라), (마)입니다.

5. 글쓴이는 '온도가 높을수록 더 많은 기체가 용해될 것이다.'라는 가설을 세우고 탐구를 하였습니다. 여기서 '가설'이란 어떤 사실을 설명하기 위해 임시로 세운 결론입니다.

6. 글쓴이는 '조작 변인' 즉 서로 다르게 할 조건으로 '탄산음료가 담긴 비커 속 물의 온도'를 정하였습니다.

7. 온도가 낮을수록 기체 방울이 적게 발생하며 온도가 높을수록 기체방울이 활발하게 움직이거나 올라옵니다.

어법·어휘편 해설

[1단계] '용해'란 '녹거나 녹이는 일'을 뜻하며 '동기'란 '어떤 일이나 행동을 일으키게 하는 원인이나 기회'를 의미합니다. '설정'이란 '새로 만들어 정해 둠'의 의미를 가지고 있습니다.

[2단계] (1) 가설을 세우는 것이기에 '설정'이 적절하며 (2) 탐구를 시작하게 된 원인이나 까닭이므로 '동기' (3) 물에 대한 기체의 실험 중 <보기>와 어울리는 것은 '용해'입니다.

[3단계] '다르다'는 생김새, 생각 등이 같지 않은 것이고, '틀리다'는 정답 등이 바르지 않은 것입니다. (1) 온도에 따른 기체의 용해도이기에 '다르다' (2) 가설이 맞고 틀리는 문제이므로 '틀리다' (3~4) 얼굴과 생각이 같지 않은 것이므로 '다르다'가 정답이 됩니다.

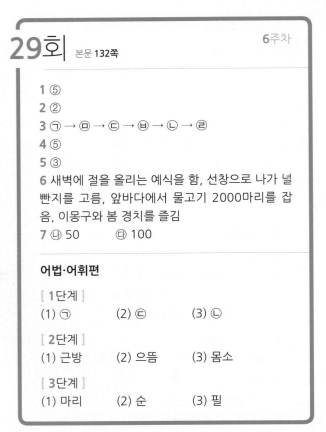

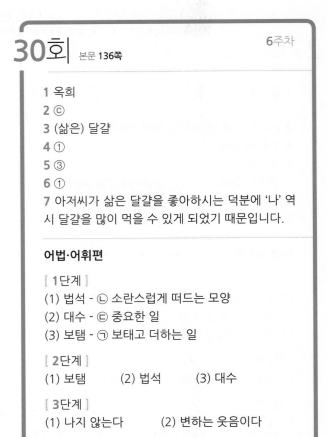

29회 본문 132쪽

1 ⑤
2 ②
3 ㉠ → ㉣ → ㉢ → ㉮ → ㉡ → ㉤
4 ⑤
5 ③
6 새벽에 절을 올리는 예식을 함, 선창으로 나가 널 빤지를 고름, 앞바다에서 물고기 2000마리를 잡음, 이몽구와 봄 경치를 즐김
7 ㉯ 50   ㉰ 100

어법·어휘편

[1단계]
(1) ㉠   (2) ㉢   (3) ㉡

[2단계]
(1) 근방   (2) 으뜸   (3) 몸소

[3단계]
(1) 마리   (2) 순   (3) 필

1. 이 글은 이순신 장군이 전쟁 중에 쓴 일기로, '자신의 생각이나 겪은 일을 적은' 글입니다.

2. 1592년 2월 22일에는 날씨를 기록하지 않았습니다.

3. 1592년 2월 1일 이순신 장군은 그물을 사용하여 물고기 이천 마리를 잡았습니다. 2월 8일 아침에는 거북선에 돛으로 쓸 베를 받았고, 저녁에는 관청 마당에 돌기둥을 세웠습니다. 2월 22일에는 조선소에서 배와 기구들을 직접 점검했고, 녹도에 있는 봉우리 위의 문루에 올라가 경치를 보았습니다. 1594년 1월 25일에는 저녁에 물건을 훔치다가 붙잡힌 사람에게 벌을 주었습니다.

4. ㉠은 무관이 방어를 준비하는 것에 온 힘과 온 마음을 쏟고 있다는 의미입니다. 따라서 '온 마음과 온 힘을 다함'이라는 뜻의 사자성어인 '전심전력'이 가장 잘 어울립니다.

5. 1592년 2월 8일 활쏘기 승부에서는 조이립이 아닌 변존서가 이겼습니다. 또 1954년 1월 25일에는 우수사와 여도 담당 무관이 아닌 송두남, 이상록 등이 사공들, 조수들과 함께 배를 가지러 갔습니다. 따라서 틀린 것은 ⓑ와 ⓓ입니다.

6. 1592년 2월 1일 이순신 장군은 새벽에 절을 올리는 예식을 했습니다. 그 다음 선창으로 나가 널빤지를 골랐고, 앞바다에 밀려온 물고기 이천 마리를 잡았습니다. 이후 이순신 장군은 이몽구와 함께 봄 경치를 즐겼습니다

7. '순'이란 '활을 쏠 때에 각 사람이 화살을 다섯 발까지 쏘는 한 바퀴'로, 열 순은 화살 50발입니다. 이순신 장군은 활을 열 순(5×10=50)을 쏘았고, 다른 사람들은 모두 그 두 배인 스무 순(5×20=100)을 쏘았기 때문에 ㉯에는 50, ㉰에는 100이 알맞습니다.

어법·어휘편 해설

[1, 2단계] '몸소'란 '자기 몸으로 직접'이라는 뜻입니다. '으뜸'이란 '여럿 가운데서 가장 뛰어나거나 첫째인 것'이며, '근방'은 '정해진 위치와 가까운 곳'이라는 뜻입니다.

[3단계] (1) 동물을 세는 단위는 '마리'입니다. (2) 화살을 세는 단위는 '순'입니다. (3) 비단 등의 옷감을 세는 단위는 '필'입니다.

30회 본문 136쪽

1 옥희
2 ㉢
3 (삶은) 달걀
4 ①
5 ③
6 ①
7 아저씨가 삶은 달걀을 좋아하시는 덕분에 '나' 역시 달걀을 많이 먹을 수 있게 되었기 때문입니다.

어법·어휘편

[1단계]
(1) 법석 - ㉡ 소란스럽게 떠드는 모양
(2) 대수 - ㉢ 중요한 일
(3) 보탬 - ㉠ 보태고 더하는 일

[2단계]
(1) 보탬   (2) 법석   (3) 대수

[3단계]
(1) 나지 않는다   (2) 변하는 웃음이다

1. '나'를 '옥희'라고 부르는 등장인물들의 대사를 통해 알 수 있습니다.

2. ㉢는 '큰외삼촌'을, 나머지는 모두 '아저씨'를 뜻합니다.

3. '나'와 '아저씨' 모두 삶은 달걀을 좋아하고 있습니다.

4. 아저씨 덕분에 달걀을 많이 먹을 수 있게 되었기 때문에 '기쁨'이 가장 적절합니다.

5. '아저씨'는 상냥하고 나를 예뻐하는 성격입니다. 따라서 ③번에서도 친절하게 '나'에게 물어보는 아저씨의 모습을 상상할 수 있습니다.

6. [보기]의 '밝고 활기찬 어조로 이야기하는 여섯 살 어린아이'는 옥희입니다.

7. "그것은 그 다음부터는 어머니가 달걀을 많이씩 사게 되었으니까요. ~ 그 담부터는 나는 아주 실컷 달걀을 많이 먹었어요." 까지의 문장을 통해 알 수 있습니다.

어법·어휘편 해설

[1, 2단계] '법석'은 소란스럽게 떠드는 모양, '대수'는 중요한 일, '보탬'은 보태고 더하는 일을 의미합니다.

[3단계] '빙그레'는 소리가 없는 웃음입니다. 또한 입꼬리가 위로 올라가면서 입모양이 변하는 웃음입니다.

31회 본문 142쪽

1 갯벌
2 ③
3 ②
4 썰물, 썰물, 펄, 모래, 혼합(단, 펄, 모래, 혼합끼리는 답안 순서가 바뀌어도 됨), 서해, 남해(단, 서해, 남해끼리는 답안 순서가 바뀌어도 됨)
5 O / O / X
6 ①
7 (순서 상관없이) 평균 수심이 (55m 정도로) 얕다, 밀물과 썰물이 뚜렷하게 나타난다, 여러 강들이 모여 있어 강을 통해 흙과 모래가 흘러든다.

어법·어휘편

[1단계]
(1) 입자 - ⓒ 물질을 구성하는 미세한 크기의 물체
(2) 최적 - ㉠ 가장 알맞음
(3) 분산 - ⓛ 갈라져 흩어짐

[2단계]
(1) 최적   (2) 분산   (3) 입자

[3단계]
(1) ①   (2) ③

---

1. 이 글은 '갯벌'에 대해 설명하고 있습니다.

2. 설탕과 가루는 포함 관계입니다. 나머지는 모두 밀물과 썰물처럼 반의 관계입니다.

3. 동해에서는 갯벌이 잘 나타나지 않습니다. 갯벌은 서해와 남해에서 잘 나타납니다.

4. 글의 내용을 잘 정리해가면서 빈칸을 채우면 됩니다.

5. 간척 사업을 하게 되면 오히려 갯벌의 넓이가 줄어듭니다.

6. 이 글을 통해서는 서해와 남해 중 어디에 더 많은 갯벌이 나타나는지 알 수 없습니다.

7. 글의 네 번째 단락을 통해 정답을 알 수 있습니다.

어법·어휘편 해설

[1, 2단계] '입자'는 물질을 구성하는 미세한 크기의 물체, '최적'은 가장 알맞음, '분산'은 갈라져 흩어짐의 의미입니다.

[3단계] '뚜렷하게'는 [뚜려타게], '역할을'은 [여카를]이라고 발음합니다.

32회 본문 146쪽

1 신사임당
2 ③
3 ⑤
4 중국풍, 쏘가리, 사실적, 수박, 맨드라미, 맨드라미
5 ①
6 (라)
7 ②

어법·어휘편

[1단계]
(1) 중기 - ⓒ 가운데 시기
(2) 사신 - ㉠ 임금이나 국가의 명령을 받고 …
(3) 농담 - ⓛ 색깔이나 명암 따위의 짙음과 옅음

[2단계]
(1) 사신   (2) 중기   (3) 농담

[3단계]
(1) 방면   (2) 마치   (3) 직접

---

1. 이 글은 '신사임당'에 대해 소개하는 글입니다.

2. 이 글에서 나오는 신사임당의 직업은 '예술가'입니다.

3. 신사임당의 부모님과 집안에 대한 내용은 알 수 없습니다. 또한 중국의 작품을 따라 그리는 것을 무조건 반대한 것이 아니라 그대로 베끼는 것을 못마땅하였습니다.

4. 신사임당의 시대에는 '중국풍'의 그림이 유행했고 중국의 그림을 베끼었지만 그녀는 직접 조선의 '쏘가리'를 보고 그렸습니다. '수박과 들쥐'처럼 '사실적'인 그림을 그렸고, '맨드라미와 쇠똥구리'에서 보듯이 실제와 같이 채색하여 그림을 그렸습니다.

5. 여러 방면으로 재능이 많은 것을 '다재다능'하다고 합니다. 참고로 대기만성은 나중에 크게 된다는 뜻이며, 고진감래는 고생 끝에 낙이 온다는 뜻입니다.

6. 제시된 내용은 색을 칠하는 채색과 관련되어 있기에 (라)문단과 관련이 있습니다.

7. 신사임당은 사실적인 그림을 그렸습니다. 따라서 '희주'의 말이 올바르지 않습니다.

어법·어휘편 해설

[1단계] '중기'란 '가운데 시기'를 뜻하며, '사신'은 '임금이나 국가의 명령을 받고 외국에 파견되는 신하'를 말합니다. '농담'이란 짙고 옅음을 뜻하기에 '색깔이나 명암 따위의 짙음과 옅음'을 의미합니다.

[2단계] (1) 중국의 그림은 '사신'을 통해 들어왔습니다.
(2) 신사임당은 조선 '중기'의 예술가입니다.
(3) 많은 수묵화가 채색 없이 먹의 짙음과 옅음으로 그려졌습니다. 따라서 정답은 '농담'입니다.

[3단계] (1) '방면'이 어울리는 답입니다.
(2) 그녀의 목소리가 천상의 음악과도 같다고 했기에, 거의 비슷하다는 뜻을 가진 '마치'가 정답이 됩니다.
(3) 전해 들은 것이기에 '직접' 본 것이 아닙니다.

33회 본문 150쪽

1 음정, 두, 이름
2 ④
3 파
4 ⑤
5 다다사사가가사바바마마라라다
6 ②
7 ⑤

어법·어휘편

[1단계]
(1) 고유 - ⓒ 본래부터 가지고 있는 특유의 것
(2) 숙달 - ⓒ 익숙하게 통달함
(3) 수도 - ㉠ 도를 닦음

[2단계]
(1) 숙달　　(2) 수도　　(3) 고유

[3단계]
(1) 구지　　(2) 쇠부치

---

1. 이 글은 음정을 표현하는 두 가지 방법인 음이름과 계이름에 대하여 설명한 설명문입니다.

2. 우리나라에서 음이름은 순서대로 '다라마바사가나다' 입니다.

3. 장조가 바뀌면 '도'자리가 바뀝니다. 바장조는 '바'에 해당하는 '파'의 자리가 '도'자리가 됩니다. (다) 문단에 나오는 설명과 예시를 자세히 읽어보면 알 수 있습니다.

4. ㉠의 '붙이다'는 어떤 대상에 대해 지칭하는 이름이나 별명 등을 정해준다는 뜻입니다. ②에서 사용된 '붙이다'는 기존에 정해진 결정에 추가한다는 뜻으로 사용되었습니다.

5. 음이름은 조성에 따라서 달라지지 않습니다. 악보가 다장조 혹은 라장조가 되더라도 다장조에서의 '도' 자리를 '다'라고 붙여서 순서대로 부르면 됩니다.

6. '절대적인 성격을 지닌 반면'이라고 하였습니다. '반면'이라는 낱말이 붙으면 앞서 말한 것과 반대되는 내용이 뒤따라오게 됩니다. 절대적이라는 낱말의 반대되는 낱말은 '상대적'입니다.

7. (가) 문단을 참고하면, 계이름은 전 세계가 모두 사용하는 이름이라 부르기 쉽지만, 조성에 따라서 음이름에 '도레미파솔라시도'를 순서대로 붙이기 때문에 음정의 높낮이가 그때그때 바뀔 수 있다고 하였습니다.

어법·어휘편 해설

[1, 2단계] '수도'는 다양한 뜻을 가지고 있습니다. 한 나라의 중앙 정부가 있는 도시라는 뜻과 물을 공급해주는 설비라는 뜻으로 흔히 사용됩니다. 그리고 도를 닦는다는 뜻으로도 사용이 됩니다.

34회 본문 154쪽

1 조개껍데기
2 ⑤
3 (예시 답안) 자신이 말하고 싶은 바를 더 강조할 수 있습니다.
4 ④
5 북간도
6 ⑤
7 ①

어법·어휘편

[1단계]
(1) 아롱아롱　(2) 둥글둥글　(3) 데굴데굴

[2단계]
(1) 둥글둥글　(2) 아롱아롱　(3) 데굴데굴

[3단계]
(1) 껍데기　　(2) 껍질
(3) 껍질　　(4) 껍데기

---

1. 이 시의 재료가 되는 소재는 '조개껍데기'입니다.

2. 조개껍데기가 그리워하는 것과 비슷한 것은, '들꽃이 부끄러워 하는 것'입니다.

3. 그리워하고 있다는 것을 더욱더 강조해서 표현할 수 있습니다.

4. 조개껍데기를 잃어버린 것이 아니라 언니가 짝을 잃은 조개껍데기를 주워 온 것입니다.

5. <보기>의 (가)를 보면 이 시를 쓴 윤동주가 '북간도'에서 살았음을 알 수 있습니다.

6. (나)를 살펴보면 '글씨도 쓰지 말고 우표도 붙이지 말고'라는 표현이 있습니다. 이를 통해, ⑤의 '글로 써서 눈과 함께 보내고자 한다'는 말이 적절하지 않음을 알 수 있습니다.

7. (나) 시에서는 사람이 아닌 것을 사람처럼 표현한 부분은 찾아볼 수 없습니다.

어법·어휘편 해설

[1단계] '아롱아롱'은 '여러 빛깔의 작은 점이나 무늬가 고르고 촘촘한 모양'을 뜻합니다. '둥글둥글'은 '모양이 둥그런, 성격이 모난 데 없이 원만함'을 뜻하며, '데굴데굴'은 '사람이나 물건이 조금 빠르게 굴러가는 모양'입니다.

[2단계] (1) 학교에서 원만하게 잘 지내는 것이기에 '둥글둥글'이 적절하며 (2) 보석들의 여러 빛깔이 아른거리는 모양이기에 '아롱아롱' (3) 구슬들이 굴러다니는 모습은 '데굴데굴'이 적당합니다.

[3단계] (1) 알맹이가 빠진 달걀은 '껍데기'가 정확한 표현입니다. (2) 과일을 감싸고 있는 것은 단단하지 않은 물질이기에 '껍질' (3) 피부 역시 '껍질'입니다. (4) 과자의 경우 알맹이가 빠지고 겉에 남은 것을 '껍데기'라고 부릅니다.

35회 본문 158쪽

1 학생

2 ④

3 우리 고유의 가치관은 무너지고 새로운 질서는 바로 서지 않아 혼란한 상태

4 ①

5 ①

6 ②

7 ⑤

어법·어휘편

[1단계]

(1) 헌신 - ㉠ 몸과 마음을 바쳐 있는 힘을 다함

(2) 여건 - ㉢ 주어진 조건

(3) 긍휼 - ㉡ 불쌍히 여김

[2단계]

(1) 여건   (2) 헌신   (3) 긍휼

[3단계]

창, 방패, 방패, 창, 창, 방패, 창, 방패, 창, 방패, 방패, 창, 앞뒤

---

1. 이 글은 독립 운동가 안창호 선생님이 젊은 '학생'들에게 남긴 글입니다.

2. 이 편지는 젊은이들에게 남기는 '당부'의 글입니다.

3. ㉠의 '이와 같이 어려운 경우'는 '우리 고유의 가치관은 무너지고 새로운 질서는 바로 서지 않아 혼란한 상태'를 뜻합니다.

4. (라)는 스스로 하는 것과 동시에 '모든 역할을 나누어 함께 하자'는 내용입니다. 따라서 '협동'이 답으로 적절합니다.

5. 헌신하고 희생하여야 부모와 형제를 지킬 수 있으며 민족과 사회가 유지되는 동시에 자기의 몸과 생명도 지킬 수 있습니다. 따라서 모순이 아닙니다.

6. 교육 단체에 대해 분석하면서 설명한 글은 없습니다.

7. 많은 수의 사람들이 뭉치면 힘이 된다는 말입니다. 따라서 '개미 천 마리가 모이면 맷돌도 든다.'가 답이 됩니다.

어법·어휘편 해설

[1단계] '헌신'이란 '몸과 마음을 바쳐 있는 힘을 다함'을 뜻하며, '여건'이란 '주어진 조건'입니다. 긍휼이란 '불쌍히 여김'을 뜻합니다.

[2단계] (1) 조건이나 상황이 허락한다면 더 많은 도움을 준다는 의미이기에 '여건'이 답입니다.
(2) 사회를 위해 노력한다는 의미이기에 '헌신'이 적절합니다.
(3) 어려운 사람을 불쌍히 여기는 마음이기에 '긍휼'이 답이 됩니다.

[3단계] '모순'은 '창'과 '방패'의 뜻입니다. 어떤 방패도 뚫을 수 있는 '창'과, 어떤 '창'도 막을 수 있는 '방패'가 있다면 어떻게 될까요? 결국 말의 앞뒤가 맞지 않습니다.

36회 본문 164쪽

1 사마천, 공자

2 (1) O   (2) X   (3) O   (4) O

3 (1) 덕을 닦지 않음

(2) 학문을 강습하지 않음

(3) 의로운 이치를 듣고도 좇아가 행하지 않음

(4) 잘못이 있어도 고치지 않음

4 다, 가, 라, 나

5 ①   6 ②   7 ②

어법·어휘편

[1단계]

(1) 동정 - ㉡ 남의 어려움을 딱하고 가엾게 여김

(2) 이치 - ㉢ 사물의 정당하고 당연한 일

(3) 괴이한 - ㉠ 정상적이지 않고 별나며 괴상한

[2단계]

(1) 괴이한   (2) 동정   (3) 이치

[3단계]

(1) 쫓아   (2) 좇아   (3) 좇는   (4) 쫓으면

---

1. 이 글은 '사마천'이 '공자'의 가르침을 간략하게 소개한 글입니다.

2. 공자는 상을 당한 사람 곁에서 식사할 때에는 배불리 먹지 않았습니다. 따라서 금식했다고 할 수 없습니다.

3. 공자는 '덕을 닦지 않고, 학문을 강습하지 않고, 의로운 이치를 듣고도 좇아가 행하지 않고, 잘못이 있어도 고치지 않는 것'을 우려하였습니다.

4. 글의 순서에 따라 나열하면 다, 가, 라, 나의 순입니다.

5. ㉠의 '표시하였다'는 '겉으로 드러내 보이다.'의 의미입니다. 따라서 정답은 '드러내었다.'입니다.

6. 나래의 말처럼 공자는 '어려움에 처한 사람을 가엾게 여기고 공감해 주어야 한다.'라고 가르쳤습니다.

7. '불치하문'은 모르는 것이 있으면 상대방의 나이나 직업을 따지지 말고 배우라는 뜻입니다. 따라서 '누구에게나 배울 점이 있다.'라는 말이 가장 알맞은 설명입니다.

어법·어휘편 해설

[1단계] '동정'이란 '남의 어려움을 딱하고 가엾게 여김'을 뜻하며, '이치'는 '사물의 정당하고 당연한 일'을 의미합니다. '괴이하다'는 '정상적이지 않고 별나며 괴상함'을 뜻합니다.

[2단계] (1) 공자는 '괴이한' 것에 대해 말하지 않았으며 (2) 상복을 입은 사람을 보면 '동정'을 표시하였습니다. (3) 또한 의로운 '이치'를 듣고도 행하지 않는 것을 우려했습니다.

[3단계] (1) 아들의 뒤를 따른 것이기에 '쫓아' (2) 목표, 이상, 행복과 같은 것을 추구하는 것이기에 '좇아' (3) 선생님의 마음을 얻고자 노력하는 것이기에 '좇는' (4) 범인의 뒤를 따를 것이기에 '쫓으면'이 답이 됩니다.

37회 본문 168쪽

1 관포지교
2 ④
3 어린 시절 대나무 말을 타며 함께 놀던 친구
4 친구, 관중, 포숙아, 재상, 관포지교
5 ⑤
6 ③
7 두 번째 칸에 O표

어법·어휘편

[1단계]
(1) 참전 - ㉢ 전쟁에 참여함
(2) 질타 - ㉡ 큰소리로 꾸짖음
(3) 본의 - ㉠ 꾸밈이나 거짓이 없는 참마음

[2단계]
(1) 본의   (2) 참전   (3) 질타

[3단계]
(1) 천하   (2) 진정

1. 이 글에서는 고사성어 '관포지교(管鮑之交)'의 유래를 설명하고 있습니다.

2. 이 글에서는 관포지교(管鮑之交)와 비슷한 뜻을 가진 사자성어인 죽마고우(竹馬故友), 막역지우(莫逆之友)에 대해서는 설명하고 있지만, 반대의 뜻을 가진 사자성어에 대해서는 설명하고 있지 않습니다.

3. (라)의 두 번째 줄을 확인해 보면 '죽마고우(竹馬故友)'는 '어린 시절 대나무 말을 타며 함께 놀던 친구'라는 뜻을 가지고 있습니다.

4. 관중과 포숙아는 둘 도 없는 '친구' 사이였으며 (가), '포숙아'는 힘든 처지에 있었던 '관중'을 항상 이해해 주었고 (나), 이러한 포숙아의 믿음과 도움 덕분에 관중은 훗날 훌륭한 '재상'이 되었습니다. (다) 이러한 둘의 이야기에서 유래된 고사성어를 '관포지교(管鮑之交)'라고 하며, 이와 비슷한 사자성어 또한 많이 있습니다. (라)

5. 문맥상 이 글에서 쓰인 '취하다'는 '가져가다'와 바꿔 쓸 수 있습니다.

6. 소백은 관중을 죽이려 했고, 이를 막으려고 설득한 사람이 포숙아입니다.

7. 밑줄 친 ⓐ는 관중과 포숙아의 관계를 참된 친구 관계가 아니라는 의견이므로 두 번째 칸이 가장 적절합니다.

어법·어휘편 해설

[1, 2단계] '참전'은 전쟁에 참여함, '질타'는 큰소리로 꾸짖음, '본의'는 꾸밈이나 거짓이 없는 참마음이라는 뜻입니다.

[3단계] '천하'는 하늘과 땅이라는 뜻으로 '온 세상'을 의미하고, '진정'은 거짓이 없이 참됨을 뜻합니다.

38회 본문 172쪽

1 독도
2 ④
3 배타적 경제 수역
4 ②
5 ①
6 ③
7 ④

어법·어휘편

[1단계]
(1) 엄연한 - ㉡ 어떠한 사실이나 현상이 …
(2) 가히 - ㉠ 능히, 넉넉히
(3) 배타적 - ㉢ 남을 배척하는

[2단계]
(1) 가히   (2) 배타적   (3) 엄연한

[3단계]
(1) 土 (흙 토) (2) 空 (빌 공) (3) 海 (바다 해)

1. 이 글은 '독도'에 대한 설명문입니다.

2. 우리나라 가장 동쪽에 위치한 독도는 과거부터 우리의 영토라는 기록을 쉽게 찾을 수 있습니다. 하지만 일본이 '다케시마'라 부르면서 독도가 자기 땅이라고 주장하고 있습니다.

3. '배타적 경제수역'이란 특정 국가가 어업이나 광물 등에 관한 경제적 권리를 갖는 구역을 뜻합니다.

4. 제시된 보기의 글은 '경제적 이득'과 관련 있습니다. 따라서 경제적 권리와 관련된 (나)에 들어가기에 적당합니다.

5. ㉠은 '인과관계'를 들어 설명하고 있습니다.

6. 글쓴이는 독도가 우리나라 땅인 까닭을 '역사적인 사실'로부터 찾아 제시하고 있습니다.

7. 일본에게 독도를 뺏기지 않으려면 우리 정부와 국민들의 지혜로운 노력이 필요합니다. 하지만 일본과의 전쟁은 지혜롭다고 할 수 없습니다.

어법·어휘편 해설

[1단계] '엄연한'의 뜻은 '어떠한 사실이나 현상이 부인할 수 없을 만큼 뚜렷한'입니다. '가히'는 '능히', '넉넉히'란 뜻입니다. '배타적'이란 '남을 배척하는'의 뜻을 가지고 있습니다.

[2단계] (1) 공부의 성과는 '능히', '넉넉히' 놀라운 것이므로 '가히'가 적절합니다.
(2) 자신의 생각만 옳다고 하는 것은 '배타적'입니다.
(3) 독도는 누가 뭐라 해도 부정할 수 없는 우리의 땅입니다. 따라서 '엄연한'이 정답이 됩니다.

[3단계] 〈보기〉를 보면 땅을 뜻하는 土, 바다를 뜻하는 海, 하늘을 뜻하는 空이 있습니다. (1) 그 나라가 다스리는 땅이기에 '土 흙 토' (2) 한 나라에 속한 땅과 바다 위의 하늘이기에 '空 빌 공' (3) 한 나라가 다스릴 수 있는 바다이기에 '海 바다 해'가 정답이 됩니다.

1 ②
2 ③
3 ②
4 ④
5 ②
6 ②
7 ⑤

어법·어휘편

[1단계]
(1) 공경 - ⓒ 존중
(2) 인내 - ⓒ 오래 참음
(3) 절제 - ⓙ 제한

[2단계]
(1) 훈련   (2) 훈계   (3) 훈수
(4) 훈화   (5) 훈민

1. 시의 1연에서 '어버이 살아 계실 때 섬기기를 다 하여라'라는 말이 있습니다. 따라서 1연의 주제가 '효도'임을 알 수 있습니다.

2. 시의 2연에서 '늙은이 짐 풀어 나를 주오'라는 말이 있습니다. 이를 통해 노인 '공경'과 관련된 내용임을 알 수 있습니다.

3. ⓒ의 '애달프다'는 '마음이 안타깝거나 쓰라리다'의 의미입니다. 따라서 '어설프다'와 관련 없습니다.

4. 이 시에서는 후각, 청각과 관련된 감각적 표현이 사용되지 않았습니다.

5. 이 시는 제목에서 보듯이 '훈민가' 즉, 백성을 가르치는 소리입니다. 따라서 '사람들에게 깨달음을 주려는 것'이 정답이 됩니다.

6. 나이가 들어서 늙으면 서러워지고 싶어 서러운 것이 아니라, 저절로 서러워집니다.

7. 1연과 2연 모두 웃어른에 대한 존경의 마음을 엿볼 수 있습니다.

어법·어휘편 해설

[1단계] '공경'이란 '존중'과 관련되어 있으며 '인내'란 '오래 참음'을 의미합니다. '절제'와 '제한'은 모두 정도를 넘지 아니하고 조절한다는 뜻입니다.

[2단계] (1) 군대에 가서 무술이나 기술 따위를 배우는 것이기에 '훈련(訓練)'이 정답입니다.
(2) 수업시간에 떠들면 선생님이 그렇게 하지 않도록 주의를 줄 것입니다. 따라서 '훈계(訓戒)'가 답이 됩니다.
(3) 체스, 바둑, 장기 등에 끼어들어 방법을 가르쳐 주는 것을 '훈수(訓手)'라고 합니다.
(4) 교장 선생님의 말씀이기에 '훈화(訓話)'가 답입니다.
(5) 정철은 백성을 가르치기 위하여 '훈민(訓民)가'를 지었습니다.

1 주몽
2 우발수 못가
3 ⓗ, ⓒ, ⓒ, ⓜ, ⓙ, ⓛ, ⓘ
4 ⑤
5 (1) 단군 (2) 주몽처럼 한 나라를 세운 인물이기 때문입니다.
6 ②
7 영웅은 평범한 부모에게서가 아니라 특별한 부모에게서 태어난다. 그 부모들은 보통 신이거나 신비한 능력을 가진 자들이다.

어법·어휘편

[1단계]
(1) 심취 - ⓒ 어떤 일이나 사람에 깊이 빠져 마음을 빼앗김
(2) 승낙 - ⓙ 상대가 부탁하는 바를 들어줌
(3) 건국 - ⓒ 나라를 세움

[2단계]
(1) 건국   (2) 승낙   (3) 심취

[3단계]
(1) ③   (2) ①   (3) ②

1. 이 이야기는 고구려를 건국한 '주몽'의 탄생 신화입니다.

2. 금와왕이 유화를 만난 곳은 '태백산 남쪽 우발수 못가'입니다. 참고로 못가는 못의 가장자리입니다.

3. 이 이야기의 순서를 나열하면 ⓗ, ⓒ, ⓒ, ⓜ, ⓙ, ⓛ, ⓘ의 순이 됩니다.

4. 고구려를 건국한 주몽은 어려서부터 활을 잘 쏘았습니다. 따라서 '될성부른 나무는 떡잎부터 알아본다.'와 의미가 통합니다.

5. 고구려를 세운 '주몽'과 같은 역할을 한 인물은 고조선을 세운 '단군'입니다.

6. '주몽'의 이야기와 달리 (가)에서는 곰이 인간이 되어 단군을 낳기 위해서 지켜야 할 조건이 제시되어 있습니다.

7. ⓙ은 주몽의 부모님이 '평범한 부모가 아니라 특별한 부모이며, 그 부모들은 보통 신이거나 신비한 능력을 가진 사람'임을 의미합니다.

어법·어휘편 해설

[1단계] '심취'란 '어떤 일이나 사람에 깊이 빠져 마음을 빼앗김'을 뜻합니다. '승낙'이란 '상대가 부탁하는 바를 들어주는 것'이며, '건국'이란 '나라를 세운다'는 뜻입니다.

[2단계] (1) 온조는 백제를 '건국'한 사람입니다.
(2) 의견을 받아 달라는 뜻이기에 '승낙'이 적절합니다.
(3) 취미 등에 마음을 빼앗긴 것이므로 '심취'가 정답이 됩니다.

[3단계] 발음을 편하게 하기 위하여 (1) '햇빛이'는 '해삐치' (2) '밥지'는 '밥찌' (3) '영특하게'는 '영트카게'로 발음됩니다.

유형별 분석표 독서(비문학)

유형별 분석표 사용법

• 회차를 마칠 때마다 해당 회차의 틀린 문제 번호에 표시를 해주세요.

• 회차가 진행될수록 학생이 어떤 유형의 문제를 어려워하는지 한눈에 알 수 있습니다.

• 뒷면에 있는 [유형별 해설]을 보고 부족한 부분을 채워나가게 지도해 주세요.

주	회차	중심생각	세부내용	구조알기	어휘·표현	내용적용	추론
1	1	1. ☐	2. ☐ 3. ☐	4. ☐	5. ☐	6. ☐	7. ☐
	2	1. ☐	2. ☐ 3. ☐	5. ☐	4. ☐	6. ☐	7. ☐
	3	1. ☐	2. ☐ 3. ☐		4. ☐	5. ☐	6. ☐ 7. ☐
2	6	1. ☐	2. ☐ 3. ☐	4. ☐	5. ☐	6. ☐	7. ☐
	7	1. ☐	2. ☐ 3. ☐			6. ☐	5. ☐ 7. ☐
	8	1. ☐	2. ☐ 5. ☐	3. ☐	4. ☐	6. ☐	7. ☐
3	11	1. ☐	2. ☐ 3. ☐	4. ☐	5. ☐	6. ☐	7. ☐
	12	1. ☐	2. ☐ 3. ☐	4. ☐	5. ☐	6. ☐	7. ☐
	13	1. ☐	3. ☐ 4. ☐	2. ☐	5. ☐	6. ☐	7. ☐
4	16	1. ☐	2. ☐ 3. ☐	4. ☐	6. ☐	5. ☐	7. ☐
	17	1. ☐	2. ☐ 3. ☐	5. ☐	4. ☐	6. ☐	7. ☐
	18	1. ☐	2. ☐ 3. ☐	4. ☐	5. ☐	6. ☐	7. ☐
5	21	1. ☐	2. ☐ 3. ☐	4. ☐	5. ☐	6. ☐	7. ☐
	22	1. ☐	2. ☐ 3. ☐ 5. ☐	4. ☐	6. ☐		7. ☐
	23	1. ☐	2. ☐ 3. ☐	4. ☐	5. ☐	6. ☐	7. ☐
6	26		1. ☐ 2. ☐		3. ☐	4. ☐ 6. ☐ 7. ☐	5. ☐
	27	1. ☐	2. ☐ 4. ☐	3. ☐	5. ☐	6. ☐	7. ☐
	28	1. ☐	2. ☐ 3. ☐	4. ☐	5. ☐	6. ☐	7. ☐
7	31	1. ☐	3. ☐ 7. ☐	4. ☐	2. ☐	5. ☐	6. ☐
	32	1. ☐	2. ☐ 3. ☐	4. ☐	5. ☐	6. ☐	7. ☐
	33	1. ☐	2. ☐		4. ☐	5. ☐	3. ☐ 6. ☐ 7. ☐
8	36	1. ☐	2. ☐ 3. ☐	4. ☐	5. ☐	6. ☐	7. ☐
	37	1. ☐	2. ☐ 3. ☐	4. ☐	5. ☐	7. ☐	6. ☐
	38	1. ☐	2. ☐ 3. ☐	4. ☐	5. ☐	6. ☐	7. ☐

유형별 분석표 사용법

유형별 분석표 문학

유형별 분석표 사용법
- 회차를 마칠 때마다 해당 회차의 틀린 문제 번호에 표시를 해주세요.
- 회차가 진행될수록 학생이 어떤 유형의 문제를 어려워하는지 한눈에 알 수 있습니다.
- 뒷면에 있는 [유형별 해설]을 보고 부족한 부분을 채워나가게 지도해 주세요.

주	회차	중심생각	요소	세부내용	어휘·표현	작품이해	추론·적용
1	4	1.□		2.□ 3.□ 4.□		5.□ 6.□	7.□
1	5	1.□		2.□ 4.□	6.□	3.□	5.□ 7.□
2	9	1.□	5.□	2.□	3.□	4.□	6.□ 7.□
2	10		1.□	2.□ 4.□	3.□	6.□ 7.□	5.□
3	14		1.□	2.□ 3.□ 4.□	5.□	7.□	6.□
3	15	1.□		2.□	3.□ 4.□ 6.□	7.□	5.□
4	19	1.□	2.□	3.□	4.□	5.□	6.□ 7.□
4	20	1.□	2.□	3.□	4.□ 6.□	5.□	7.□
5	24	1.□	2.□		4.□	3.□ 5.□	6.□ 7.□
5	25	1.□ 2.□		3.□ 6.□	4.□		5.□ 7.□
6	29	1.□		3.□ 5.□	4.□	2.□	6.□ 7.□
6	30	1.□		3.□	2.□	4.□ 6.□ 7.□	5.□
7	34	1.□	5.□	6.□	2.□	4.□	3.□ 7.□
7	35	1.□		3.□ 5.□	4.□	2.□ 6.□	7.□
8	39	1.□ 2.□			3.□	4.□ 5.□	6.□ 7.□
8	40	1.□	2.□	3.□	4.□	5.□ 6.□	7.□

유형별 길잡이 독서(비문학)

중심생각	비문학 지문에서는 대체로 중심생각을 직접 드러냅니다. 글의 맨 처음 또는 맨 마지막에 나오는 경우가 많습니다. 중심생각을 찾는 것은 글을 읽는 까닭이자 독해의 기본입니다. 만약 학생이 중심생각을 잘 찾아내지 못한다면 글을 읽는 데에 온전히 집중하지 못하고 있을 가능성이 높습니다. 이 글이 어떤 이야기를 하는지 관심을 기울여서 읽도록 지도해야 합니다.
세부내용	중심생각을 찾기 위해서는 글을 능동적으로 읽어야 한다면 세부내용을 찾기 위해서는 글을 수동적으로 읽어야 합니다. 학생이 주관에만 매여 글을 읽게 하지 마시고, 글에서 주어진 내용을 그대로 읽도록 해야 합니다. 문제를 먼저 읽고 찾아야 할 내용을 숙지한 다음 지문을 읽는 것도 세부내용을 잘 찾는 방법 중 하나입니다.
구조알기	글의 구조를 묻는 문제는 독해 문제를 처음 접하는 학생들이 특히 어려워하는 문제 유형입니다. 평소 글을 읽을 때, 글 전체의 중심내용뿐 아니라 단락마다 중심내용을 찾는 습관을 기르면 구조를 묻는 문제의 답을 잘 찾을 수 있습니다. 또한 글 전체가 어떤 흐름으로 전개되고 있는지 관심을 갖고 글을 읽으면 글의 구조를 파악하는 데 도움이 될 것입니다.
어휘·표현	글을 읽을 때, 문장 하나, 그리고 낱말 하나도 모르는 것 없이 꼼꼼히 읽는 버릇을 들이는 것이 중요합니다. 학생이 모르는 어려운 낱말을 찾는 문제는 글 속에서 그 낱말을 따로 설명하는 부분을 찾는 요령만 있으면 의외로 쉽게 맞힐 수 있습니다.
내용적용	내용 적용 문제는 무엇보다 문제가 요구하는 바를 정확히 읽어내는 것이 중요합니다. 또한 비슷비슷한 선택지에서 가장 가까운 표현을 찾아낼 줄도 알아야 합니다. 이를 위해서는 정확한 답이 보이지 않을 때, 선택지끼리 비교하는 연습을 평소에 하면 도움이 될 수 있습니다.
추론	추론 문제 또한 내용 적용 문제처럼 무엇보다 문제가 요구하는 바를 정확히 읽어낼 줄 알아야 합니다. 추론 문제는 그 주제에 대해 잘 알고 있으면 푸는 데 아주 도움이 됩니다. 따라서 평소 배경지식을 많이 쌓아두면 추론 문제에 쉽게 접근할 수 있을 것입니다.

유형별 길잡이 문학

중심생각	문학 문제는 중심생각뿐 아니라 모든 유형의 문제를 풀 때, 글쓴이의 생각이 무엇인지 계속 궁금해하면서 읽어야 합니다. 독해 문제를 풀 때뿐 아니라 다른 문학 작품을 읽을 때, 학생이 끊임없이 주제와 제목에 대해 호기심을 갖는다면 보다 쉽게 작품을 파악할 수 있을 것입니다.
요소	작품의 요소를 파악하는 문제는 그리 어려운 유형의 문제는 아닙니다. 작품 자체에 드러난 인물과 사건, 배경, 정서 등을 묻는 문제입니다. 만약 요소 유형의 문제를 학생이 많이 틀린다면 작품을 꼼꼼히 읽지 않기 때문입니다. 글을 꼼꼼히 읽는 습관을 들이도록 해야 합니다.
세부내용	비문학에서 세부내용을 찾는 문제는 사실이나 개념, 또는 정의에 대한 것을 묻지만 문학 지문에서는 사건의 내용, 일어난 사실 간의 관계, 눈에 보이는 인물의 행동에 대해 묻습니다. 때문에 작품이 그리고 있는 상황을 정확히 머릿속에 그리고 있다면 세부내용 또한 찾기 수월할 것입니다.
어휘·표현	문학에서 어휘와 표현을 묻는 문제는 인물의 심경을 담은 낱말을 글 속에서 찾거나, 아니면 그에 적절한 어휘를 고르는 문제가 대부분입니다. 성격이나 마음의 상태를 표현하는 어휘를 많이 알고 있으면 이 유형의 문제를 푸는 데 유리합니다. 이와 관련된 기본적인 어휘는 미리 공부해둘 필요도 있습니다. 비슷한 말과 반대되는 말을 많이 공부해두는 것도 큰 도움이 됩니다.
작품이해	작품이해 유형 문제는 학교 단원평가에서도 자주 출제되는 문제입니다. 작품을 미리 알고 그 주제와 내용을 이해하고 있다면 보다 쉽게 풀 수 있는 문제이지만, 처음 보는 작품을 읽고 풀면 쉽지 않을 수 있습니다. 이런 경우, 전에 읽었던 작품들 중 유사한 주제를 담고 있는 작품을 떠올리는 것이 문제 접근에 도움이 될 수 있습니다.
추론·적용	문학의 추론 문제에서는 〈보기〉를 제시하고 〈보기〉의 내용과 지문의 유사점 등을 찾아내는 문제가 많습니다. 이런 문제를 풀기 위해서는 지문의 주제나 내용을 하나로 정리할 줄 알아야 하고, 또한 문제 속 〈보기〉의 주제를 단순하게 정리하여 서로 비교할 줄 알아야 합니다. 무엇보다 문제 출제의 의도를 파악하는 것이 중요합니다.

뿌리깊은 국어 독해 시리즈

뿌리깊은 초등국어 독해력	뿌리깊은 초등국어 독해력 어휘편	뿌리깊은 초등국어 독해력 한자	뿌리깊은 초등국어 독해력 한국사
하루 15분으로 국어 독해력의 기틀을 다지는 초등국어 독해 기본 교재	국어 독해로 초등국어에서 반드시 익혀야 할 속담·관용어·한자성어를 공부하는 어휘력 교재	하루 10분으로 한자 급수 시험을 준비하고 초등국어 독해력에 필요한 어휘력의 기초를 세우는 교재	하루 15분의 국어 독해 공부로 초등 한국사의 기틀을 다지는 새로운 방식의 한국사 교재
• 각 단계 40회 구성 • 매회 어법·어휘편 수록 • 독해에 도움 되는 읽을거리 8회 • 배경지식 더하기·유형별 분석표 • 지문듣기 음성 서비스 제공 (시작~3단계)	• 각 단계 40회 구성 • 매회 어법·어휘편 수록 • 초등 어휘력에 도움 되는 주말부록 8회 • 지문듣기 음성 서비스 제공 (1~3단계)	• 각 단계 50회 구성 • 수록된 한자를 활용한 교과 단어 • 한자 획순 따라 쓰기 수록 • 한자 복습에 도움이 되는 다양한 주간활동	• 각 단계 40회 구성 • 매회 어법·어휘편 수록 • 한국사능력검정시험 대비 정리 노트 8회 • 지문듣기 음성 서비스 제공 • 한국사 연표와 암기 카드

시작단계 — 예비 초등

독해력 시작단계
- 한글 읽기를 할 수 있는 어린이를 위한 국어 독해 교재
- 예비 초등학생이 읽기에 알맞은 동요, 동시, 동화 및 짧은 지식 글 수록

1단계 — 초등 1·2학년

독해력 1단계
- 처음 초등국어 독해 공부를 시작하는 학생을 위한 재밌고 다양한 지문 수록

어휘편 1단계
- 어휘의 뜻과 쓰임을 쉽게 공부할 수 있는 이솝 우화와 전래 동화 수록
- 맞춤법 공부를 위한 받아쓰기 수록

한자 1단계
- 한자능력검정시험 (한국어문회) 8급 한자 50개

한국사 1단계
(선사 시대~삼국 시대)
- 한국사를 쉽고 재미있게 이해할 수 있는 다양한 유형의 지문 수록
- 당시 시대를 보여 주는 문학 작품 수록

2단계

독해력 2단계
- 교과 과정과 연계한 다양한 유형의 지문 수록
- 교과서 수록 작품 중심으로 선정한 지문 수록

어휘편 2단계
- 어휘의 쓰임과 예문을 효과적으로 공부할 수 있는 다양한 이야기 수록
- 맞춤법 공부를 위한 받아쓰기 수록

한자 2단계
- 한자능력검정시험 (한국어문회) 7급 2 한자 50개

한국사 2단계
(남북국 시대)
- 한국사능력시험 문제 유형 수록
- 초등 교과 어휘를 공부할 수 있는 어법·어휘편 수록

3단계 — 초등 3·4학년

독해력 3단계
- 초대장부터 안내문까지 다양한 유형의 지문 수록
- 교과서 중심으로 엄선한 시와 소설 수록

어휘편 3단계
- 어휘의 뜻과 쓰임을 다양하게 알아볼 수 있는 여러 가지 종류의 글 수록
- 어휘와 역사를 한 번에 공부할 수 있는 지문 수록

한자 3단계
- 한자능력검정시험 (한국어문회) 7급 한자 50개

한국사 3단계
(고려 시대)
- 신문 기사, TV드라마 줄거리, 광고 등 한국사 내용을 바탕으로 한 다양한 유형의 지문 수록

4단계

독해력 4단계
- 교과 과정과 연계한 다양한 유형의 지문 수록
- 독해에 도움 되는 한자어 수록

어휘편 4단계
- 공부하고자 하는 어휘가 쓰인 실제 문학 작품 수록
- 이야기부터 설명문까지 다양한 종류의 글 수록

한자 4단계
- 한자능력검정시험 (한국어문회) 6급 한자를 세 권 분량으로 나눈 첫 번째 단계 50개 한자 수록

한국사 4단계
(조선 전기)(~임진왜란)
- 교과서 내용뿐 아니라 조선 전기의 한국사를 이해하는 데 알아 두면 좋은 다양한 역사 이야기 수록

5단계 — 초등 5·6학년

독해력 5단계
- 깊이와 시사성을 갖춘 지문 추가 수록
- 초등학생이 읽을 만한 인문 고전 작품 수록

어휘편 5단계
- 어휘의 다양한 쓰임새를 공부할 수 있는 다양한 소재의 글 수록
- 교과 과정과 연계된 내용 수록

한자 5단계
- 한자능력검정시험 (한국어문회) 6급 한자를 세 권 분량으로 나눈 두 번째 단계 50개 한자 수록

한국사 5단계
(조선 후기)(~강화도 조약)
- 한국사능력시험 문제 유형 수록
- 당시 시대를 보여 주는 문학 작품 수록

6단계

독해력 6단계
- 조금 더 심화된 내용의 지문 수록
- 수능에 출제된 작품 수록

어휘편 6단계
- 공부하고자 하는 어휘가 실제로 쓰인 문학 작품 수록
- 소설에서 시조까지 다양한 장르의 글 수록

한자 6단계
- 한자능력검정시험 (한국어문회) 6급 한자를 세 권 분량으로 나눈 세 번째 단계 50개 한자 수록

한국사 6단계
(대한 제국~대한민국)
- 한국사를 쉽고 재미있게 이해할 수 있는 다양한 유형의 지문 수록
- 초등 교과 어휘를 공부할 수 있는 어법·어휘편 수록

중학 — 예비 중학~예비 고1

1단계
(예비 중학~중1)

2단계
(중2~중3)

3단계
(중3~예비 고1)

뿌리깊은 중학국어 독해력
- 각 단계 30회 구성
- 독서 + 문학 + 어휘 학습을 한 권으로 완성
- 최신 경향을 반영한 수능 신유형 문제 수록
- 교과서 안팎의 다양한 글감 수록
- 수능 문학 갈래를 총망라한 다양한 작품 수록

※ 단계별로 권장 학년이 있지만 학생에 따라 느끼는 난이도는 다를 수 있습니다. 학생의 독해 실력에 맞는 단계를 공부하는 것이 좋습니다.
※ <뿌리깊은 초등국어 한자>는 해당 학년을 참고하시기보다는 학생의 실력에 맞는 단계를 선택해 주세요. ※ <뿌리깊은 초등국어 독해력 한국사>의 단계는 독해력 난이도가 아닌 시대 순서를 바탕으로 구성되었습니다.

뿌리 깊은 나무는 바람에 움직이지 않아
꽃이 좋고 열매도 열립니다.

– 〈용비어천가〉 제2장 –

〈뿌리깊은 초등국어 독해력〉은 국어 독해를 처음 시작하는 초등학생이 뿌리 깊은 나무와 같은
국어 독해력의 기틀을 다질 수 있도록 도움을 주는 교재입니다.
또한 국어 성적뿐만 아니라 다른 과목의 성적에서도 좋은 결실을 거둘 것입니다.
국어 독해는 모든 공부의 시작입니다.

뿌리깊은 초등국어 독해력 시리즈

시 작 단 계	→	1 단 계	→	2 단 계	→	3 단 계	→	4 단 계	→	5 단 계	→	6 단 계
예비 초등(7세)~ 초등1학년		초등 1~2학년		초등 1~2학년		초등 3~4학년		초등 3~4학년		초등 5~6학년		초등 5~6학년

1. 체계적인 독해력 학습 〈뿌리깊은 초등국어 독해력〉은 모두 6단계로 이루어져 있습니다. 초등학생의 학년과 수준에 바탕을 두어 단계를 나누었습니다. 또한 일주일에 다섯 종류의 글을 공부할 수 있도록 묶었습니다. 이 책으로 초등국어 독해 공부를 짜임새 있게 할 수 있습니다.

2. 넓고 다양한 배경지식 국어 독해력은 무엇보다 배경지식입니다. 배경지식을 갖고 읽는 글과 아닌 글에 대한 독해력은 그야말로 하늘과 땅 차이입니다. 이 책은 그러한 배경지식을 쌓기 위해 초등학생 수준에 맞는 다양한 소재와 장르의 글을 지문으로 실었습니다.

3. 초등 어휘와 어법 완성 영어를 처음 공부할 때, 학생들이 가장 어려워하는 부분이 바로 어휘와 문법입니다. 국어도 다르지 않습니다. 특히 초등국어 독해에서 어휘와 어법이 제대로 잡혀 있지 않으면 글을 읽는 것 자체를 힘겨워 합니다. 때문에 이 책에서는 어법·어휘만을 따로 복습할 수 있는 장을 두었습니다.

4. 자기주도 학습 이 책은 학생 스스로 계획을 세우고 자신의 학습 결과를 평가할 수 있도록 꾸며져 있습니다. 학습결과를 재밌게 기록할 수 있는 학습평가 붙임딱지가 들어있습니다. 또한 공부한 날이 쌓여갈수록 학생 독해력의 어떤 점이 부족한지 알게 해주는 '문제 유형별 분석표'도 들어있습니다.

5. 통합교과 사고력 국어 독해는 모든 학습의 시작입니다. 국어 독해력은 국어뿐만 아니라 다른 모든 과목의 교과서를 읽는 데도 필요한 능력입니다. 이 책은 국어 시험에서 나올 법한 유형의 문제뿐 아니라 다른 과목시험에서 나올만한 내용이나 문제도 실었습니다.

6. 독해력 기본 완성 이 책은 하나의 글을 읽어나가는 데 꼭 짚어줘야 할 점들을 각각의 문제로 구성했습니다. 1번부터 7번까지 짜임새 있게 이루어진 문제들을 풀다보면 글의 내용을 빠짐없이 독해하도록 각 회차를 구성했습니다.

MOTHERTONGUE
마더텅출판사
since1999.4.1.

이러한 현상이 ☐☐ 한 까닭은 무엇입니까?

실마리 어떤 일이나 사물이 생겨남 **4칸**

미래를 ☐☐ 하기란 어려운 일이다.

실마리 미리 헤아려 짐작함 **5칸**

너는 나와 ☐☐ 한 생각을 가지고 있구나.

실마리 똑같음 **3칸**

이 친구는 정말 ☐☐ 적인 학생이야.

실마리 본받아 배울만한 본보기 **3칸**

피해를 입지 않도록 ☐☐ 의 준비를 합시다.

실마리 마련할 수 있는 모든 것 **10칸**

우리가 규칙을 ☐☐ 로 정해 볼까?

실마리 일정한 기준이나 원칙 없이 하고 싶은 대로 함 **10칸**

나는 네가 잘 해낼 거라고 ☐☐ 하고 있어!

실마리 굳게 믿음 **4칸**

그 사람의 작품을 보자 사람들은 ☐☐ 을 내질렀다.

실마리 감탄하는 소리 **5칸**

이 돈은 언제 ☐☐ 되었니?

실마리 화폐 등을 만들어 효력을 발생시키는 것 **8칸**

혹시 모르니 ☐☐ 열차를 타고 가자.

실마리 급히 감 **3칸**

그 곳은 예쁜 경치 때문에 수많은 ☐☐ 가 몰린다.

실마리 사람의 물결이란 뜻으로, 수많은 사람을 이르는 말 **6칸**

☐☐ 에는 그 책의 내용이 간략하게 정리되어 있어야 한다.

실마리 간단하고 깔끔하게 골라낸 주요 내용 **9칸**

노래를 부를 때 ☐☐ 가 너무 많이 들어가면 오히려 듣기에 좋지 않아.

실마리 아주 교묘한 기술이나 솜씨 **7칸**

우리 팀의 실력이 월등하기 때문에 이번 판은 ☐☐ 이로군!

실마리 힘들이지 아니하고 쉽게 이김 **10칸**

전하, 일본에서 보낸 ☐☐ 이 도착했습니다.

실마리 임금이나 국가의 명령을 받고 외국에 파견되는 신하 **4칸**

기본문제를 많이 풀어서 그 과정을 ☐☐ 해야 응용문제도 풀 수 있단다.

실마리 익숙하게 통달함 **5칸**

부디 저의 제안을 ☐☐ 해 주셨으면 합니다.

실마리 상대가 부탁하는 바를 들어줌 **5칸**

예측	발생	
豫 測	發 生	
미리 **예**　잴 **측**	쏠 **발**　날 **생**	

만반	모범	동일
萬 般	模 範	同 一
가득찰 **만**　돌 **반**	법 **모**　법 **범**	한가지 **동**　한 **일**

탄성	확신	임의
歎 聲	確 信	任 意
읊을 **탄**　소리 **성**	굳을 **확**　믿을 **신**	맡길 **임**　뜻 **의**

인파	급행	발행
人 波	急 行	發 行
사람 **인**　물결 **파**	급할 **급**　갈 **행**	쏠 **발**　갈 **행**

낙승	기교	개요
樂 勝	技 巧	概 要
즐길 **낙**　이길 **승**	재주 **기**　공교할 **교**	대부분 **개**　합칠 **요**

승낙	숙달	사신
承 諾	熟 達	使 臣
받들 **승**　대답할 **낙**	익을 **숙**　통달할 **달**	일시킬 **사**　신하 **신**

뿌리깊은 초등국어 독해력 스스로 붙임딱지

뿌리깊은 초등국어 독해력 나무 기르기 붙임딱지

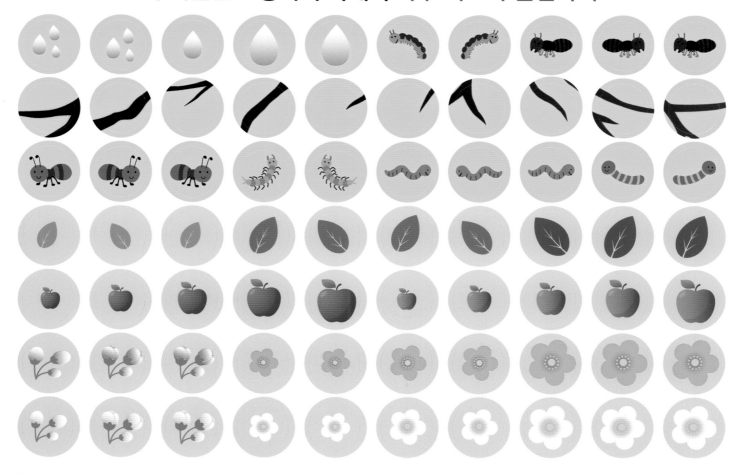